KB162979

# HD역사스페셜 2

적자생존, 고대국가 진화의 비밀

# HD역사스페셜 2

## 적자생존, 고대국가 진화의 비밀

KBS HD역사스페셜 원작 | 표정훈 해저

효형출판

국립중앙도서관 출판시도서목록(CIP)

HD역사스페셜. 2, 적자생존, 고대국가 진화의 비밀 / KBS HD역
사스페셜 원작 ; 표정훈 해저. ― 파주 : 효형출판, 2006
    p. ;    cm

ISBN  89-5872-024-7 04910 : ₩8800
ISBN  89-5872-019-0 (세트)

911.02-KDC4
951.901-DDC21            CIP2006000309

역사, 교류하고 경쟁하는 열린 공간

그 시기는 조금씩 달랐지만 고대국가로 발돋움한 고구려, 백제, 신라 삼국과 가야가 변화하는 동아시아 정세에 대처하면서 한반도 역사의 주도권을 쥐기 위해 치열한 각축을 벌이기 시작했다. 특히 삼국은 서로 간에 크고 작은 전쟁을 자주 벌였는데, 이는 어떤 의미에서 고대국가의 적자생존을 위한 노력이라 바꿔 말할 수 있다. 기술, 농업 생산, 교역, 문화와 사상 등 다양한 부문에 걸쳐 발전을 도모하면서 서로 경쟁했던 것이다.

4세기 백제의 정복군주 근초고왕은 오늘날의 경기 북부 및 황해도 지역은 물론 평양 일대까지 영향력을 확대했다. 백제는 문화적으로나 정치적으로나 뒤떨어져 있던 왜에 문물을 전한 것은 물론, 동북아시아 교역로의 중심지 구실을 했다. 백제 왕이 왜왕에게 하사한 칠지도는 당시 백제와 왜의 관계는 물론, 백제의 발달된 기술력을 잘 보여준다.

백제와 왜의 관계는 영산강 일대에서 속속 발견되고 있는 장고형 무덤에서도 엿볼 수 있다. 고대 일본 최고 지배층의 전형적인 무덤 양식으로 일컬어져오던 이른바 전방후원분은 일본 고유의 것이 아니었다. 전방후원분과 같은 양식인 우리의 장고형 무덤을 놓고 일본 학자들은 일본의 한반도 남부 지배설의 증거라 주장하기도 했지만, 우리는 그런 주장이 왜 취약한지 따져보고자 한다.

　백제가 왜에 전해준 문물은 우리가 보통 생각하는 것 이상이다. 오늘날의 한류 열풍 못지않은 백제 열풍이 고대 일본 사회를 휩쓸었다. 일부 인기 대중문화에 한정되어 있다고도 볼 수 있는 지금의 한류와 달리, 고대의 한류는 일본 고대 문화의 형성 기반을 제공해준 의미 깊은 한류였다.

　한편 중국 세력을 몰아내고 주변 여러 세력을 정복하면서 성장한 고구려는 동아시아 세력 판도를 좌지우지할 수 있는 강국이 되었다. 광개토대왕의 위업을 이어받은 장수왕은 앞장 서서 남진 정책을 펼쳐 한강 유역을 차지하면서, 명실상부한 고구려 최대의 판도를 이룩했다. 장수왕의 남진 정책의 의미는 단순히 군사력으로 영토를 넓힌 데 그치지 않는다. 5세기 고구려의 성격과 위상을 바꾸는 국가 전략의 성격을 띤 프로젝트였다. 우리는 그 프로젝트의 배경과 전말을 살펴보려 한다.

　살수대첩과 안시성전투로 대표되는, 고구려가 수·당 제국에 맞서 거둔 대승리는 언제나 우리 가슴을 뛰게 만든다. 고구려는 황제를 정점으로 하는 중화제국 질서를 확고히 구현하려는 수와 당의 뜻을 거듭 꺾어버림으로써, 자신이 동아시아 질서의 중요한 축임을 확인시켰다. 그 대승리의 기반은 과연 무엇이었을까? 이 질문에 대한 답도 찾아보고자 한다.

　삼국 가운데 가장 뒤늦게 고대국가로 발전한 신라는 법흥왕과 진흥왕 시대에 국력이 급속히 신장했다. 6세기 신라는 율령을 반포하고 불교를 사상적 기반으로 삼아 왕권을 강화했고, 특히 진흥왕은 활발한 정복 사업을 통해 신라의 세력권을 크게 넓힘으로써 삼국 통일의 주춧돌을 놓았다고 평가받는다. 이 책에서 그런 법흥왕과 진흥왕 시대 신라와 만나게 될 것이다.

　한편 삼국 시대라는 표현은 적절치 못하며 사국四國 시대라고 해야 옳다는 주장이 우리 학계에서 꾸준히 제기되고 있다. 바로 한반도 남동부 일대에서 성장했던 가야가 있기 때문이다. 김해를 중심으로 한 금관 가야와 고령을 중심으로 한 대가야는 비록 신라에 멸망당하고 말았지만, 철 생산력과 활발한 대외 교역을 바탕으로 한반도는 물론 동북아시아 국제 질서에서 비중 있는 구실을 했다. 스러져간 가야의 꿈을 무덤 속 여전사들이 말해줄 것이다.

2권에서 우리는 대략 4세기부터 7세기에 이르는 시기에 가야를 포함한 4국과 왜, 북방 유목세력, 중국의 제국 등이 서로 견제하거나 다투기도 하고, 교류하거나 연합하기도 하면서 펼쳐지는 복잡한 동아시아 정세와 만날 수 있다. 이른바 한국사 혹은 국사는 동아시아사의 지평에서 (가능하다면 세계사의 지평에서) 살필 때 비로소 온전히 그 맥락을 드러낸다는 것을 알게 되면 이 시리즈가 '한국사 스페셜'이 아니라 '역사 스페셜'이라는 점을 우연이라고만 하기는 힘들지도 모른다. 우리 역사의 무대는 닫힌 공간이 결코 아니었다. 이른 시기부터 활짝 열려 있어 다양한 세력들과 문화·정치·경제적으로 활발히 교류하고 경쟁했던 열린 공간이 바로 우리 역사의 무대였다. 이제 그 열린 공간으로서 우리 역사와 만나보자.

2006년 2월
표정훈

**차례**

## 일러두기

1. 고고학 용어는 중·고등학교 《국사》 교과서, 국립국어원의 《국어 순화 자료집》, 《표준국어대사전》에 따라 표기했다. 널리 알려진 한자어가 있는 경우, 대괄호 안에 한자를 썼다. (예) 널무덤[土壙墓].

2. 한자, 원어, 설명 등은 소괄호를 쓰지 않고 내용 옆에 작은 글씨로 표기했다.

3. 외국의 인명, 지명의 표기는 외래어 표기법에 의거했다.

4. 중국 인명은 과거인과 현대인을 구분하여 과거인은 종전의 한자음대로, 현대인은 중국어 표기법에 따라 적었다.

5. 중국의 역사 지명으로 현재 쓰이지 않는 것은 우리 한자음대로 하고, 현재 지명과 같은 것은 중국어 표기법을 따랐다.

6. 중국 및 일본의 지명 가운데 우리 한자음으로 읽는 관용이 있는 것은 이를 허용했다.

7. 도판은 KBS 〈HD역사스페셜〉의 방송영상을 KBS미디어에서 제공받았다. 그 외의 도판은 저작권자를 명시했다.

# 01 고대 한일 관계의 열쇠, 칠지도

1600년 전 백제의 숨결이 살아 있는
일곱 개의 가지 달린 칼, 칠지도.
근초고왕은 왜 이 명검을 왜왕에게 보냈을까.
일본의 국보로까지 지정된 칠지도는
과연 그들의 주장대로 임나일본부설의 증거인가.


## 일본의 국보가 된 백제의 칼

일본 혼슈本州에 있는 나라현奈良縣. 일본의 첫 수도였던 곳이니 사실상 고대 일본의 역사와 문명은 이곳에서 시작된 셈이다. 그 나라현의 덴리시 天理市에는 일본의 수많은 신사 가운데에서도 유서 깊은 곳으로 이름난 이소노가미石上 신궁이 있다. 일본의 첫 번째 왕으로 알려진 진무 왕神武 王이 사용했다는 신검이 있는 곳이기도 하다. 신궁의 하루는 이곳을 지키는 궁사宮司들의 아침 예식으로 시작한다. 경건한 자세로 칼의 신을 향해 기도하는 궁사들. 그들이 받들고 있는 것은 국조國祖의 칼이 대변하는 일본 역사의 뿌리와 신성함 그 자체다.

신궁의 가장 안쪽에는 이곳에서 가장 신성한 공간으로 여겨지는 금족 지禁足地가 있다. 그리고 신검은 '사람의 발길을 금한다'는 뜻의 금족지 안 신고神庫에 보관되어 있다. 일왕의 (무기를 보관하는) 신성한 창고에 모셔둘 정도로 신성시되는 이 칼의 정체는 무엇인가? 1873년 가을 일본 내무성 관리였던 간 마사토모菅政友라는 인물이 이소노가미 신궁을 대표

14

하는 벼슬인 대궁사大宮司로 부임했다. 때는 '천황天皇' 중심으로 중앙집권제를 단행하면서 일본 민족의 우월성을 정당화하는 일에 매우 열심이던 메이지 왕明治王 시절이었다. 관리이자 국수주의 학자인 간 마사토모가 신궁에 부임했으니 이는 예사로운 일이 아니었다.

신궁에 부임한 간 마사토모는 1874년 8월 메이지 왕에게 금족지 발굴을 허가받았다. 베일에 싸여 있던 금족지. 일단 문을 열자 놀라운 유물들이 발견되었다. 큰고리칼[環頭大刀]을 비롯한 검과 여섯 개의 청동거울 그리고 장식품인 비취색 곱은옥 등이다. 이른바 일본 왕실의 삼종三種의 신기神器, 즉 세 가지 신성한 보물이었다. 그러나 더욱 놀라운 유물이 그를 기다리고 있었다. 신고를 조사하던 간 마사토모는 독특한 모양의 칼 한 자루를 발견했다. 가운데 칼날을 축으로 마치 나뭇가지처럼 좌우로 칼날이 세 개씩 솟아 있고, 칼 표면에 금사金絲를 상감해 글자를 새겨놓은 길이 75센티미터의 칼이다.

이 발견은 일본을 통째로 들썩이게 한 일대 사건이었다. 왜 일본 전체가 떠들썩했을까? 가운데 칼날까지 모두 일곱 개의 가지로 나뉜 모양 때문에 칠지도七支刀라 불리는 이 칼은 백제의 칼이었다. 백제의 칼 칠지도가 왜 일본 나라현 이소노가미 신궁의 금족지 안에 있는가? 어떻게 '천황'의 신성한 창고에 보관되고 마침내 1953년 일본 국보로 지정되었을까?

해답은 《일본서기》의 진구 왕후조에 있다. 일본의 14대 주아이 왕仲哀王의 진구 왕후神功王后는 진구 49년, 즉 369년에 한

길이 75cm인 곧은 칼의 몸통 좌우로 가지 모양의 칼날이 각각 세 개씩 뻗어나와 모두 일곱 개의 칼날을 지닌 백제의 명검 칠지도.

이소노가미 신궁에서 칠지도를 찾아낸 일본 국수주의의 태두 간 마사토모(왼쪽 위).
임나일본부설의 주역으로 알려진 진구 왕후(왼쪽 아래).
칠지도가 소장되어 있는 이소노가미 신궁(일본 나라현 덴리시)을 그린 옛 그림(오른쪽).

반도로 건너가 가라칠국加羅七國, 즉 가야 7국을 정벌하고 나아가 백제, 신라까지 지배력을 행사했다는 인물이다. 일본 학계가 주장하는 이른바 임나일본부설任那日本府說의 주역인 것이다. 《일본서기》에 따르면 한반도 정벌 3년 뒤인 진구 52년, 즉 372년에 백제 13대 근초고왕近肖古王은 사신 구저久氏를 통해 "칠지도 1구口와 칠자경七子鏡 1면面을 비롯한 여러 보물을 바쳤다." 일본인들은 이소노가미 신궁의 칠지도가 《일본서기》에 나오는 칠지도라고 보고, 이 칠지도가 한반도 정벌이라는 신화를 실제 역사로 만들어줄 확실한 증거라고 간주했다. 간 마사토모가 발견한 한 자루의 칼이 고대 한일 관계사에서 가장 첨예한 문제를 풀 열쇠가 된 것이다.

칠지도 발견 이후 일본 역사학계는 칠지도가 백제가 일본에 바친 헌상품이라는 논문을 잇달아 발표했다. 심지어 백제가 일본의 속국이었다는 설까지 등장했다. 칠지도가 《일본서기》의 임나일본부설을 뒷받침할 유력한 물증이 된 것이다. 임나일본부란 일본이 가야, 즉 지금의 경상남도 지역에 설치했다는 군사통치기관이다. 임나일본부를 통해 369년~562년 사이의 약 200년 동안 일본이 한반도 남부를 지배했다는 것이 일본 학계의 주장이다. 그러나 임나일본부설은 일본의 역사서에만 나와 있는 이야기다. 그런데 그것을 입증해주는 듯한 물증으로 칠지도가 등장했으니, 칠지도에 비상한 관심을 기울인 것은 당연한 일이다. 일본 민족의 우월성을 입증하는 증거품이라 여겨진 칠지도를 일본의 국보로 지정한 것은 이런 이유에서다.

## 근초고왕이 칠지도를 왜왕에게 보낸 까닭은

간 마사토모는 민족주의 성향이 짙은 미토水戸 학파의 핵심인물이다. 그의 고향이자 미토 학파의 근원지인 미토시水戸市에 가보았다. 이곳에는 칠지도에 관한 몇 가지 중요한 기록이 남아 있는데, 그 중 하나가 간 마사모토의 저서 《외래금기문자기外來金器文字記》다. 칠지도의 발견 경위와 조사한 내용을 담고 있는 이 책에는 발견 당시 칠지도의 모습이 자세히 기록되어 있다. 75센티미터의 길이에 좌우로 여섯 개의 가지가 있는 모양이 실제의 3분의 1 크기로 그려져 있고 칠지도의 명문銘文을 발견하는 과정도 기록되어 있다. 간 마사모토 본인이 직접 녹을 제거하면서 61자의 명문이 드러났다. 그러나 하도 많은 양의 녹을 긁어내다 보니 명문의 일부가 훼손되어 알아볼 수 없어졌다. 명문은 칠지도의 진실을 밝혀줄 유일한 단서인데……

1981년 칠지도를 취재한 일본 NHK는 명문을 해독하기 위해 X선 촬영을 실시했다. 현재 칠지도를 보관하고 있는 이소노가미 신궁에서는 실물 비공개 방침에 따라 복제품밖에 볼 수 없다. 결국 NHK가 촬영한 X선 필름이 지금으로써는 명문의 원본을 확인할 수 있는 가장 정확한 자료다. 명문의 내용은 무엇일까? 먼저 앞면에 새겨진 34자의 명문을 보자. 해석하는 학자에 따라 약간의 차이는 있지만, 우리 학자들은 보통 이렇게 해석한다.

| | |
|---|---|
| 태화 4년 5월 16일 | 泰和四年五月十六日 |
| (불의 기운이 가장 왕성한) 병오정양에 | 丙午正陽 |
| 수없이 두들겨 단련한 철로 칠지도를 만들었다 | 造練百鍊七支刀 |
| 모든 병화를 물리칠 수 있으니 | 生辟百兵 |
| 마땅히 후왕에게 줄 만하다 | 宜供供侯王 |

칼 뒷면에 새겨진 27자의 명문에서, 백제 왕이 칠지도를 만들어 왜왕에게 주었음을 확인할 수 있다.

| | |
|---|---|
| 예로부터 이와 같은 칼은 없었다 | 先世以來 未有此刀 |
| 백제 왕 치세에 왕의 명을 받들어 | 百濟王世子奇生聖音 |
| 왜왕 지늼를 위해 만들었으니 | 故爲倭王旨造 |
| 후세에 전하여 보여라 | 傳示後世 |

칠지도의 진실을 밝히는 첫 걸음은 손상된 명문을 해독하는 일이었지만, 연호로 보이는 두 글자 중 하나가 명확하지 않아 처음에는 그 제작 시기조차 불분명했다. 그렇다면 어떻게 그 두 글자를 '태화'라고 읽은 것일까? 세 차례에 걸쳐 칠지도 실물을 확인하고 오랫동안 그 명문을 연구해온 일본의 원로 역사학자 우에다 마사아키上田正昭 교수는 이렇게 말한다. "1981년 1월 NHK가 X선 촬영을 해서 현상한 필름을 나에게 가져왔다. 태泰자 다음 글자가 벼 화禾변이었다. 여女변으로 보고 시始로 읽을 수도 있었지만 화禾변이라면 화和라고 읽는 게 맞다."

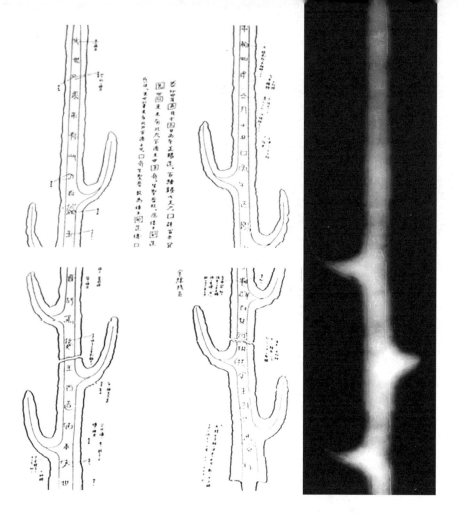

X선 촬영(오른쪽)으로도 칠지도 명문을 완전하게 알아낼 수는 없었다. 왼쪽은 간 마사모토가 조사하여 직접 기록한 칠지도 그림과 명문.

4세기 후반 중국 북부에서는 이른바 5호16국이 명멸하는 상황이었고 남쪽에는 동진東晉이 있었다. 태화는 바로 이 동진의 연호다. 그런데 칠지도 명문에 나타난 '태화泰和'와 동진의 연호 '태화太和'는 그 글자가 다르다. 泰가 아니라 太가 쓰인 것이다. 그런데 동진 시대의 무덤에서 나온 벽돌을 보면 태화 연호에서 泰와 太가 모두 사용되었음을 알 수 있다. 따라

서 칠지도 명문의 태화를 동진의 연호 태화로 본다면 태화 4년은 369년으로 백제 근초고왕 24년이며 《일본서기》의 진구 49년과 일치한다.

칠지도 명문에서 중요한 실마리가 되는 '태화泰和'(왼쪽)와 '후왕侯王'(오른쪽) 부분.

칠지도의 명문에서 각별히 주목할 부분은, 칼을 전달받을 인물로 '후왕'이 거론되고, "백제 왕이 왜 왕을 위해 이 칼을 만들었다"는 부분이다. 칼의 앞뒷면을 고려해보면 후왕은 왜왕과 동일 인물이라 볼 수 있다. 후왕이란 제후국의 왕을 뜻하는 말인데, 그렇다면 명문은 왜 일본 왕을 후왕, 즉 제후왕이라고 언급했을까? 백제가 각 지역에 후왕이라는 존재를 두었고 왜왕도 그 중 하나라는 설명이 가능하지만, 그렇다면 왜왕이 백제 왕에 의해 임명된 존재가 되어야 한다. 그렇지는 않더라도 왜왕이 후왕이라면 백제 왕은 황제가 되어야 한다. 그러나 지금은 백제 왕이 황제로서 각 지역에 제후를 두었음을 증명해주는 문헌 증거가 없다.

그러나 백제에 후왕 제도가 있었음을 확인할 수 있는 유물은 있다. 6세기 중국 양梁나라에 조공하러 온 30여 개국의 사신들을 그린 〈양직공도梁職貢圖〉. 여기에 그려진 백제 사신 옆에 쓰인 설명에는 백제가 스물두 곳의 담로擔魯를 두고 그것을 왕족에게 나눠주었다고 적혀 있다. 백제의 지방 행정구역이던 담로를 왕의 명에 따라 다스리던 통치자들은 제후, 즉 후왕의 성격을 지니고 있었을 것이다. 또 양나라 때 씌어진 중국 역사서 《남제서南齊書》에 따르면, 백제는 네 명의 공신에게 매라왕, 벽중왕, 불중

20

후, 면중후라는 작위를 내렸다. 그런 이름들이 바로 후왕 혹은 제후의 칭호라고 할 수 있다.

결국 칠지도 명문에 나타난 후왕이라는 표현은 이 칼이 백제의 헌상품이라는 일본의 주장을 뒤엎는 확실한 증거다. 백제와 일본의 상하 관계를 짐작케 하는 또 하나의 문구가 있다. 바로 명문의 마지막에 등장하는 네 글자, 즉 후세에 전하여 보이라는 뜻의 '전시후세傳示後世'다. 이는 윗사람이 아랫사람에게 명하는 형태의 문장이다. 백제는 왜왕을 백제 왕보다 낮은 후왕으로, 일본을 제후의 나라로 간주하고 칠지도를 하사했다.

칼을 하사한다는 것은 어떤 의미일까? 중국의 고대국가 은殷의 주왕紂王이 화살과 도끼를 하사했다는 《사기史記》의 기록에서 그 의미를 찾아볼 수 있다. 고대국가에서 무기는 왕이 신임의 표시로 내리던 물품이다. 칠지도에서는 백제 왕의 권력과 영향력의 범위를 확대하려는 의도를 엿볼 수 있다. 당시 일본 열도는 많은 소국들로 나뉘어 있었다. 그런 상황에서 근초고왕은 야마토 지역의 수장에게 칠지도를 하사함으로써, 그 지역에 대한 지배권을 인정해준 것이다. 칠지도에 새겨진 명문은 칠지도가 임나일본부설의 증거가 아니며 오히려 《일본서기》의 내용이 허구임을 말해준다. 칠지도는 일본의 복종 혹은 외교동맹을 유도하기 위해 근초고왕이 보낸 하사품이었다.


## 앞선 기술이 명품을 만들다

칼을 만드는 법은 크게 두 가지로 나뉜다. 쇠를 불에 달군 다음 두들겨 연마하는 것을 단조鍛造라 하고, 미리 만든 틀에 쇳물을 부어 만드는 것을 주조鑄繰라 한다. 그렇다면 칠지도는 어떻게 만들어졌을까? 백제와 왜는 칠지도가 제작되기 3년 전 처음 만났다. 《일본서기》는 366년 백제가 왜

칠지도 재현 과정. 불에 달군 쇠를 두들겨 다시 달구고 접어 두들겨 펴는 과정을 무수히 반복해 철로
칠지도의 형태를 만든 후 표면에 조각칼로 글자를 하나하나 파내고 금사를 상감해 넣는다.

의 사신을 초청해 비단과 활 등의 보물을 주었다고 기록하고 있다. 그 가
운데 가장 눈길을 끄는 것이 바로 덩이쇠(鐵鋌)다. 덩이쇠란 각종 철기 제
작의 재료가 되는 쇳덩이다. 고대국가에서 덩이쇠는 화폐를 대신할 정도
로 가치가 높은 물품이었고, 질 좋은 철을 충분히 확보하는 것은 국력을
결정짓는 중요한 문제였다.

　막 고대국가로 발돋움하던 4세기 무렵의 일본은 철에 대한 수요가 폭
증했지만 아직 철을 생산할 기술을 보유하지 못했다. 그래서 일본에서 발
견되는 이 시기의 덩이쇠는 가야에서 수입한 것이다. 당시 일본은 철 수
요의 대부분을 한반도에 의존했다. 야마토 왜는 가야, 더 나아가 백제로부
터 좋은 철을 수입한 셈이다. 이런 상황에서 백제가 귀한 덩이쇠를 마흔
개나 선물했다. 백제가 일본에 과시한 것은 철 원료의 우수성만은 아니었
다. '병오정양 조백련철丙午正陽, 造百練鐵', 즉 쇠를 단련하기에 가장 좋은

시기를 택해 백 번 단련한 철로 칠지도를 만든다는 칠
지도의 명문은 당시 백제가 얼마나 우수한 철기 제조기
술을 지녔던 것인지를 알려준다.

　명문에서 알 수 있듯이 칠지도는 불에 달군 쇠를
두들겨 만드는 단조 방식으로 만들어졌다. 단조식으로
칼을 만들려면 고르게 편 쇠를 반으로 접은 뒤, 다시 두
들겨 펴는 작업을 수없이 반복해야 한다. 단조식 칼을 잘
라보면 여러 겹의 단층 구조가 발견되는 것도 이 때문
이다. 칼날이 일곱 개나 달려 있는 칼을 이렇게 일일이
두들겨 만들기란, 보통의 기술과 노력으로는 불가능했
을 것이다. 칠지도는 최고의 기술을 가진 백제 장인들이
단조하기 좋은 시기를 골라 수백 번의 담금질을 한 끝에 완
성한 명품이었다.

은상감 기법으로 만든
백제 큰고리칼의 머리
부분(천안 용원리 출토).

　백제의 우수한 기술은 칠지도 표면에 새겨진 금상감
명문 61자만 봐도 알 수 있다. 금사로 글씨를 새겨넣으려
면 먼저 조각칼로 글자를 하나하나 파내야 한다. 그런 다
음, 글자 모양에 맞춰 가느다란 금실을 끼워넣는다. 가늘게 팬 글자 안에
금실을 고정하는 작업은 고도의 기술과 노력을 요하는 일이다. 상감 기법
象嵌技法은 중국에서 전해진 기술로, 칠지도가 상감 기법이 쓰인 칼로는
한반도에서 가장 오래된 유물이다. 또 백제가 한반도와 일본을 통틀어 최
초로 금속에 상감 기법을 도입했음을 보여주는 유물이기도 하다.

　1998년 천안 용원리에서 발굴된 칼 두 자루에서도 일찌감치 발달한
백제의 상감 기술을 엿볼 수 있다. 칠지도 이후 상감 기법은 글을 새기는
기법에서 무늬를 새기는 기법으로 발전했다. 큰고리칼의 머리 부분에 정
교한 무늬가 은으로 상감된 것을 볼 수 있는데, 4~5세기 백제 지방에서

일본 후나야마 고분 출토 금동신발(오른쪽)과 무령왕릉 출토 금동신발(왼쪽). 마치 한 사람이 만든 것처럼 모양이 똑같다.

상감된 칼들이 잇달아 출토되는 것으로 볼 때, 높은 수준의 상감 기술이 널리 퍼져 있었음을 알 수 있다. 일본으로서는 백제의 이러한 발달된 기술력이 동경의 대상이었을 것이다.

6세기 무렵 살았던 왕족이나 지방 호족의 무덤으로 추정되는 일본 구마모토현熊本縣의 후나야마船山 고분에서는 최고급 장신구들이 대거 출토되었다. 그 중에는 금동신발도 있는데, 서로 다른 지역에서 만들어졌다고는 믿기 힘들 정도로 무령왕릉 출토 금동신발과 닮았다. 후나야마 고분에서 발굴된 금동관모 역시 전라북도 익산 익점리에서 출토된 것과 모양이 똑같다. 이것은 무엇을 뜻하는가.

5세기 즈음부터 한반도에서 금동관모, 귀걸이, 허리 장신구, 금동신발 등이 일본에 유입되기 시작했다.

백제에서 들어온 것은 고급 장식품만이 아니었다. 후나야마 고분에서 출토된 유물 가운데 6세기 초 일본에서 제작된 것으로 추정되는 칼에는 물고기와 새의 문양이 은상감으로 새겨져 있다. 그런데 칠지도가 전해진 4세기 후반까지 일본에는 상감 칼이 없었다. 그렇다면 일본은 어떻게 상감 기술을 확보한 것일까? 칼 등에 새겨진 일흔다섯 자의 명문에는 글을 쓴 사람이 '장안長安'이라고 씌어 있다. 학계에서는 이 장안이라는 인물

일본 후나야마 고분에서 출토된 칼. 물고기와 새 모양이 은상감으로 새겨져 있는데, 6세기 초에 백제계 도래인이 만든 것으로 여겨진다.

을 백제계 도래인, 즉 백제에서 일본으로 건너온 사람으로 보고 있다. 백제가 상감 기법을 한반도에서 최초로 수용했고, 그 다음 가야와 왜 지역까지 전파된 것이다. 369년 근초고왕이 일본에 하사한 칠지도는 일본에 대한 백제의 영향력이 강해진 결과물이었으며, 백제 문화와 기술을 전해 주겠다는 외교 약속이기도 했다.


## 절대 우위의 국가 경쟁력

일본을 제후의 나라로 표현한 칠지도 명문처럼 분명한 상하 관계가 성립되려면 우수한 문화와 기술력 말고도 반드시 갖춰야 할 요소가 있다. 바로 강력한 군사력이다. 4세기 초까지 황해도와 평안남도 지역에는 낙랑樂浪과 대방帶方, 즉 한사군韓四郡 세력이 있었다. 한사군은 정치적으로는 중국이 한반도 여러 나라를 견제하는 구실을 했지만, 경제·문화적으로는 중국의 선진 문물이 한반도에 유입되고 교역이 이루어지는 매개 역할을 하기도 했다.

그러나 313년 이후 한사군은 고구려의 공격으로 모두 사라졌다. 이는 고구려와 백제 사이의 완충 지대가 사라졌음을 뜻하며, 이로써 고구려와

서울 송파구 석촌동의 백제 고분군. 근초고왕의 무덤으로 추정되는, 백제 고분 중 가장 큰 장방형 돌무덤(사진 위쪽)이 보인다.

백제의 충돌은 피할 수 없게 되었다. 고구려는 지속적인 남진 정책을 펴고 있었기 때문에, 백제는 위기감을 느낄 수밖에 없었다. 백제는 이런 위기를 어떻게 극복하고 일본 왕을 후왕이라 칭할 정도로 강력한 국가를 키울 수 있었을까? 한편 칠지도를 백제의 헌상품이라고 주장하는 일본의 당시 상황은 어땠을까?

백제의 돌무덤이 남아 있는 서울 송파구 석촌동 고분군. 그 가운데 백제 최대의 돌무덤인 석촌동 3호분이 있다. 한 변의 길이가 50미터에 달하는 거대한 장방형 고분이다. 학계에서는 이 고분의 주인을 근초고왕이라 추정하고 있다. 칠지도가 제작된 369년 백제는 근초고왕의 시대였다.《삼국사기》는 근초고왕을 체격이 크고 원대한 식견을 가진 왕이었다고 기록하고 있다. 그는 실제로 백제 최고의 정복군주이기도 했다. 당시 백제가 확장한 영토의 범위는 백제가 새로운 철의 산지인 곡나谷那를 얻었음을

전북 김제 벽골제에 남아 있는 5.5m 높이의 수문 기둥(왼쪽)과 벽골제 수리 시설을 축조하는 모습 재현(오른쪽).

소개하는 《일본서기》의 기록에서도 확인할 수 있다.

　곡나란 어디일까. 4세기 후반 백제가 확보한 영토 가운데 강과 인접한 철산지로는 전남 곡성과 황해도 곡산이 유력하다. 이 두 곳 모두 백제가 근초고왕 때 새로 확보한 땅으로 추정되는 지역이다. 369년 고구려를 침공한 근초고왕은 지금의 황해도 배천인 치양성雉壤城을 함락하고 여세를 몰아 평양까지 진격했다. 《삼국사기》에 따르면 371년 근초고왕은 3만 병사를 이끌고 평양성을 공격해 고구려 고국원왕故國原王마저 전사시켰다.

　근초고왕은 남쪽으로도 눈길을 돌렸다. 전라북도 김제의 벽골제碧骨堤, 4세기 백제의 남진 정책과 그 성과를 엿볼 수 있는 유적이다. 우리나라에서 가장 오래된 저수지 둑인 이곳은 백제 11대 비류왕比流王 27년, 즉 330년에 축조되었다. 높이 5.5미터에 달하는 수문의 돌기둥은 벽골제의 담수량이 어마어마했음을 보여준다. 돌기둥의 윗부분에 도르래 장치를

고구려

평양성

곡산

치양성

한성

백제

신라

곡성

김제    가야

근초고왕 시대 백제의 팽창과 세력권. 백제가 새로 얻은 철의 산지 곡나는 황해도 곡산과 전남 곡성 가운데 한 곳으로 추정된다.

설치해서 수문을 오르내림으로써 방수량을 조절했다. 저수지의 축조는 당시 벼농사의 보급을 알려주는 것이기도 하다. 현재 남아 있는 벽골제의 둘레는 약 3킬로미터에 달하며, 축조 당시 연인원 3만여 명이 동원되었을 것으로 추정하고 있다.

당시 백제 중앙정부는 강력한 왕권을 바탕으로 대규모 인력을 동원할 수 있는 체제를 갖추고 있었다. 거대한 저수·관개시설은 엄청나게 많은 노동력 징발은 물론, 수학과 역학 원리를 기반으로 한 토목 기술이 있어야 건설할 수 있다. 벽골제 유적은 근초고왕 시대 이전에 이미 백제 중앙권력이 김제 일대의 너른 곡창지대를 직접 장악, 관리하게 되었음을 증명한다. 근초고왕은 북으로는 황해도, 남으로는 마한과 가야까지 영향력을 확대했다.

그러나 《일본서기》는 이때의 한반도 상황을 전혀 다르게 묘사하고 있다. 백제의 영토 확장 전쟁이 한창이던 369년, 일본이 한반도 남부를 평정하고 지금의 해남인 침미다례忱彌多禮를 백제에게 주었다는 것이다. 당시 일본이 과연 그럴 만한 능력이 있었을까? 고대국가에서 강력한 왕권은 거대한 고분으로 표현된다. 일본에서도 고대국가 형성기인 4세기 후반부터 닌토쿠 왕릉仁德王陵과 같은 거대한 고분이 축조되었다. 대량으로 출토되는 장식용 토기를 특징으로 하는 전방후원분은 그 엄청난 토기의 양에서 무덤 주인의 권력을 짐작할 수 있다.

그러나 일본이 한반도 남부를 평정했다는 4세기 후반의 거대 고분은 지금의 오사카 일대를 포함하는 서일본 지역에서만 발견될 뿐, 다른 지역에서는 보이지 않는다. 4세기 후반에는 나라현 동남부에 왕권의 거점이 있었다. 서일본을 중심으로 왜국이 발전하던 시기로, 4세기에는 동일본까지는 그 세력이 미치지 못했던 것이다.

《일본서기》는 한반도 정벌의 주역 중 하나로 목라근자木羅斤資라는 장군을 들고 있다. 이 목라근자는 누구인가? 5세기 후반 백제는 건국 이래 최대의 위기를 맞았다. 475년 백제는 고구려 장수왕의 공격을 받아 수도 한성이 함락되고 개로왕蓋鹵王이 전사했다. 그 뒤를 이은 문주왕文周王은 수도를 지금의 공주인 웅진으로 옮겼다. 《삼국사기》는 당시 백제의 웅진 천도를 주도한 인물로 목협만치木協滿致를 거론하고 있는데, 목씨는 백제의 유력 가문 여덟 개 가운데 하나다. 학계는 목협만치를 목라근자의 아들이라 추정한다.

《일본서기》에는 목라근자가 그 성은 알지 못하나 백제의 장수라고 씌어 있다. 목라씨 혹은 목씨는 백제에는 있었지만 일본에는 없는 성씨다. 《일본서기》에는 목라근자의 아들이 목만치木滿致라고 되어 있는데, 목만치는 고구려군의 공격으로 개로왕이 죽은 다음 문주왕을 도와 웅진으로 도읍을 옮기는 데 힘을 쓴 인물로 등장한다. 다시 말해 우리 기록으로 보아 목라근자의 아들이 백제 사람이라는 것은 분명해지며, 그렇다면 목라근자는 백제 사람이다.

《일본서기》의 모순은 방향에 관한 기록만 봐도 알 수 있다. 369년 한반도 남부 정벌 과정에서 백제에게 주었다는 침미다례를 남쪽 오랑캐라는 뜻의 남만南蠻으로 기록하고 있는 것이다. 지금의 해남 지역인 침미다례는 일본의 입장에서 북쪽이다. 남만이라는 위치 설정은 수도가 한성에

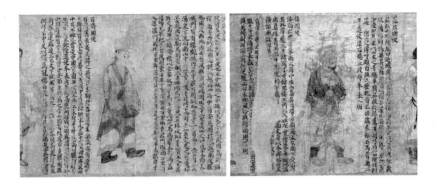

〈양직공도〉에 묘사된 백제 사신(왼쪽)과 일본 사신(오른쪽).

있는 백제의 입장에서 볼 때 맞는 표현이다. 이것은 백제의 역사를 마치 일본의 역사인 것처럼 서술한 데서 비롯된 모순이다.

계속해서 영토 확장 전쟁을 벌이며 한반도 전역에서 힘을 과시하던 4세기 후반 백제의 자신감은, 369년 고구려와 치른 치양성전투 직후 열병식에서 근초고왕이 황색 깃발을 사용했다는 기록에서도 확인할 수 있다. 황색은 황제를 상징하는 색깔이며 음양오행설에서는 중앙을 상징하는 색깔이다. 고구려와 싸워서 승리를 거둘 만큼 강성한 국력과 군사력을 자랑하던 백제는 황색 깃발을 나부끼면서, 백제가 세상에 중심에 자리잡고 있다는 일종의 천하관 또는 황제 의식을 갖게 되었던 것이다.

## 동북아 네트워크, 자신감의 원동력

〈양직공도〉에 묘사된 백제 사신과 일본 사신의 모습을 비교해보자. 수염도 없는 깔끔한 외모에 관복도 제대로 갖춰 입은 백제 사신은 사신의 품위와 절도가 느껴지지만, 일본 사신은 바느질도 제대로 하지 않은 천을 대충 둘러 입고, 덥수룩한 수염에 신발조차 신지 않은 모습이다. 한마디

## 근초고왕의 아들 근구수왕

377년 10월 백제군 3만 명이 고구려 평양성을 기습 공격했다. 근구수왕(近仇首王, 재위 375년~384년)이 직접 이끄는 병력이었다. 백제군이 거둔 성과가 상세히 기록되어 있지는 않지만, 근구수왕이 아버지 근초고왕 못지않은 정복군주였음은 알 수 있다. 근구수왕은 태자 시절부터 전쟁터에서 잔뼈가 굵은 인물이다. 그는 369년 고구려와 벌인 치양성전투에서 고구려 고국원왕이 이끄는 2만 군사를 물리치고 포로 5000명을 잡는 등 큰 무공을 세웠다. 근구수왕은 아버지 근초고왕이 이룩한 한반도 내 백제의 최대 판도를 유지하면서, 고구려와 세력 균형을 이루어 백제의 전성기를 구가한 왕이다. 근초고왕과 근구수왕 부자를 고구려의 광개토대왕과 장수왕 부자에 견주어볼 만하다.

근구수왕은 또한 일본에서 학자와 서적을 전해주기를 청해오자, 학자 왕인王仁과 손자인 진손왕辰孫王이 《논어》와 《천자문》을 가지고 일본으로 건너가게 했다. 왕인은 당시 일본 오신 왕應神王의 태자에게 글을 가르쳤고, 왕인의 후손들은 대대로 문서와 학문 관련 일을 맡아 고대 일본 문화에 큰 기여를 했다. 나라에는 왕인을 모시는 와니시모 신사和爾下神社가 남아 있고, 일본 역사서 《고사기古事記》에는 왕인의 이름이 와니키시和邇吉師로, 《일본서기》에는 와니王仁로 씌어 있다.

한편 나라의 도다이사東大寺 경내에 있는 가라쿠니 신사辛國神社는 근구수왕의 손자 진손왕을 제사 지내던 곳이다. 일본 고대 한시집 《가이후소懷風藻》에는 "왕인이 오진 왕 때 몽매함을 깨우치기 시작했고, 왕진이王辰爾가 비다쓰 왕敏達王 때 가르침을 베푸는 것을 마무리했다"는 대목이 나온다. 여기에 나오는 왕진이의 고조부가 바로 진손왕이다. 근구수왕과 관련한 이런 사항들을 봐도, 칠지도를 근초고왕이 일본 왕에게 '바친' 헌상품이라고 보는 관점이 얼마나 억지 춘향 격인지 금방 알 수 있다. 문화면에서나 정치면에서 백제는 당시 일본보다 확실히 우위에 있었다.

로 말해 격이 다르다. 6세기경에도 백제와 일본의 격이 이렇게 달랐다면 근초고왕 시대인 4세기에는 그 차이가 얼마나 컸을지 짐작하고도 남음이 있다. 근초고왕은 칠지도에도 이러한 국력 차이에서 오는 자신감을 담고 싶었을 것이다. 그렇다면 유례를 찾아볼 수 없는 칠지도만의 독특한 모양에도 뭔가 특별한 뜻이 담겨 있는 게 아닐까?

카자흐스탄 이시크Issyk 고분에서 발굴된 나무 모양 장식품. 기원전 3세기경에 만들어진 이 유물의 모습은 좌우로 열 개의 가지가 나 있고 꼭대기에는 새 한 마리가 앉아 있는 게 언뜻 봐도 백제의 칠지도와 비슷한 구조다. 이런 모양은 나무가 하늘로 올라가는 사다리, 즉 신과 인간을 연결해주는 매개체라고 믿던 이 지역의 토착신앙에서 비롯된 것이다. 시베리아나 중앙아시아 지역에서는 이런 모양의 종교 유물이 많이 발견된다.

시베리아 초원 지대에 살던 고대 스키타이인의 장대투겁[竿頭飾]도 그런 경우다. 신의 대리인 구실을 하던 제사장의 지팡이 위에 꽂던 이 장식품 역시 나뭇가지 위에 새가 앉아 있는 모양이다. 이렇게 나무를 신과 인간 세계의 소통 도구로 여기는 수목樹木 신앙은 한반도에도 영향을 미쳤다. 그 본보기가 바로 신라 금관이다. 왕의 상징인 금관에 나무 모양을 도

카자흐스탄 이시크 고분 출토 나무 모양 장식품과 시베리아 초원에 살던 고대 스키타이인의 장대투겁. 수목 신앙은 북방 유목민족과 동아시아 지역에 상당히 널리 퍼져 있었다.

입해 왕권의 신성함을 강조한 것이다.

칠지도의 모양 역시 이러한 신성한 나무, 즉 신목神木에서 유래했을 것이다. 일곱 개의 가지 달린 칼 칠지도는 하늘의 대변자로서 백제 왕이 지니는 절대 권위의 상징이자 백제가 세계의 중심이라는 천하관을 표현 했을 것이다. 백제의 이러한 자신감은 어디에서 비롯된 것일까?

3세기까지 한반도와 일본은 낙랑과 대방, 즉 한반도 중북부에 있던 한 사군을 통해 중국의 선진 문물을 받아들였다. 그러나 4세기 초 고구려가 한사군을 축출하면서 중국 문물의 입수 경로가 무너졌다. 3세기만 하더라 도 고대 동북아시아의 교역은 낙랑, 대방 지역과 김해의 구야국으로 이어 지는 경로를 중심으로 이루어졌다. 물건과 사람과 기술이 중국, 한반도, 일본을 오갔던 것이다. 그러나 낙랑과 대방이 한반도에서 축출되면서 이 통로를 통한 교역 체계도 무너졌고, 가야나 왜를 비롯한 동아시아 여러 세력은 선진 문물을 입수하고 교역하는 데 심각한 위기를 맞았다. 이제 어떤 세력이 한반도 최강자가 되어 새로운 동북아시아 교역 체계를 구축 할 것인가. 4세기 초 동아시아에서는 이 문제가 초미의 관심사였다.

그런데 4세기 중반 한반도에 최고급 중국 물품들이 잇따라 나타나기

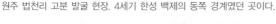

원주 법천리 고분 발굴 현장. 4세기 한성 백제의 동쪽 경계였던 곳이다.

중국제 유물이 출토되는 백제 지역.

개성
서울
원주
천안
청주
공주

시작한다. 이를테면 4세기 백제의 동쪽 경계였던 원주 법천리에서는 금귀걸이와 같은 최고급 장식품은 물론, 세 발 달린 청동자루솥〔靑銅鐎斗〕 등이 나온다. 대방군 축출로 중국 문물 입수 경로가 차단되었던 당시에 어떻게 이런 물건이 백제 땅에 들어왔을까?

중국산 물품이 나오는 곳은 법천리만이 아니다. 한성 백제 시대의 왕궁이던 풍납토성에서도 법천리에서 나온 것과 똑같은 청동자루솥이 나왔다. 둘 다 중국의 동진제 자루솥과 같은 것이다. 천안 용원리 유적에서는 중국제 물품이 확실한 닭머리 모양의 주전자 계수호 鷄首壺가 출토되기도 했다. 이 계수호와 모양은 물론 색깔까지 똑같은 주전자가 중국의 난징시립박물관에 소장되어 있으니, 용원리 출토 계수호는 중국에서 수입된 물품일 것이다. 4세기 중반 이후 백제 곳곳에서 발견된 중국산 자기와 자루솥은 백제가 대방군을 대신해 동북아시아 교역망

(시계 방향으로) 천안 용원리 출토 계수호와 중국 난징시립박물관 소장 계수호. 원주 법천리와 서울 풍납토성에서 각각 발견된 청동자루솥. 백제가 당시 대 중국 무역의 중심에 있었음을 보여준다.

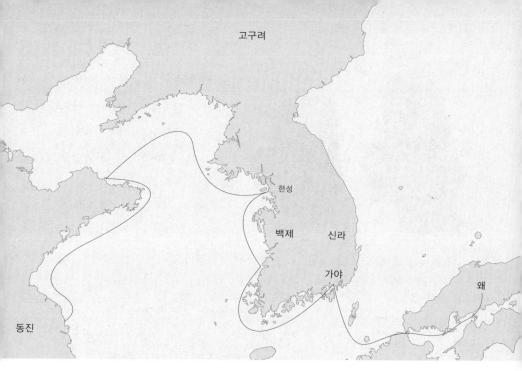

고구려

한성

백제   신라

가야

왜

동진

근초고왕 시대 백제는 동북아시아 해상 교역망의 중심지였다.

을 복구했음을 뜻하는 게 아닐까.

이런 물건을 백제로 수입한 주체가 지방세력이었다고 보기는 힘들다. 백제의 중앙세력이 일괄적으로 중국 물건을 수입하고, 그 물건들은 어떤 목적을 가지고 여러 지방세력들에게 나누어주었다고 봐야 한다. 백제 중앙세력과 지방세력은 그런 물건을 매개로 모종의 관계, 이를테면 느슨하나마 상하 관계를 맺고 있었을 가능성이 크다. 그렇다면 백제는 어떻게 동북아시아 교역망을 복구했을까? 《삼국사기》에 따르면 백제 9대 책계왕責稽王은 대방군의 공주를 왕비로 삼았다. 백제와 대방은 예로부터 우호 관계를 맺었던 것이다. 실제로 대방군이 멸망한 뒤 그 유민 가운데 상당수가 백제로 넘어왔다. 바로 그들이 중국과 백제 사이에서 교역의 다리 구실을 했을 것이다. 한강 하류 유역이라는 위치도 동북아시아 해상

모형 돌칼. 죽막동 수성당 뒤편의 유적에서 발견된 일본제 제사용 유물이다.

교역에서 매우 유리했다. 대방군 유민의 흡수와 근초고왕 대의 영토 확장으로 백제는 4세기 후반 동북아시아 교역망의 중심으로 떠올랐다.

이는 당시 선진 문물의 수입에 목말라 있던 일본에게는 구원의 손길과도 같았다. 《일본서기》에는 당시 일본의 속내를 엿볼 수 있는 기록이 나온다. 백제 사신이 일본을 방문하자 왕후와 태자, 모든 신하들이 눈물을 흘릴 정도로 기뻐한다. 일본이 얼마나 간절히 선진 문물을 입수할 교역 창구를 원하고 있었는지 알 수 있다. 고대국가로 발전해가는 과정에서 선진 문물의 입수가 매우 중요했을 야마토 정권에게 중국 남조 지역과 가장 활발하게 문물을 교류하고 있던 백제의 도움은 절실했던 것이다.

백제 중심의 교역망 재편은 전라북도 부안의 죽막동에서도 확인할 수 있다. 이곳은 고대 항로의 주요 기점이었고 지금도 항해의 안전을 기원하는 수성당이라는 당집이 남아 있는 장소다. 1992년 수성당 뒤편을 발굴했는데, 다양한 시대와 국적의 제사 유물이 출토되었다. 가장 이른 시기의 유물은 4세기 백제 토기이며, 5세기에 이르면 가야의 제사 토기가 나타난다. 작은 돌칼과 돌창 등 일본의 전형적인 제사 유물인 석기 모형도 나왔다. 죽막동 유적이 제사 기능을 담당하고 있던 중요한 시기는 5~6세기였을 것이다. 그 시기 왜와 가야의 유물이 다량 출토되는 점으로 미루어보아, 당시 백제와 주변국이 해상로를 통해 활발하게 문화를 교류했음을 짐작할 수 있다.

## 백제의 지방통치 제도

백제는 4세기 이후 중앙을 중심으로 전국을 다섯 구역으로 나누어 다스리는 5부 체제를 확립했다. 근초고왕 이후 중앙집권적 체제를 강화하면서, 중앙에서 지방관을 파견하여 직접 지배를 튼실히 하려 했다. 5부 아래에는 정치·경제·전쟁 면에서 중요한 거점 구실을 하는 성城들이 있었고 성 아래에는 마을, 즉 촌村이 있었다. 대부분의 성에는 중앙에서 파견한 지방관이 거주하면서 세금 징수와 인력 동원 업무를 관장했을 것이다. 요약하자면 백제의 지방통치 제도 및 단위는 그 규모와 중요성에 따라 부, 성, 촌으로 이루어져 있었다.

그러나 475년 고구려의 침공으로 한성이 함락되면서 백제의 5부 체제는 변화를 겪는다. 이와 관련하여 중국 역사서 《양서梁書》에는 이런 기록이 나온다. "읍邑을 담로라고 하는데, 중국에서 말하는 군현郡縣과 같다. 그 나라에는 모두 22담로가 있으며, 모두 자제종족子弟宗族을 나누어 거주시킨다." 담로 체제는 이미 근초고왕 때부터 새로 정복한 지역을 그곳의 거점성을 중심으로 다스리는 지배 방식으로 확립되었지만, 웅진으로 도읍을 옮긴 이후에는 중앙권력이 다소 약화된 상황에서 지방을 거점성 중심으로 다스리기 위한 장치로 작동했다.

그리고 사비성으로 도읍을 옮긴 다음에 오방五方과 군郡과 성城으로 이루어진 지방 체제를 갖추게 된다. 백제가 멸망할 당시의 지방 체제는 5부, 37군, 200성이었는데, 5부는 5방을 뜻한다. 중국 역사서 《북사北史》의 백제 관련 부분에는 "5방에 방령 한 사람씩이 있으며, 달솔로 방령을 삼고 방좌方佐가 방령을 보좌하고, 방에는 열 개의 군이 있고 군에는 장將 세 사람이 있다"는 기록이 나온다.

여기에서 열 개의 군에 장 세 사람이 있다는 것은 각 군 한 개마다 장 세 사람이 있다는 뜻이 아니며, 열 개 군을 통틀어 장 세 사람이 있다는 뜻이다. 그렇다면 5방에 속한 군은 모두 50군이 되고, 50군의 장은 열다섯 명 정도가 되고, 여기에 방령 다섯 명을 더하면 스무 명이 된다. 이 스무 명이 백제의 지방통치 제도에서 중추 구실을 했을 것이다. 《양서》에 나오는 22담로라는 기록과 숫자가 통하는 셈인데, 이로써 백제의 지방 제도가 중요한 20여 곳의 지역들로 나누어져 있는 편제였음을 추정할 수 있다.

백제 역사상 가장 넓은 영토를 확보했을 뿐 아니라 중국, 백제, 일본을 잇는 삼각 교역의 중심지였던 근초고왕 시대. 열병식에서 황색 깃발을 띄워 스스로 황제의 나라이며, 세계의 중심임을 선포한 자신감. 4세기 후반 한반도에는 동북아시아의 중심국가 백제가 있었다.

# 02 장수왕의 승부수, 고구려 남진 프로젝트

북위가 북중국을 통합해 5호16국의 혼란은 끝났다.
주변국과 외교를 통해 견제와 균형을 시도한
고구려가 말 800필을 송나라에 보낸 까닭은?
광개토대왕의 그늘에 가려져 있던
장수왕의 고구려 최전성기는 어떠했는지 만나본다.

## 고구려 말 800필 황해를 건너다

고구려 왕들 중 가장 많이 알려진 왕은? 역시 광개토대왕일 것이다. 그러나 그에 못지 않게 유명한 왕이 있다. 광개토대왕의 맏아들이자 무려 아흔여덟 살까지 살아 장수왕長壽王이란 이름을 얻은 이. 장수왕은 누구인가? 고구려 역사상 가장 너른 영토를 차지하고 고구려의 최전성기를 이룬 왕이다. 장수왕은 어떻게 영토를 넓혀갔을까? 또 어떤 생각으로 국가를 운영했을까? 광개토대왕의 위업이 워낙 대단했기 때문인지 장수왕의 업적에 관해서는 잘 모르는 사람들이 뜻밖에 많다. 아버지 광개토대왕의 위업에 무임승차한 왕으로 오해하는 사람마저 있다.

남북조 시대 중국의 남조 국가인 송나라의 역사를 담은 《송서宋書》에 장수왕의 일면을 볼 수 있는 기록이 들어 있다. "련璉에게 말을 보내달라고 하니 800필을 보냈다." 여기서 련은 장수왕을 이른다. 장수왕의 이름이 거련巨連 혹은 연璉이었던 것이다. 고구려에서 송나라로 가려면 서해를 건너야 했다. 말 800필을 어떻게, 또 왜 배에 태워 바다 건너 그 먼 송

충청북도 청원군 부용면 부강리 남성골산성 유적의 목책 구덩이. 이곳에서는 가마터와 토기를 비롯해 여러 고구려 관련 유물이 출토되어 고구려가 이곳까지 진출했음을 알려주었다.

나라까지 보냈을까?

바다 건너 송, 지금의 난징南京까지는 직선거리로 대략 700킬로미터. 바람의 힘을 받아 돛단배를 타고 가면 1주일 정도 걸리는 거리다. 말에게나 말을 운송하는 사람에게나 쉽지 않은 긴 항해였을 것이다. 말을 배에 실어 송나라로 보내는 일이 고구려에게 매우 중요한 일이었음을 짐작할 수 있다. 당시 말의 가치는 어느 정도였을까?

고구려 시대 말에 대한 기록은 남아 있지 않다. 현재 확인할 수 있는 자료는 조선 시대 것뿐이다. 당시 가격을 정확히 알기는 힘들지만, 말을 훔친 도적을 600~800명씩 평안도나 함경도 지역으로 귀양 보내거나 곤장을 때렸고, 팔뚝에 말 도적임을 나타내는 글씨를 인두로 지져서 영원히 남게 했다는 것으로 봐서, 말의 가격이나 가치가 매우 높았음을 짐작할

조선 시대 말의 방목장을 그린 그림. 군수 물자이자 귀한 이동 수단으로서 말의 가치는 대단히 높았다. 이로 미루어 고구려에서 말의 중요성을 짐작할 수 있다.

수 있다. 조선 시대의 법전《경국대전經國大典》을 보면 당시 말 한 필 가격은 쌀 20석, 즉 40가마나 되었다.

물론 고구려 영토에는 말을 방목할 수 있는 지역이 많았으니 조선 시대보다야 말이 흔했겠지만, 영토를 둘러싼 전쟁이 치열했던 시대라는 점을 감안하면 중요한 군수 물자인 말을 매우 귀하게 여겼을 것임에 틀림 없다. 통일신라 시대의 배를 재현하여 말을 배에 싣는 실험도 해보았지만, 몸집이 큰 살아 있는 생명체를 배로 운반한다는 것은 매우 어려운 일이다. 대동강 하구에서 양쯔 강 하구까지 배에 말을 싣고 항해하는 일은 여간 뛰어난 조선술과 항해술이 없다면 엄두도 못 낼 일이었을 것이다.

장수왕은 왜 그토록 귀한 말을 온갖 어려움을 무릅쓰고 수십 척의 배에 실어 송으로 보냈을까? 5세기 동아시아 국제 정세를 살펴보자. 당시 북중국의 강력한 세력인 북위北魏는 호시탐탐 동쪽으로 영토를 넓힐 기회만을 노리고 있었다. 436년 북위는 북연北燕을 침략했고, 북연은 고구려

5세기 중반, 장수왕 시대의 동북아시아. 북위가 5호16국 시대를 마감하고 북중국의 강자가 되었다. 이어 북위가 북연을 침공하자 장수왕은 북연의 요청에 따라 군대를 파견, 북연의 왕을 구해냈다.

에 구원을 요청했다. 고구려는 군사를 보내 북연의 왕을 구출했다. 고구려로서는 북위의 침략에 대비하는 일종의 사전 대응책이었다. 북위와 정면 대결하는 것은 최대한 피하면서 고구려 군사력의 위용을 북위에 과시하는 정책이었다고 평가할 수 있다. 그렇게 함으로써 고구려는 동쪽으로 진출하려는 북위의 의지를 한풀 꺾으면서 북연의 국력을 흡수하고자 했다.

그런데 그로부터 3년 뒤인 439년 송나라 태조가 북위를 치려 하니 말 800필을 보내달라고 서신을 보낸 것이다. 고구려 장수왕으로서는 송을 통해 북위를 견제할 좋은 기회였다. 고대의 전쟁에서 전략·전술의 우위를 점할 수 있는 열쇠 가운데 중요한 하나가 바로 갑옷 등으로 중무장한 기병을 많이 보유하는 것이다. 그런데 송이 자리했던 중국 남부는 대규모로 말을 기르기에는 자연환경이 적합지 않았다. 결국 송으로서는 북방 지역에서 말을 수입해야 했고, 긴밀한 외교 관계를 맺고 있던 고구려에 말을 보내달라고 요청한 것이다. 고구려에게도 송의 요청을 들어주는 것이 북

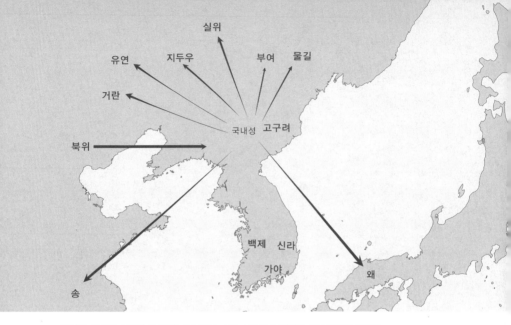

북위를 견제하기 위해 장수왕은 동아시아 주변 국가들과 긴밀한 외교 관계를 맺었다.

위를 견제하는 데 유리한 선택이었다.

이러한 동아시아 국제 정세는 광개토대왕 때와는 크게 달라진 상황이다. 광개토대왕 때 북부 중국은 이른바 5호16국 시대였다. 즉 다섯 개 민족이 세운 열여섯 나라가 일어났다가 멸망하기를 거듭하는 극도의 혼란기였다. 정복군주 광개토대왕은 그런 기회를 놓치지 않고 거침없이 동북아시아 내륙으로 진출했다. 그러나 5세기로 접어들자 5호16국 가운데 북위가 두각을 나타내어 주변 나라들을 차례로 멸망시키고 마침내 북중국의 가장 강력한 세력이 되었다. 장수왕이 즉위한 413년 즈음이 바로 그 시기다(북위는 439년에 양자강 이북의 북중국 지역을 통일했다). 즉위 초부터 장수왕에게 북위는 위협적인 존재였고, 결국 송을 비롯한 주변국들과 어떻게 외교 관계를 맺을지가 매우 중요한 국정 과제일 수밖에 없었다.

장수왕에게는 강성해진 북위의 동방 진출을 최대한 저지하면서, 북위가 각 방면으로 세력을 확장하는 것을 견제하는 외교망을 형성할 필요가 있었다. 이에 따라 장수왕은 북연에 군사를 파견하여 북위의 동방 진출을 저지했고 곧바로 중국 남부의 송과도 긴밀한 관계를 맺었다. 또한 북방 초원 지대에 있는 유연柔燕과도 가까이 지내면서 유연과 송이 외교 관계를 맺도록 주선해주기도 했다. 유연, 북연, 고구려, 송 이렇게 여러 나라들이 북위를 포위하는 모양새로 그물망을 친 것이다. 그뿐이 아니다. 장수왕은 이렇게 북위를 견제하면서도 북위와 친선 관계를 유지함으로써, 동북아시아 지역의 절묘한 세력 균형과 안정 상태를 구축해냈다.


## 남으로 눈길을 돌린 장수왕

그렇다면 장수왕은 북쪽의 안정에만 신경을 썼을까. 결코 그렇지 않다. 장수왕의 정책 가운데 가장 눈에 띄는 것이 바로 남진南進 정책이다. 남진은 장수왕을 이해하는 가장 중요한 코드다. 북중국의 새로운 강자 북위를 견제하는 외교 네트워크 구축을 통해 북방을 어느 정도 안정시킨 장수왕은 남쪽으로 눈길을 돌린다.

2001년 발굴된 충청북도 청원군의 남성골산성. 이곳에는 목책이 있던 구덩이가 남아 있다. 구덩이를 깊이 파서 전봇대만한 큰 기둥을 박아 세운 뒤 점토로 단단하게 고정하고, 돌과 흙을 이겨서 담장을 쌓듯이 기둥 바깥쪽에 벽체를 보강해 올린 목책의 흔적이다.

최초 발굴 단계에서는 백제 토기도 나오고 좀더 이른 시기의 삼한 토기도 있었기 때문에 삼한 시대의 목책이 있었던 게 아닐까 추정했지만 무려 열네 곳이나 발견된 토기용 가마터에서 고구려 토기들이 무더기로 쏟아져 나왔다. 고구려 가마터는 중국이나 북한에서도 발견된 바 없는 새로운 성과였다. 고구려 무기들도 여러 종류 출토되어 남성골산성에 고구려 군이 주둔한 것이 확실해졌다.

고구려 가마터 열네 곳은 무엇을 의미하는가. 토기를 굽던 가마는 물론, 무기 말고도 생활용 토기와 농기구도 나온 것으로 보아 평상시에는 농사도 짓고 토기도 제작하면서 유사시에 대비했던 것으로 볼 수 있다. 요컨대 기본 업무는 전투였지만 토기 제작이나 농업 생산 같은 생산 활동도 겸했거나, 그런 생산 활동을 하는 집단들과 군사 활동을 하는 집단이 뒤섞여 있는 집단이 머무른 것이다.

과연 고구려가 청원 지역까지 내려와 성을 쌓은 것은 언제쯤이었을까? 남성골산성에서 나온 유물의 목탄 흔적을 가지고 방사성탄소연대 측정을 실시한 결과, 남성골산성은 470년~490년 사이에 축조된 것으로 밝혀졌다. 5세기 말이라면 바로 고구려와 백제가 치열히 전쟁을 벌이던 때다. 475년 장수왕은 한강을 넘어 백제의 수도를 공격한 지 불과 이레 만에 한성을 함락하고 도망가던 백제 개로왕을 잡아 아차산 밑에서 목을 벴다. 고구려군은 한성을 무너뜨린 기세를 몰아 한반도 남쪽으로 진격했다.

쫓겨 내려가는 백제군을 추격해 고구려군은 금강 너머 공주와 불과 100리 정도 떨어진 청원까지 내려왔다. 백제의 새 수도인 웅진을 코앞에 두고 고구려는 성까지 쌓고 백제와 대치했다. 비록 목책성이지만 키 5미터가 넘는 굵은 목책을 두 줄로 쌓고 그 사이에 진흙을 다져넣은 뒤 불화살 공격에 대비해 바깥 면을 돌로 두른 견고한 성이었다. 돌로 성을 쌓던 고구려가 왜 이곳에서는 목책으로 성을 쌓았을까? 방위용 전진 기지에는 처음에 목책을 세웠다가 방어 태세가 좀 안정되면 토루土壘를 쌓고 돌을 이용해 더 튼튼한 성을 쌓는 것이 보통이다. 그러나 남성골산성은 목책 단계에서 석축을 일부만 사용했고 흔히 쓰이던 고구려의 석성 축조 방식은 쓰이지 않았다.

남진을 계속 추진하고 있는 상황이라 빠른 시간 안에 석성보다 쉽게 쌓을 수 있는 목책성을 선택해 이곳을 15~20년 동안 남쪽 최전방 군사기

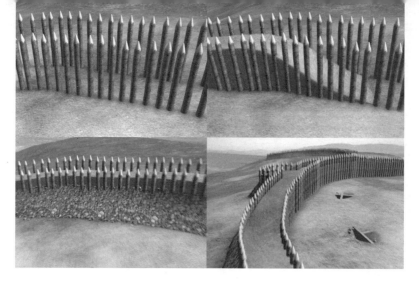

남성골산성 목책 건설 과정. 나무기둥을 두 줄로 세우고 그 사이에 흙을 다져넣은 다음, 바깥 부분에 돌을 쌓아 단단한 목책을 쌓았다.

지이자 일종의 군사도시로 활용한 것으로 보인다. 고구려는 이후 월평산성(대전광역시 서구 월평동)까지 내려갔다. 월평산성은 갑천이 흘러 자연해자 구실을 하고 있는 곳으로, 안쪽에는 구릉 지형을 의지해 흙을 다져 쌓은 토성이 있고 바깥쪽에 돌로 쌓은 석성이 있었다.

월평산성은 백제가 6세기 말~7세기 전반에 쌓은 석성인데, 고구려의 토기가 출토되는 것으로 볼 때 석성이 축조되기 전에 고구려군이 토성을 쌓아놓은 것으로 보인다. 백제가 쌓은 돌 성벽 아래쪽에서 나오는 고구려 유물들은 5세기 후반의 것으로, 장수왕의 고구려군이 남하해 남겨놓은 것이라 할 수 있다. 한성을 정복한 장수왕은 백제의 새 수도인 웅진에 바짝 다가가 백제를 집어삼킬 듯한 기세로 강하게 압박했던 것이다.

대전에서 계룡산만 넘으면 바로 웅진熊津, 즉 공주 지역이다. 오늘날에는 자동차로 40~50분 정도 걸리는 아주 가까운 거리다. 장수왕은 왜 이토록 무서운 기세로 백제를 공격했을까? 사실 고구려와 백제의 갈등은 뿌리 깊은 것이었다. 4세기 초반 고구려와 백제 사이에는 낙랑군과 대방

남성골산성에서 발굴한 토기용 가마터 유적. 중국, 북한에서도 발견된 바 없는 고구려 가마터가 열네 곳이나 발견되었다.

군이 있었다. 그런데 313년 고구려가 낙랑군을 축출하고 바로 1년 뒤 대방군을 멸망시킨다. 이후 서로 국경이 맞닿게 된 고구려와 백제 사이에는 긴장감이 감돈다.

드디어 369년 고구려와 백제 사이에 전쟁이 벌어진다. 이때 고구려 고국원왕은 백제에게 참패했다. 2년 뒤 다시 전쟁이 벌어지지만 이때도 고구려는 무참히 패하고 심지어 고국원왕마저 전사하고 만다. 고구려와 백제 사이의 전세가 역전된 때는 고국원왕의 손자 광개토대왕에 이르러서였다. 396년 광개토대왕은 남쪽으로 진격하여 한강 이북 백제의 58개성을 함락했다.

## 수도도 경제도, 남으로 남으로

4세기는 백제가 강성하던 시기였다. 고구려에게 백제는 결코 만만치 않은 상대였다. 더구나 장수왕의 증조할아버지 고국원왕까지 백제전에서 전사

했으니 백제에 대한 원한도 깊었을 것
이다. 그러나 장수왕의 남진 정책이 단지
그 때문이었을까? 장수왕은 이미 즉위 초부터
남쪽의 영토를 얻으려는 치밀한 계획을 갖고
있었다. 장수왕의 계획이 얼마나 면밀했는
지 또 그 깊은 뜻이 무엇이었는지 천도 과
정을 살펴보면 잘 알 수 있다.

장수왕이 평양으로 수도를 옮기는 결
단을 실천한 것은 427년, 즉위 15년째 되던
해였다. 건물은 사라지고 없지만 지금 평양
에는 고구려의 왕궁 터가 남아 있다. 남아 있
는 주춧돌만으로도 건물의 규모를 짐작할 수
있다. 전체 38만 제곱미터에 달하는 왕궁 터에
일정한 간격으로 질서정연하게 배치되어 있는
주춧돌이 모두 3240개인데, 그 주춧돌로 추정
해볼 수 있는 건물 터가 모두 51채에 해당한다.

월평산성에서 출토된 백제 토
기(위)와 고구려 토기(아래). 백
제 토기는 바닥이 둥근 것이,
고구려 토기는 바닥이 평평한
것이 특징이다.

북한의 조선중앙력사박물관에는 이곳에서 나온 독특하고 화려한 문
양의 기와들이 전시되어 있다. 그 가운데 장수왕이 평양으로 천도하면서
건립한 왕궁, 대성산 기슭에 있던 안학궁安鶴宮의 규모를 짐작케 하는 유
물이 있다. 왕궁이나 사찰 같은 중요한 건물의 용마루 맨 위에 장식 기와
로 올려놓던 치미雉尾다. 높이 2.1미터, 동양 최대의 사찰이었다는 신라
황룡사의 치미보다도 더 큰 셈이다.

또한 국내성과 마찬가지로 유사시를 대비해 안학궁 뒤에 성을 쌓았는
데, 대성산 능선을 따라 쌓은 성은 전체 9킬로미터에 달한다. 왕이 평시에
는 안학궁에서 정사를 돌보고 유사시에는 대성산성으로 들어가는, 고구

려 특유의 평지성—산성 체계를 새로운 수도 평양에서도 지키고 있는 것이다. 이렇게 수도를 옮기고 왕궁을 건립하고 성을 쌓는 과정이 결코 쉬웠을 리 없다.

수도를 옮기는 일은 단순히 물리 공간을 이동하고 토목 공사를 벌이는 차원에 그치지 않는다. 수도를 옮기면 자신의 세력이 약해질 것이라고 판단하는 세력들의 반발이 만만치 않기 때문이다. 이러니 천도는 고도의 정치 행위인 경우가 많다. 백제의 개로왕이 북위에 고구려를 응징해달라는 국서를 보냈는데, 개로왕은 그 문서에서 장수왕이 평양으로 천도할 때 대신들을 죽이고 나라가 혼란스러워져 민심도 흩어져버렸다고 말한다. 백제 왕이 보낸 국서이기에 당시 고구려의 상황과 장수왕에 관해 다분히 악의를 품고 기술했겠지만, 장수왕이 자신의 정책에 반발하는 세력을 숙청하고 평양 천도를 단행했음은 사실일 것이다. 이런 정치 혼란을 감수하면서까지 천도를 단행한 장수왕의 깊은 뜻

장수왕이 평양으로 천도하여 세운 왕궁인 안학궁의 치미. 높이 2.1m로 지금까지 발견된 치미 가운데 가장 크다.
평지성과 산성으로 이루어진 고구려의 도성 체제를 잘 보여주는 평양성 체제.

은 무엇이었을까?

고구려의 수도 국내성은 산과 강으로 둘러 쌓여 군사 방어 측면에서는 매우 유리했다. 그러나 주변 땅이 척박하고 기후 조건도 좋지 않아 농업 생산에는 불리하다. 실제로 중국 역사서인 《삼국지》 위지 '동이전'에도 경작할 땅이 부족하여 배를 채우기 힘든 사람이 적지 않다고 고구려의 사정이 씌어 있다. 고구려의 농업 환경이 좋지 않았음을 알려주는 기록이다.

이런 사정에 비추어본다면, 대동강 유역의 기름지고 너른 평야 지대를 갖춘 평양 일대는 장수왕에게 무척이나 매력 있게 다가왔을 법하다. 평양이 갖는 이점은 이뿐이 아니다. 평양을 가로지르는 대동강은 평양 천도의 또다른 중요한 이유다. 대동강은 동에서 서로 흘러 서해로 나간다. 그러므로 대동강 하구는 중국으로 뻗어나가는 외교와 무역의 창구로서 빼어난 입지였다.

고구려가 정치·경제적으로 성장하려면 중국 대륙과 교류해야 하고, 그러자면 안정적인 항로를 확보하는 일이 아주 중요했다. 국내성에서 출발하여 압록강 하구로 내려와 양쯔 강 하구까지 간다고 해보자. 압록강

일정한 간격으로 주춧돌이 늘어서 있는 안학궁의 건물 터.
대성산성의 성벽. 평양 대성산 능선을 따라 9km에 달하는 성벽이 둘러 있다.

한성, 즉 한강 유역을 차지함으로써 고구려는 중국의 남·북조와 교류하는 데 유리한 입지조건을 확보했다. 장수왕 시대에 고구려는 중국뿐 아니라 왜와도 교류했다.

중류에 위치한 국내성에서 압록강 하구에 이르는 내륙 항로도 긴 데다가, 하구까지 육로로 간다 해도 바다로 나갈 항구까지 가는 길 자체가 너무 멀었다. 항구에서 일단 바다로 나간다 해도 연근해 항로를 지나는 데 많은 시간이 걸린다. 이 과정에서 고구려의 배가 북위에 끌려갈 가능성도 많았다.

그러나 평양의 대동강을 통하면 북조 지역과 남조 지역을 불문하고 훨씬 더 쉽고 빠르게 오갈 수 있다. 실제로 평양 천도 이후 고구려는 남조 지역은 물론 긴장 관계에 있던 북조 지역과도 활발하게 교류했다. 장수왕이 바다 건너 송에 말 800필을 보낸 것도 시기를 따져보면 439년, 그러니까 평양 천도가 이루어진 427년 이후다.

장수왕의 평양 천도를 백제를 정벌하기 위한 군사 목적의 남하로만 이해해서는 곤란하다. 이미 말했듯이 농경지 확대를 위한 남방 경영, 바꿔 말하면 잡곡 위주의 농업 생산에서 벼농사 위주의 농업 생산으로 이행한

# 고구려의 평양성 시대

장수왕 시대 고구려는 최전성기를 구가했다. 장수왕 이후에도 이른바 평양성 시대, 문자왕, 안장왕, 안원왕, 양원왕, 평원왕 6대에 걸친 159년(427년~586년) 동안 너른 영토와 강한 군사력 그리고 무엇보다도 유연한 외교 정책을 바탕으로 대체로 번영과 안정을 누렸다.

평양성 시대는 넓게 보면 고구려가 멸망한 보장왕 27년(668년)까지라고 할 수도 있지만, 평원왕 28년(586년)부터 668년에 이르는 82년은 장안성長安城 시대로 구분하기도 한다.

양원왕 7년(551년)에 축조하기 시작한 장안성은 대동강을 끼고 북쪽 모란봉 일대에서 보통강 동쪽까지 23킬로미터에 이르는 표주박 모양의 방어성이다. 장안성의 축조로 기존의 대성산성과 안학궁으로 구성된 전통적인 이중방어 도성 체계가 아니라 하나의 성곽으로 둘러싸인 통합적인 도성 체계가 되었다는 점에서, 장안성을 후기 평양성이라 일컫기도 한다.

그러나 달도 차고 나면 기운다고 했던가. 안원왕 시대에 홍수, 지진, 가뭄 등 천재지변이 자주 일어나고 정치·사회 면에서 혼란이 가중되었으며, 양원왕 때는 정치 대립의 결과 2000여 명이 죽었고 백제와 신라에 한강 유역을 빼앗겼다.

그리고 평원왕 시대에 들어와서는 신라 진흥왕이 북진 정책을 적극적으로 펼친 데다가 중국에 통일왕조 수나라가 등장함으로써(581년), 예전처럼 동북아시아 여러 세력들 사이에서 탄력 있는 외교 정책을 펼쳐 세력 균형을 유지하는 전략이 큰 효과를 보기가 힘들어졌다. 국내의 혼란과 대외 상황 변화 속에서 고구려는 점차 위기에 빠져들어갔다.

서울 송파구 방이동 백제 몽촌토성 유적. 이곳에서는 고구려의 한성 지배기의 유물도 발견되었다. 472년 평양으로 천도한 장수왕은 475년 한강 유역을 차지하고 백제가 수도를 옮긴 웅진의 바로 코앞까지 추격해 내려갔다.

것으로도, 정치 · 경제 측면에서 새로운 동아시아 질서를 구축하기 위한 결단으로도, 오랜 국내성 시대에 성장한 귀족 세력을 견제하고 왕권을 더욱 강화하기 위한 조치로도 볼 수 있다. 장수왕의 평양 천도는 실로 국내외 정치 · 경제 · 군사 등 여러 측면을 모두 고려한 결단이었다.


## 해상 진출의 전초 기지, 보루를 세우다

그러나 장수왕은 평양에 만족하지 않았다. 이미 살펴보았듯이 백제를 공격하여 한성을 빼앗고 웅진까지 위협할 정도로 좀더 남쪽으로 내려간 것이다. 그렇다면 장수왕에게 또다른 깊은 뜻이 있었을까? 이 질문에 답하기 위해 다시 475년 고구려와 백제의 전쟁 상황을 다시 살펴보자. 대전 지역까지 밀고 내려간 고구려군은 어떻게 되었을까? 백제 수도성의 하나였던 몽촌토성에서 해답의 실마리를 찾을 수 있다.

1980년대 이루어진 여섯 차례의 발굴조사 중에 몽촌토성에서 고구려

54

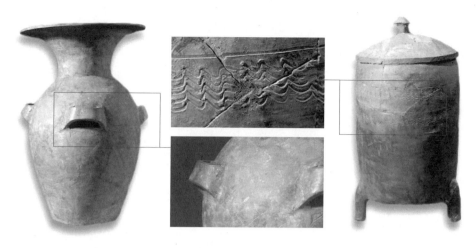

몽촌토성에서 출토된 네 귀 달린 목 긴 항아리(왼쪽)와 물결무늬 원통형 세발 토기(오른쪽). 모두 5세기 고구려 토기이며 네 귀 달린 항아리는 제사용이다.

토기와 고구려의 온돌건물 터를 찾아냈다. 몽촌토성에서 발견된 네 귀 달린 목 긴 항아리를 비롯한 고구려 토기들은 그 형태상 5세기, 정확히 장수왕이 한성을 함락시킨 직후의 양식에 속한다. 특히 네 귀 달린 목 긴 항아리는 일상생활용이 아니라 제사용이다. 몽촌토성에 고구려군의 지휘부가 있었을 가능성이 높아진 셈이다. 한성을 함락한 고구려군은 몽촌토성에 총 지휘부를 설치하고, 이 지휘부가 한강 유역 일대를 관할할 뿐 아니라 남진 작전을 지휘했을 것이다. 고구려군은 장수왕의 명령에 따라 진천의 대모산성과 청원의 남성골산성을 중간 기지로 확보하면서 대전까지 남하했던 것이다.

그런데 몽촌토성에서 출토된 토기를 보면 한 가지 더 흥미로운 사실을 알 수 있다. 보통 토기는 25~30년 단위로 그 형태가 바뀐다. 그런데 이곳에서 나온 토기의 모양을 보면 사람들이 이곳에 산 기간이 그리 길지 않았음을 짐작할 수 있다. 토기 형태로 볼 때 고구려군이 몽촌토성에 주둔한 기간은 대략 475년~500년 사이, 그러니까 토기 형태가 한 차례 바뀌

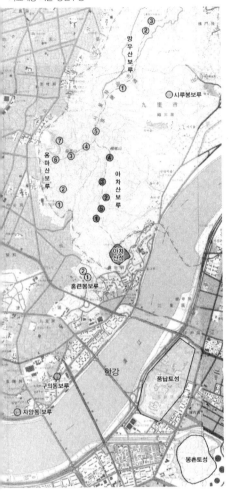

아차산을 중심으로 한 스무 곳의 고구려 보루성들.

는 시간의 평균도 채 채우지 못한 시간이다. 그렇다면 그후 고구려군은 어디로 갔을까?

한강 이북의 아차산 일대는 남한 지역의 고구려 유적 가운데 가장 잘 알려진 곳이다. 이 일대에서 고구려 보루堡壘 20여 개가 발견되었는데, 1997년부터 발굴을 시작해 지금도 조사가 계속되고 있다. 아차산 일대 보루 유적은 고구려 유물의 보고라고 해도 지나친 말이 아니다. 이곳에서 출토된 유물의 연대를 추정해보니 이곳과 몽촌토성의 관련성을 찾을 수 있었다. 아차산 보루에서 출토된 고구려 토기는 6세기 초의 것으로, 5세기 후반에 해당하는 몽촌토성 출토 고구려 토기보다 한 세대 뒤에 해당한다.

이것은 무엇을 뜻하는가? 한강 남쪽에 있는 몽촌토성에 주둔하면서 진천, 청원 지역까지 계속 내려갔던 고구려군이 백제군의 반격에 대처하기 위해 한강 바로 북쪽인 아차산 일대에 보루를 만들고 방어 태세를 갖춘 것이 아닐까. 아차산 일대 보루는 중국이나 북한의 고구려 석성보다 훨씬 작다. 정타원형으로 쌓은 보루의 규모는 600미터를 넘지 않는다. 발굴단이 이곳을 산성과 구분해서 보루라고 이름

붙인 것도 이 때문이다. 보루 안에는 군사들이 살던 곳으로 보이는 건물 터와 온돌 등이 나왔다. 물 저장 시설도 갖추고 온돌방이 열 개 정도 들어 있는 건물인데, 대략 100명쯤 되는 군사가 주둔한 것으로 보인다.

옛날 일이긴 해도 100명 정도면 소규모 부대에 불과하다. 이 정도 규모의 부대로 한강 유역을 지킬 수 있었을까? 아차산 일대에서는 이와 비슷한 보루 유적이 모두 스무 곳이 발견되었다. 거대한 산성을 쌓는 것보다 짧은 기간에 적은 인원으로 지을 수 있는 보루를 여러 개 지어 운용하는 편이 효과가 크다고 판단했을 법하다. 풍납토성과 몽촌토성 바로 건너편 강변에는 더 작은 규모의 보루도 여러 곳 있었는데, 주둔 군사 숫자가 열 명 안팎에 지나지 않는다. 그런 소규모 보루에서 일정한 거리를 두고 아차산에 큰 규모의 보루들이 자리한 것이다.

보루와 보루 사이의 간격은 대략 400~500미터 정도다. 유사시에 수신호나 음성 신호로도 연락할 수 있으며 빠른 시간 안에 다른 보루로 이동할 만한 거리다. 여러 개의 작은 보루들이 그물망처럼 연결되어 큰 성 하나와 같은 구실을 했던 것이다. 한강 이북 강변과 아차산 일대의 보루는 한강을 경계로 한강 이남 지역과 바로 대치할 수 있는 곳에 들어서 있다. 한강 이남의 상황을 자세히 살피는 데 유리한 조건이기도 하다. 한강이라는 자연환경이 1차 방어선이라면 아차산의 보루들은 1차 방어선을 중심으로 한 주변을 관측·방어하기 좋은 전략·전술의 중요한 거점이었다.


## 한강을 지배하는 자 한반도를 얻으리라

장수왕은 왜 이렇게 한강 유역을 지키는 데 많은 공을 들였을까? 경제적으로는 한강 하구의 김포평야가 중요한 농업 생산지가 될 것을 기대했을 것이다. 국내성에 비해 평양 일대가 농업 생산 면에서 유리한 지역이라는

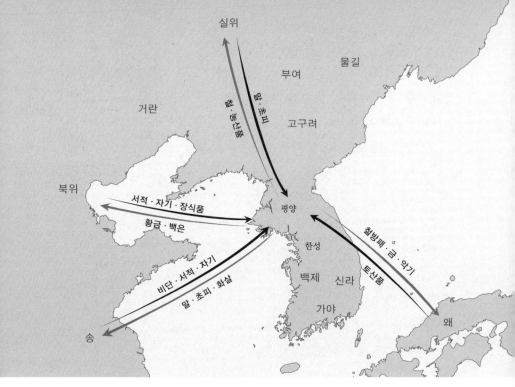

실위

물길

부여

거란

고구려

북위

평양

서적 · 자기 · 장식품

황금 · 백은

한성

할방패 · 금 · 와기

비단 · 서적 · 자기

백제

신라

토산품

말 · 초피 · 화살

가야

왜

송

5세기 고구려의 국제 교역 상황과 주요 교역품.

점과 비슷한 까닭이다. 그러나 이것이 유일한 이유라고 볼 수는 없다.

사실 삼국 시대에 한강은 특별한 곳이었다. 삼국의 최전성기가 바로 한강과 깊은 관련이 있기 때문이다. 4세기의 백제, 5세기의 고구려, 6세기의 신라. 삼국 각각의 최전성기는 각 나라가 한강을 차지했던 시기와 일치한다. 그렇다면 장수왕에게 한강은 어떤 의미가 있었을까?

한강은 대동강과 마찬가지로 서해로 나가는 창구다. 그 때문에 한반도 남부에 위치해 섬 아닌 섬이 된 백제와 신라가 중국과 교류하는 데 한강은 중요한 요충지였다. 그렇다면 고구려에게 한강은 어떤 의미인가? 거꾸로 백제가 처했던 상황을 살펴보면 그 해답을 찾을 수 있다. 4세기에 전성기를 누리던 백제는 한강 하구를 통해 중국의 요서 지방과 일본까지 뻗어나가 활발한 교류를 했다. 그러나 고구려에게 한강 유역을 빼앗긴 뒤 백제의 국제 교역망은 차단되고 말았다. 실제로 484년에는 중국 남조로 향하던 백제 사신이 고구려 수군에게 저지당하는 사건마저 일어난다.

이런 현실은 물자의 국제 교류가 원활하지 못하다는 경제적 피해뿐 아니라, 급변하는 국제 정세에 능동적으로 대처하는 것도 여의치 않게 됨으로써 외교·정치에도 불리해진다. 웅진으로 내려간 백제가 서해로 나갈 수 있는 창구는 금강 하구였다. 중국 남조로 가려면 당시 항로상 금강에서 서해 한가운데로 올라가야 했는데 경기만을 장악하고 있던 고구려 수군의 감시망에 걸려들 위험이 크다. 백제의 이런 처지를 뒤집어 생각하면 고구려가 한강 일대를 장악하기 위해 애쓴 까닭도 짐작하기 어렵지 않다.

고구려로서는 경기만 지역에서 서해로 출항하면 북위의 봉쇄를 피해 중국 남부로 항해할 수 있고, 백제, 신라, 가야 등이 북조와 교섭하는 것도 잘 차단할 수 있다. 게다가 대동강 하구보다 한강 하구가 남조와 교류하는 데 거리도 가깝고 북위의 간섭도 피할 수 있어 더 유리하다. 동아시아 국제 교류의 길목을 틀어쥐고 고구려에 유리한 방향으로 국제 관계를 조정함으로써 명실상부 동아시아 중심국가의 위치를 차지하기 위한 관건이 바로 한강 유역 지배에 있었던 것이다. 《일본서기》를 보면 장수왕 대에 고구려가 왜와도 교류했음을 확인할 수 있다.

물론 그렇게 해상권을 장악하려면 선박 기술과 항해 능력이 뒷받침되어야 한다. 고구려는 어떤 배로 항해했을까. 전라남도 완도에서 인양된 고려 시대의 배와 조선 시대 단원 김홍도의 그림 가운데 묘사된 배를 보면, 고려 시대의 배와 조선 시대의 배가 비슷한 모양임을 알 수 있다. 동력선이 등장하기 전까지 배의 형태와 기능은 급속히 발전하기보다는 수백 년에 걸쳐 조금씩 변했다. 이러하니 고려 시대의 배 모양을 바탕 삼아 훨씬 이전 시대의 배 모양을 짐작해봄직하다.

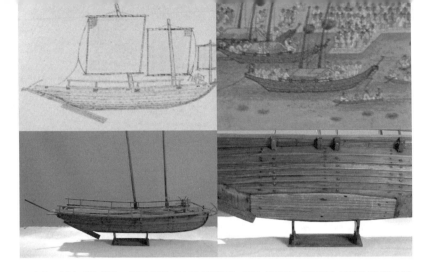

고려와 조선의 배를 통해 고구려 배의 모습을 복원했다. 주로 서해안을 항해했던 고구려 배 역시 바닥이 평평한 것이 가장 큰 특징이다.

전통적인 한선韓船의 모습에서 가장 큰 특징은 평평한 바닥이다. 바닥이 평평한 배, 즉 평저선平底船은 연안선沿岸船, 즉 해안에서 가까운 바다를 다니기에 적합한 배다. 바닥을 평평하게 만든 까닭은 한반도 서해안과 남해안이 평평한 갯벌에 조수간만의 차가 크고, 리아스식 침강 해안, 즉 바다로 내려가면서 깊어지는 모양이기 때문이다. 그런데 평저선은 먼바다로 나갈 때는 파도에 약하고 속도가 느리다는 단점이 있다. 그렇지만 고구려 배는 이러한 단점을 보완할 독특한 구조를 갖추고 있다. 배의 이물 각도를 30도 정도로 날씬하게 만들어 파도를 헤치고 나가기 좋게 했고, 길이와 폭의 비율을 4대 1 정도로 좁게 만들어 평저선보다 속도도 빠르게 했다.

이런 선박 제작기술을 바탕으로 바다를 통한 무역도 활발해졌다. 송에 말 800필을 보낸 것도 정치·외교와 무역이라는 두 마리 토끼를 잡기 위한 것이었다. 특히 말은 북방에서 수입해 남조 지역으로 보내는 중계무역 상품이기도 했다. 오늘날로 치면 일종의 동아시아 물류 중심지였다고 할까. 또한 한강을 통해 다른 지역에서 들여온 문물을 한반도 내륙으로 전

## 다문화·다민족 국가 고구려

장수왕의 남진 정책은 농경에 적합한 지역을 넓히는 것, 바꿔 말하면 잡곡 중심의 농업 기반을 벼농사 중심으로 탈바꿈시키는 계기이기도 했다. 광개토대왕이 정복 사업을 펼친 4세기~말5세기 초 이후 고구려의 영토 안에는 다양한 자연환경이 펼쳐졌다. 고구려의 초기 근거지인 환런이나 지안 일대는 농경에 적합한 환경이 아니었다.

그러나 영토를 확장해감에 따라 고구려는 유목에 적합한 초원, 수렵에 적합한 삼림, 농경에 적합한 강 유역의 평야 등 다양한 자연환경을 활용할 수 있었다. 여기에 서해 중부 이북과 요동반도 남부 해안은 물론, 5세기에는 한반도 동해안 지역을 완전히 흡수함으로써, 해양 활동의 기반도 마련했다. 유목·삼림·수렵·농경·해양 등 복합 문화를 누리게 된 것이다.

고구려 안에 거주하는 사람들도 훨씬 더 다채로워졌음은 물론이다. 부여계, 한족漢族, 낙랑과 대방의 유민, 시라무렌 강 유역의 거란계, 랴오허 유역의 북방 종족들, 내몽골 지역 유목민, 연해주 지역의 말갈계 등 광개토대왕 이후 고구려는 다양한 계통의 사람들을 포괄하는 국제성과 복합성을 지닌 제국의 성격을 띠게 되었다.

다채로운 민족 구성은 복합 문화의 형성으로 나타났다. 고구려는 부여계의 정통을 이었다는 정체성을 확고히 하면서도, 다른 한편으로는 다양한 문화와 종족의 공존을 허용하는 일종의 다문화·다민족 질서를 운영해야 했다. 그러니 고구려의 위대함은 강한 군사력으로 영토를 넓혔다는 점보다는 다문화와 다민족을 포용하면서도 그 정체성을 잃지 않았다는 점에 있지 않을까?

할 수도 있었다. 한강을 거슬러 상류로 올라가면 춘천이나 충주 등 중부 내륙 깊숙이 닿을 수 있다. 당시 이런 물길은 정치적인 의미를 지니고 있었음은 물론이거니와 경제와 문화의 고속도로 구실을 했다. 한강 유역인 한성 일대를 차지함으로써 고구려는 한반도 중부 이북의 해상권과 교역로를 차지했고, 이로써 고구려는 동아시아에서 유일하게 바다와 육지를 동시에 장악한 나라가 되었다.

고구려의 이러한 위상은 강력한 왕권과 풍부한 경제가 뒷받침해야 축조할 수 있는 대형 고분에서도 엿볼 수 있다. 장수왕 집권기인 5세기에 유달리 많이 그려진 벽화도 고구려의 정치·경제·문화 발전상을 짐작케 해준다. 중국 역사서인 《위서魏書》와 우리의 《삼국사기三國史記》에는 흥미로운 기록이 있다. 장수왕이 세상을 떠났을 때, 북위의 황제 효문제孝文帝가 이 소식을 듣고 흰색의 위모관委貌冠을 쓰고 베로 만든 심의深衣를 입고 애도 의식을 거행했다는 기록이다. 중국의 북위 황제가 고구려 왕의 죽음을 맞아 극진한 예를 표했다는 것이다. 당시 동아시아에서 고구려의 위상이 어떠했는지 보여주는 기록이 아닐 수 없다.

정복군주로 일컬어지는 광개토대왕은 대륙 진출을 통해 고구려를 동북아시아의 패자로 성장시켰다. 그 아들 장수왕은 일찍이 해상의 중요성을 인식해 대륙은 물론 바다로도 뻗어나가 정치·군사·외교·경제 등 여러 측면에서 명실상부한 동아시아 중심국가로 우뚝 서고자 했다. 장수왕 시대 고구려는 오늘날의 우리가 흔히 말하는 '고구려, 백제, 신라 삼국' 가운데 고구려가 아니라, 동아시아 전체 속의 고구려였다. 한강 유역 장악과 남진 정책은 바로 그런 꿈을 실현하기 위한 장수왕의 승부수였다. 장수왕은 변화한 국제 정세를 읽고 거기에 맞춰 국가 목표를 세우고 실천할 줄 알았던 탁월한 외교가·정치가·전략가였던 것이다.

# 03 한일 역사 전쟁, 영산강 장고형 무덤

일본 고유의 무덤 양식으로 알려진 전방후원분이
영산강 유역에서 발견되어 한일 학계가 논란에 휩싸였다.
일본풍이 완연한 이 장고형 고분은
백제를 위해 일했던 왜계 관료의 무덤인가,
고대 일본이 한반도 남부를 지배한 증거인가.

## 무덤은 시대를 증언한다

고분古墳, 즉 옛 무덤은 명실상부 고고학과 역사학 연구의 보물창고다. 고분 안에 들어 있는 많은 유물을 통해 고분이 만들어진 시대의 생활상을 가늠할 수 있는 것은 물론, 그 시대 사람들의 관념도 엿볼 수 있다. 한마디로 타임캡슐과 같다. 무덤에 들어 있는 유물도 중요하지만 무덤 양식은 그에 못지 않게, 아니 어떤 의미에서는 더욱 중요하다. 이를테면 어느 지역 범위 안에 같은 무덤 양식이 나타난다면, 그 지역은 하나의 문화·정치적 세력을 이루었을 가능성이 매우 커진다. 또 특정 무덤 양식이 어느 시기에만 집중해 나타났다가 이후에는 다른 무덤 양식으로 바뀌었다면, 문화·정치 면에서 큰 변화가 있었다고 추측하게 된다.

일본의 전방후원분前方後圓墳은 대략 3세기 중반부터 6세기 후반, 즉 일본의 고대국가 형성기에 조성된 대표적인 고대 무덤이다. 전방후원분이라는 용어는 에도 시대(1603년~1867년) 중기부터 쓰였으며, 직사각형 부분을 앞쪽으로 원형 부분을 뒤쪽으로 간주해 붙인 이름이다. 글자 그대

일본의 대표적인 전방후원분인 닌토쿠 왕의 무덤. 일본 고대왕국 최고의 전성기를 누린 닌토쿠 왕의 치세를 대변하듯 오사카 사카이시에 세계에서 가장 큰 무덤이 조성되어 있다.

로 풀이하면 '앞은 직사각형〔前方〕이고 뒤가 원형〔後圓〕'인 무덤이다. 현재 2600여 기가 남아 있는데, 대부분 원형 부분에 무덤 주인이 묻혀 있으며 주위에 도랑이나 연못을 파놓은 경우도 많고, 무덤의 경계를 표시하는 엷은 붉은색의 원통형 토기, 즉 하니와埴輪를 주위에 둘러 세웠다.

일본 학계는 전방후원분을 일본 고대사의 핵심 유적으로 평가한다. 일본 최초의 고대국가인 야마토大和 정권의 성립과 관계가 깊다고 보기 때문이다. 대형 전방후원분을 조성하려면 대규모 노동력을 동원할 수 있는 국가 권력이 성립되어 있어야 하는데 그 국가 권력이 바로 야마토 정권이며, 야마토 정권이 일본 각 지역을 통합해가는 과정에서 전방후원분이 여러 지역으로 확산되었다고 보는 것이다. 일본 학계는 3세기 초부터 5세기 말의 시기를 아예 고분古墳 시대(250년~500년경)라고 일컫기도 한다. 일본의 고대 통일국가 형성 시기와 대략 일치하는 시기다.

일본 전역에 남아 있는 전방후원분의 분포. 야마토 정권이 세워진 오사카 주변에 집중해 있다.

오사카

일본인들에게 전방후원분이 중요한 또 하나의 까닭은 이 무덤이 역대 왕의 무덤이라는 사실 때문이다. 그 가운데 가장 유명한 것이 오사카 사카이시堺市에 자리하고 있는 일본 최대의 전방후원분, 16대 닌토쿠 왕仁德王의 무덤이다. 길이 486미터에 원형 부분은 지름 249미터, 사각형 부분은 폭 305미터, 높이 35미터에 달하며, 무덤 바깥쪽을 세 겹으로 해자가 둘러싸고 있는(바깥쪽 해자는 메이지 왕 때 조성) 거대한 무덤이다. 일본 왕실관리기관인 궁내청이 관리하는 이 무덤은 지금도 성역으로 여겨져서 자세한 발굴 조사는 허락되지 않고 있다. 전방후원분은 일본 고대 문화의 상징이자 일본 민족 문화의 우수성과 자긍심의 기반이라고 해도 지나친 말이 아니다.

그런데 전방후원분은 정말 일본에만 있는 무덤 양식일까? 1991년 국립광주박물관에 전화 한 통이 걸려왔다. 생김새가 매우 특이한 무덤이 있다는 제보였다. 위치는 전라남도 함평군 함평읍 장년리 장고산 마을. 예로부터 마을 앞의 낮은 산을 눈에 보이는 대로 장고산이라 불렀고, 마을 이름도 장고산 마을이다. 박물관 측은 즉각 발굴에 들어갔다. 두 봉분 사이는 41미터, 전체 길이는 70미터에 달하는 대형 무덤이다. 모양이 아라비아 숫자 8자와 같다고 해서 8자형 무덤이나 열쇠구멍형 무덤, 또는 땅콩형 무덤으로 불리기도 했다.

전라남도 함평군 월야면 예덕리 신덕고분. 전체 길이가 약 50m에 이른다. 두 개의 봉분이 이어진 모습이 일본 전방후원분과 닮았다.

한 해 전인 1990년 전라남도 함평군 월야면 예덕리에서는 신덕고분新德古墳이 도굴당했다. 긴급 조사에 들어간 국립광주박물관은 신덕고분이 일본의 전방후원분과 같은 방법으로 만들어졌음을 확인했다. 길이 50여 미터, 높이 10여 미터에 달하는 만만치 않은 크기에 사각형과 원형, 두 개의 봉분이 서로 이어진 모양이지만 두 개의 무덤이 아니라 하나의 무덤이다. 이 무덤 역시 생김새가 아라비아 숫자 8자 같기도 하고 또 전통 악기인 장고 같기도 하다.

이후 이와 비슷한 모양의 고분들이 전라남도 여러 지역에서 확인되었다. 전라남도 해남군 북일면 방산리, 이곳의 옛 지명도 장고산이었다. 이후 이런 모양의 무덤은 장고형 무덤으로 명칭이 정해졌다. 해남 지역의 장고형 무덤은 공식 측량 결과 일본 고유의 무덤이라는 전방후원분과 같은 양식으로 밝혀졌다. 현재 전라남도 지역에는 이런 무덤이 모두 열네 기가 존재하는 것으로 밝혀졌는데 이것들 모두 일본의 전방후원분과 분

명히 닮아 있다.

　일본 왕실의 무덤이자 고대 일본 문화의 상징인 전방후원분이 한반도에서 속속 발견되자 일본 학계와 언론은 가히 불붙은 듯 활활 타오르는 관심을 보였다. 그들의 속내는 짐작하기 어렵지 않다. '일본이 어느 시기 한반도 일부 지역을 지배했거나 영향력 아래 두었다는 확실한 증거가 아닐까?' 진작부터 일본은 야마토 정권이 4세기 후반 한반도 남부 지역을 직접 다스렸으며, 그 중심 통치기관이 임나일본부였다고 주장해오지 않았던가. 일본 중학교 역사 교과서 가운데 하나를 보면 이런 대목이 나온다. "4세기 후반 야마토 정권은 바다 건너 한반도로 군사를 보내 반도 남부의 임나라는 곳의 세력을 차지했다."

## 고대 일본 문화가 한반도에 전해졌다는 오해

고대 무덤을 둘러싸고 한일 역사학계가 첨예하게 맞선 곳이 있다. 지금은 발굴조사와 복원이 모두 끝나 봉분 세 개가 뚜렷이 보이는 경상남도 고성의 송학동 고분이다. 일본은 전방후원분과 관련하여 이 무덤에 각별한 관심을 보였다. 발굴 전의 송학동 무덤은 일본의 전방후원분과 아주 비슷했다. 모양뿐 아니라 무덤 내부와 유물도 주목을 끌었다. 돌방의 벽면이 온통 붉은색으로 칠해 있었는데, 붉은 칠은 일본의 무덤에서 흔히 발견되는 것이다. 또 출토된 유물 가운데 일본식 토기도 나왔다.

　그러나 발굴조사 결과 송학동 고분은 전방후원분이 아니라고 판명되

경상남도 고성군 고성읍 송학동 고분의 복원 전 모습(왼쪽). 세 개의 가야 무덤 가운데 두 개가 무너져(오른쪽 위) 전방후원분이라 오인되었지만, 지금은 복원되어 본래의 모습을 되찾았다(오른쪽 아래).

었다. 송학동 무덤은 원래 봉분이 세 개였는데 두 개가 도굴된 후 주저앉으면서 전방후원분처럼 보인 것이다. 이 무덤은 세 개의 봉분을 가진 가야의 무덤이었다. 고성은 옛 가야의 영토로, 일본은 이 지역의 무덤에서 이른바 임나일본부설의 증거를 찾기 위해 집요하게 노력을 해왔다. 이러한 시도는 영산강 유역까지 확대되어 이미 일제강점기부터 조사가 진행되었다. 1938년 전라남도 나주시 반남면 신촌리 6호분, 덕산리 2호분이 일본의 전방후원분과 비슷하다고 보고된 적이 있고 일부 발굴에서는 무덤 주인이 고대 일본인이라고 단정하기까지 했다.

  그러나 광복 후 오랜 세월 한반도의 장고형 무덤은 한국 학계의 관심 바깥으로 밀려나 있었다. 한반도에 고대 일본의 전형적인 무덤과 같은 형태의 무덤이 있다는 것은 어떤 의미에서는 도저히 생각할 수 없는 일이었고 그런 주장을 받아들일 수 있는 분위기도 아니었다. 1972년 충청남도 부여의 평야 지대에 있는 구릉을 조사한 학자들이 장고형 무덤의 가능성을 제기했지만 학계는 인정하기 힘든 주장이라고 결론지었다. 1983년에도 경상남도 고성 송학동 1호분, 함안 말이산 16호분 및 22호분, 경상북도 고령 본관동 고분, 전라남도 나주 신촌리 6호분 등이 장고형 무덤이라고

광주광역시 명화동 고분에서 나온 원통형 토기. 일본의 하니와와 닮았다.

주장하는 의견이 나왔지만 우리 학계는 관심을 기울이지 않았고 일본 학계만 큰 관심을 기울였다.

1985년에도 전라남도 해남 장고봉 고분과 용두리 말무덤 등이 장고형 무덤이라는 주장이 다시 머리를 들었지만 우리 학계는 겉모양만 장고형 무덤일 뿐이며 자연 구릉이라는 결론을 내렸다. 그러다가 앞서 이야기한 1990년 전라남도 함평 신덕고분이 도굴되는 사건이 벌어졌고, 국립 광주박물관은 긴급 조사를 벌여 신덕고분이 일본의 전방후원분과 같은 방법으로 만들어졌음을 확인하기에 이르렀다. 그러나 종합적이고 체계적인 후속 조사도 이루어지지 않았고, 이 민감한 주제에 대한 후속 연구도 없었다.

그러나 전라남도 영암 자라봉 고분, 함평 장고산 고분, 영광 월산리 고분, 광주 월계동과 명화동 고분 등 영산강 유역 일대에서 장고형 고분이 연이어 발견되었다. 특히 광주 명화동 고분은 잠잠하던 임나일본부설에 또다시 불을 지피며 큰 파장을 불러일으켰다. 이 무덤은 모양으로 보아 분명 전방후원분이었다. 특히 일본 학계를 흥분시킨 것은 봉분 주위를 따라 놓인 원통형 토기였다. 장례 의식에 쓰인 것으로 보이는 이 토기는 몸체에 구멍이 뚫려 있는 것이 특징이다. 봉분 주위에서 발견되는 이러한 토기, 즉 하니와는 일본 전방후원분을 특징짓는 중요한 유물이다. 이렇게 일본의 하니와 닮은 토기가 발견되자 일본은 광주 명화동 무덤은 의심할 여지없이 전방후원분이라고 주장했다. 그리고 무덤 주인 또한 일본인이라고 주장했다.

이 발굴에 쏟아진 일본 학계와 언론의 관심은 정말 대단했다. 1994년 5월 20일자 일본 〈아사히 신문〉은 "고대 일본 문화가 한반도에 전해졌다는 것을 입증하는 성과"라는 요지의 기사를 1면 머리기사로 내보내기까지 했다. 발굴을 주도한 박물관 측이 〈아사히 신문〉의 기사가 나간 다음 날 우리 정부 최고위층 인사에게 전화를 받고 곤욕을 치렀다는 전설(?)마저 전해오는 형편이니, 한반도 장고형 무덤은 역사학의 운명이란 학문적 주제에만 머무르기 힘든 것임을 말해주는 증거와도 같다.

전방후원분이 한반도에도 있다는 사실에 대한 일본 학계의 반응도 엇갈린다. 한반도가 일본 전방후원분의 원조라는 결론이 날까 봐 걱정하는 속내도 있는 듯하고, 고대 일본이 한반도에 문화를 전해주었다는 증거로 환영하는 학자도 있으며, 나아가 일본의 한반도 남부 지배설을 뒷받침하는 증거로 삼으려는 학자도 있고, 순전히 학문적인 관심에서 한반도의 전방후원분에 관한 연구가 좀더 진척되기를 바라는 학자도 있다. 대체로 일본 학계는 이 발굴 성과를 두고, 6세기 고대 일본이 한반도의 영산강 유역에 일종의 현지 무역사무소를 두었다는 식으로 풀이한다. 일본의 각 세력들이 중국과 교류할 때 영산강 유역을 중간 기착지 혹은 기지로 삼았고, 식량을 비롯한 교역에 필요한 물자를 조달하고 통역 업무를 맡은 일본인들이 영산강 유역 일대에 세력을 구축했다는 것이다.

이를 뒷받침하기 위해 일본 학계는 중국 역사서 《송서宋書》에 나타나는 몇몇 기록에 주목한다. 이 책에는 송宋의 황제가 5세기 말 왜국의 왕에게 '도독왜신라임나가라진한모한육국제군사都督倭新羅任那加羅秦韓慕韓六國諸軍事'라는 작호를 내린 것으로 되어 있다. 물론 이 작호는 왜왕이 스스로 송나라에 내려줄 것을 청한 작호들이다. 왜왕이 왜, 신라, 임나가라(가야), 진한秦韓, 모한慕韓 등을 아우르는 지배자임을 자청한 셈이다. 일본 학계는 특히 이 가운데 모한이라는 세력이 5세기에 백제의 영향력 바깥에서 영산강 유역에 존재했다고 본다. 이 모한 세력이 바로 일본과 중국의 교역을 담당한 세력으로, 전방후원분의 주인공들이라는 것이다.

그러나 작호에 나오는 진한秦韓과 모한慕韓은 실제로 존재한 적이 없는 집단이라고 보는 편이 맞다. 진한과 모한을 진한辰韓과 마한馬韓이라고 유추한다면 왜왕이 송나라에 청한 작호는 실제를 반영한다고 보기 힘들다. 이미 백제 근초고왕이 369년경 마한을 병합했고 진한도 5세기에는 신라에 통합된 상태였다. 그럼에도 한반도 남부 지역이 한때 일본의 지배를 받았거나 일본의 영향력 아래 있었다는 인식은 일본 사회 전반에 널리 퍼져 있다. 일본 역사 교과서도 전라남도 지역을 임나라고 표기할 정도다.

영산강 유역 일대에서 발견되는 전방후원분은 일본의 이런 인식을 강화해주는 증거로 활용될 소지가 매우 많다. 정리하자면, 일본 학계는 5세기 영산강 유역에 백제의 영향권에서 벗어나 있는 독자적인 정치 세력이 있었고, 그 세력의 성격은 주로 교역을 중개하는 왜계倭系 집단이었으며, 영산강 유역 일대의 장고형 고분은 바로 그들이 조성한 무덤이고, 이는 임나일본부설을 뒷받침하는 증거들이라고 주장하는 것이다.


## 일본 칼과 백제 금동관의 주인은 누구?

이제 영산강 유역 일대 장고형 무덤에 관해 가장 첨예한 질문을 본격적으로 던져보자. 장고형 무덤의 주인은 과연 누구일까? 이 질문에 대한 해답의 실마리가 되는 무덤은 현재로서는 함평의 신덕고분뿐이다. 장고형 무덤은 대부분 이미 도굴된 상태지만, 신덕고분에만은 몇몇 의미 있는 유물이 남아 있었다. 신덕고분에서 나온 유물 가운데 눈길을 끄는 것은 길이 110센티미터의 큰 칼이다. 당시 한반도 칼의 평균 길이보다 무려 20센티미터나 긴 일본 칼이다. 당시 한반도 지역의 주력 무기는 창이었다. 이를

# 대외지향적인 사람들

전라남도 해남의 북일면 장고봉 고분은 전체 길이 76미터, 높이 10미터로 한반도에서 확인된 장고형 무덤 가운데 가장 크다. 장고봉 고분에서 12킬로미터 떨어진 삼산면 용두리에도 역시 장고형 무덤이 있으며, 송지면 월송리 조산고분에서는 오키나와 근해에 서식하는 소라 껍질이 나오기도 했다. 또한 북일면 내동리 외도 고분에서는 영남 지역에서만 출토되어왔던 양식의 갑옷이 출토되기도 했다.

북일면 지역은 주변이 산으로 둘러싸여 있고 농경에 적합한 평야가 발달하지도 않았으며 큰 강도 없다. 지금도 이 지역 주민들은 구릉지를 개간한 좁은 밭에서 농사를 짓거나 조개를 채취하고 작은 어선으로 생선을 잡는다. 그렇다면 어떻게 이 지역에 대규모 무덤을 조성할 수 있을 정도로 경제·정치 기반을 갖춘 세력이 자리잡을 수 있었을까? 결국 농업이 아닌 뭔가 다른 경제 기반을 갖추고 있었다는 뜻이다.

그 기반이란 무엇일까? 그렇다. 바로 해상 교역이다. 이 지역은 중국과 일본을 중개하는 무역을 통해 이익을 취하기 좋은 입지 조건을 갖추고 있다. 내륙 교통은 불편하지만 바닷길은 문자 그대로 사통팔달이며, 크고 작은 섬들이 산재해 있어 자연 방파제 구실을 해준다. 이 지역에 장고형 무덤이 조성될 때보다 훗날의 일이기는 하지만, 통일신라 시대에 장보고가 이 지역과 가까운 청해진淸海鎭, 즉 오늘날의 완도를 거점으로 동아시아 해상 무역을 장악한 사실도 떠올려봄직하다.

별다른 천연 자원도 없고 면적도 좁은 싱가포르가 오늘날 세계 굴지의 중개 무역항으로 발전한 것, 역시 별다른 물적 자원이 없는 이탈리아의 베네치아가 지정학적 조건과 구성원의 역량을 바탕으로 유럽의 해상 무역을 장악했던 것 등 다른 시대 다른 지역에서도 이와 비슷한 사례를 얼마든지 찾아볼 수 있다. 장고형 무덤이 발견되는 지역 사람들은 일찍부터 밖으로 눈을 돌려 교역에서 능력을 발휘한 사람들, 요컨대 대외지향적이고 개방적인 사람들이었을 것이다.

전라남도 함평 신덕고분에서 발견된 일본 칼. 길이 110cm의 큰 칼로 무덤 주인이 왜계 무장 세력이 아닌가 추정하게 한다.

바탕으로 무덤에 묻힌 사람을 왜계 무장 세력으로 추정하기도 한다.

그러나 이와는 다른 성격의 유물도 많이 나왔다. 큰 칼과 함께 발견된 목걸이, 팔찌 등의 장신구는 무령왕릉에서 나온 것과 비슷한 백제 유물이다. 그렇다면 무덤에 묻힌 사람이 일본계가 아니라 백제계일 수도 있다. 결국 고분에 묻힌 사람이 일본인이라고 단정하기 힘든 것이다. 또 하나 중요한 유물은 금동관 조각이다. 이는 이 무덤의 주인과 백제 왕실의 관계를 암시한다. 백제 왕실에서 무덤 주인에게 내린 하사한 하사품일지도 모른다. 그렇다면 무덤 주인은 백제 왕실을 섬기는 인물이었을 것이다.

다시 물어보자. 장고형 무덤의 주인은 도대체 누구일까? 왜계 백제 관료라는 것이 우리 학계의 정설이다. 왜계 백제 관료라니, 이게 무슨 뜻인가? 《일본서기》에는 장고형 무덤의 주인을 가늠하게 해주는 중요한 기록이 나온다. 일본식 성을 갖고 백제 벼슬을 한 인물들, 이를테면 기씨紀氏, 시나노씨科野氏 등이다. 백제를 위해 대외 교역창구 구실을 한 일본계 백제 세력이다. 높은 귀족은 아니고 대외 교류 업무를 담당한 하급 귀족 정도의 지위였을 것이다.

4~5세기부터 많은 백제인이 일본으로 진출했다. 이들은 오늘날의 오사카를 중심으로 성장한 야마토 정권의 중심부까지 진출하여 세력을 떨쳤다. 오사카와 나라 지역에는 지금도 백제의 지명이 그대로 남아 있는가 하면, 백제 사찰과 백제 왕을 모시는 신사도 있다. 당시 융성한 백제 세력의

신덕고분에서 나온 각종 장신구. 무령왕릉에서 나온 것과 비슷한 장신구는 무덤 주인과 백제 왕실의 친근함을 알려준다.

근거지 가운데 하나였던 와카야마시和歌山市는 고대 일본의 중심인 나라와 오사카에 이웃한 지역이다. 이곳을 장악했던 세력이 바로 기씨다. 이들 기씨가 바로 《일본서기》에 등장하는 기씨, 즉 왜계 백제 관료인 것이다.

그렇다면 이들은 백제와 얼마나 밀접한 관계가 있었을까? 이 지역의 수장급 무덤을 찾아가 보았다. 통로로 사용되는 길다란 굴이 있고, 그 굴의 끝에 관을 안치하는 돌방이 마련되어 있다. 굴식 돌방무덤, 즉 전형적인 백제 무덤이다. 와카야마시의 이와바시센츠카岩橋千塚 고분군, 이곳에서는 엄청난 양의 한반도계 유물이 쏟아져 나왔는데, 특히 토기는 대부분 한반도계였고 백제에서 직수입한 것으로 보이는 기와도 많았다. 무덤 주인들이 백제에서 일본으로 건너온 백제 사람이 아닐까 하는 추정까지 하게 할 정도다. 그렇다면 이들이 한반도와 야마토 정권 사이의 교류를 도왔을 가능성이 크다.

와카야마에는 일본에 거주하던 왜계 백제 관료들의 역할을 설명해주는 곳이 또 있다. 와카야마의 다카노 산高野山에는 일본 특산품인 금송金松이 자란다. 소나무와 마찬가지로 상록침엽 교목인 데다가 금송이라는 이름 때문에 소나무의 한 종류로 알기 쉽지만, 금송은 낙우송과, 즉 삼나

일본 오사카 지역에 자리한 백제사와 백제왕 신사. 이 지역과 백제의 관계가 밀접했다는 증거다.

무과에 속한다. 정원수로도 많이 심지만 재목은 물에 견디는 힘이 강하여 건축재와 가구재 등으로도 쓰이는 나무다. 바로 이 금송이 와카야마 지역의 왜계 백제 관료와 본국 백제의 관계를 말해주는 실마리다. 다카노 산의 금송은 백제 무령왕의 관을 제작하는 데 쓰인 나무이기 때문이다. 왜 백제 왕에게 지역 특산품을 바쳤을까? 단순한 교류 차원을 넘어 백제와 특수한 관계를 맺고 있었던 것은 아닐까?

왜계 백제 관료가 교류 창구 이상의 구실을 했음을 보여주는 지역이 있다. 또다른 왜계 백제 관료인 시나노씨의 본거지인 나가노현長野縣이다. 사실 나가노현의 옛 이름은 시나노였다. 이곳은 예부터 일본의 유명한 말 생산지로 일본의 국가 체제가 정비된 후에는 군에서 사용하는 군마軍馬를 전문으로 생산하던 지역이다. 현재 일본 전역에서 발견

일본 이와바시센츠카 고분 출토 기와. 백제에서 직수입한 것으로 보인다.

일본 나가노현에서 발굴된 5세기 후반의 말뼈.
말뼈 유적 근방에서 발견된 백제계 도래인의 유골.

되는 말 관련 유적은 40여 곳인데 그 가운데 스무 곳이 이 지역에 있다. 그런데 이곳의 말 사육 기술은 일본의 자생 기술이 아니라 한반도에서 건너왔다는 것이 일본 학계의 정설이다.

또한 이 지역과 백제의 특수한 관계를 알려주는 발굴 결과도 있다. 말유적지에서 약 300미터 떨어진 곳의 무덤에서 나온 사람의 뼈를 유전자분석해본 결과 도래인渡來人, 즉 한반도에서 건너온 사람으로 확인된 것이다. 백제의 앞선 기술과 문물을 들여온 도래인들은 이 지역의 유력한 세력으로 성장했을 것이다. 왜계 백제 관료는 백제의 선진문물을 일본으로 가져갔다. 그리고 그것을 바탕으로 지방귀족으로 성장했다. 성장한 후에는 백제의 필요에 부응하여 말과 병력, 군수품 등을 백제에 제공했다. 즉 왜계 백제 관료는 백제의 이익을 위해 활약한 사람들인 것이다. 그렇다면 장고형 무덤의 주인은 백제를 위해 활약한 한반도계의 도래인, 즉 왜계 백제인이 아니었을까?

## 사통팔달의 바닷길, 영산강

그러나 지금까지의 연구 결과로는 영산강 장고형 무덤의 주인이 이른바 왜계 백제 관료라고 단정하기는 어렵다. 그러나 한 가지 분명한 것은, 장고형 무덤의 주인이 어느 나라 사람이었든 그가 백제의 뜻에 의해, 백제를 위해 일한 사람이었다는 점이다. 그러나 여전히 의문이 남는다. 지금까지 한반도에서 확인된 장고형 무덤은 모두 열네 기인데, 예외 없이 영산강을 중심으로 분포해 있다.

이와 관련하여, 당시 백제의 중심이던 부여나 공주가 아니라는 점은 주목할 가치가 있다. 더구나 당시 영산강 지역의 중심은 지금의 나주시 부근이었는데, 장고형 무덤은 여기에서도 중심이 아닌 나주 외곽에 그것도 띄엄띄엄 단독으로 떨어져 있다. 장고형 무덤은 왜 이렇게 떨어져 있는 것일까? 1500여 년 전 영산강 유역에서는 과연 무슨 일이 벌어지고 있었을까?

전라남도 나주시 반남면에는 우리나라에서 비슷한 경우를 찾기 힘든 대형 무덤군이 있다. 백제 왕의 무덤보다 더 큰 것들도 많다. 그리고 한반도에서는 유일하게 매장만을 위해 만든 옹관甕棺, 항아리를 사용한 독무덤[甕棺墓]도 있다. 백제 왕실에서 사용하던 화려한 금동관이 들어 있는 무덤도 있고, 금동신발, 큰고리칼 등의 유물도 나왔다. 이는 무엇을 의미하는가. 매장 전용 옹관을 사용했다는 것은 백제와 다른 독자적인 문화 전통을 가진 세력이 있었음을 말해준다. 그러면서도 백제 유물이 나왔다는 점. 그렇다면 그 세력은 어떤 배경을 지닌 집단이었을까?

나주의 영산포에 그 단서가 있다. 영산포는 우리나라에서 유일한 내륙수로 등대가 있는 곳이다. 지금은 관광지로 이용되는 이 등대는 내륙 깊숙한 곳에 자리하고 있다. 먼바다에서 곧장 육지 안쪽으로 배가 들어올 수 있었던 곳, 영산강은 예로부터 이용된 내륙수로인 것이다. 영산강 유역은

일본 후쿠오카 마루쿠야마 고분 널방(왼쪽)과 전라남도 장성 영천리 고분의 널방(오른쪽). 돌방의 윗면이 좁아지는 것이 상당히 비슷하다.

이미 선사 시대부터 대외 교류가 활발하던 곳이다. 이곳에서 발견된 2000여 년 전인 중국 신新나라의 화폐는 영산강 유역이 중국과 한반도와 일본을 잇는 동아시아 해상 교역로의 중간 기착지였을 알려주고 있다.

지금도 한국과 활발한 교류를 하고 있는 일본 규슈九州의 후쿠오카福岡는 한반도와 가까운 지리 조건 덕분에 예로부터 영산강 유역과 활발히 교류해온 곳이다. 이 후쿠오카의 마루쿠야마 고분에는 돌을 쌓아 만든 기다란 굴이 나타난다. 그리고 그 끝에 돌방이 마련되어 있다. 바로 백제식 무덤이다. 그런데 자세히 보면 이 무덤은 영산강 유역의 무덤과 더 닮아 있다. 즉 돌방의 윗면이 좁아지는 특징을 같

나주시 반남면 고분에서 나온 매장 전용 옹관은 백제 남하 이전의 영산강 지역 고유 문화의 존재를 보여준다.

마루쿠야마 고분과 영산강 고분에서 발굴된 새발무늬 토기. 영산강 유역 문화가 일본에 전해졌음을 보여준다.

이 갖고 있는 것이다. 돌방뿐 아니라 출토된 유물도 이 지역과 영산강 유역의 밀접한 관계를 보여준다. 새의 발 모양이 찍혀 있는 토기, 즉 새발무늬 토기다.

이 토기들은 백제 문화가 본격적으로 일본으로 전파되기 이전, 영산강 유역의 문화가 먼저 건너간 것을 말해주고 있다. 규슈 북부 지역에서 출토된 토기와 영산강 유역에서 출토된 토기의 새 발자국 문양은 마치 한 마리가 밟고 지나가기라도 한 듯 닮아 있다. 한반도 서남부 지역으로 백제 세력이 본격적으로 남하하기 이전에 있던 세력, 즉 마한 문화의 전통이라고 볼 수 있다. 영산강 유역 일대 세력은 서해와 남해로 나아가기 좋은 입지 조건에 내륙까지 들어올 수 있는 수로까지 이용할 수 있었기 때문에, 이른 시기부터 활발한 교역 활동을 펼칠 수 있었을 것이다.

백제로부터 벗어나 있던 영산강 유역 세력, 이들은 독자적으로 일본과

교류를 할 만큼 강
력한 세력을 구축하
고 있었다. 그러나 정세
가 변하기 시작했다. 오래전

새발무늬 토기(●)와 영산강식 돌
방무덤(▲)의 분포를 비교해보면
상당히 일치한다. 백제가 남하하
기 이전에도 마한 세력이 일본과
독자적으로 교류하고 있었음을
보여준다.

부터 백제는 영산강 유역을 차지하고자 했다. 그러나 독자적인 힘을 가지
고 있던 영산강 유역을 차지하는 것은 쉬운 일이 아니었다. 475년, 고구려
가 백제의 한성을 함락하고 개로왕을 죽였다. 백제는 수도를 웅진으로 옮
겨야 했다. 더구나 4세기만 해도 금관가야金官加耶 세력과 제휴하여 왜와
교역을 할 수 있었지만, 금관가야가 400년 고구려 광개토대왕의 남정으로
무너지자 이도 여의치 않게 되었다. 4세기 말부터 고구려는 백제와 왜가
교통하는 것을 견제한 것이고 백제는 더 이상 금관가야를 교역의 중간기
지로 활용할 수 없었다.

백제에게 5세기는 정치, 군사, 경제 등 여러 측면에서 일대 위기 국면
이었다. 이 위기 국면을 돌파하기 위한 대안 가운데 하나가 바로 영산강
유역에 대한 지배권을 확보하는 것이었다. 5세기에 들어와 백제는 영산강
유역 세력을 지원하면서 그들을 통해 왜와 교역할 수 있었지만, 확고한

나주 복암리 고분. 한 장소에 독무덤, 돌방무덤, 굴식 돌방무덤이 모두 나타나는 특이한 유적이다.

지배권을 행사하지는 못했다. 이와 관련하여 일부 학자는 왜에 머물고 있던 백제 왕위 계승자 모대(牟大,《일본서기》에는 말다末多)가, 오늘날 북부 규슈 지역의 병사 500명의 호위를 받으며 고국으로 돌아왔다는 점에 주목한다. 이 모대가 바로 백제 24대 동성왕東城王인데(《HD역사스페셜 1》 10장 참조), 그가 귀국할 때 이끌고 온 무장 세력 가운데 일부가 바로 장고형 무덤의 주인이라는 추정이다.

백제는 왜계 무장 세력을 영산강 세력을 견제하는 데 투입했고, 이들의 장고형 무덤이 조성되는 시기에 영산강 세력이 퇴조했다는 것이다. 외부 세력을 투입하여 영산강 일대 세력를 견제하는 것, 바꿔 말하면 외곽 지역을 간접 지배하면서 점차 지배력을 강화하는 전략을 구사한 셈이다. 이 전략은 성공했을까?

나주 복암리 고분이 그 결과를 보여준다. 맨 아래층에 독무덤이 있고 그 위에는 돌방무덤이 나오며, 최상층부에 백제 양식의 굴식 돌방무덤이 발굴된 것이다. 이러한 무덤 양식 변화는 무엇을 뜻하는가? 그렇다. 결국

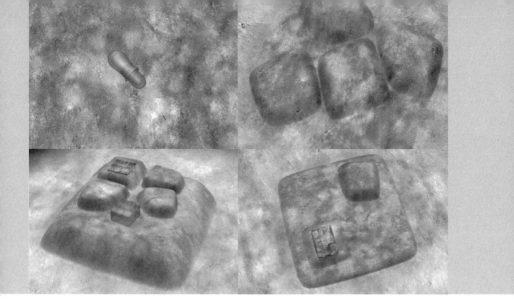

(시계 방향으로)나주 복암리 고분의 형성 과정 재현도.

백제가 이 지역을 완전히 장악했음을 말해준다. 출토된 금동신발도 백제의 영산강 유역 장악 전략이 성공했음을 분명하게 말해준다. 영산강 유역을 장악한 후 백제 왕실이 영산강을 새로 다스리게 세력에게 내린 하사품이 바로 금동신발이었다.


## 일본 왕의 무덤은 영산강에서 왔다

이집트 투탄카멘 왕의 피라미드나 중국의 진시황릉이 각각 고대 이집트와 중국의 정체성을 말해주듯이, 일본도 전방후원분을 고대 일본의 정체성을 상징하는 무덤 양식으로 간주하면서 영산강 유역의 장고형 무덤을 일본의 한반도 남부 경영설, 즉 임나일본부설을 입증하는 증거로 삼았다. 그러나 좀더 근본적인 질문을 던져보자. 과연 전방후원분이 일본만의 무덤 양식인가? 다른 지역의 영향 없이 일본 안에서만 독자적으로 발전된 무덤 양식인가?

중국 허난성河南省에 있는 3세기 후반 귀족의 무덤인 타후팅打虎亭 고분을 위에서 보면, 일본의 전방후원분과 모양이 비슷하다. 이런 모양의 무덤은 한반도에서도 발견된다. 이를테면 북한의 압록강변 자강도에 있는 돌무지무덤은 동그란 무덤에 네모난 제단이 붙어 있는 것이 일본의 것과 닮았다. 북한 학계는 바로 이런 무덤이 일본 전방후원분의 기원이라고 주장한다. 물론 이런 무덤들이 일본의 전방후원분과 똑같다고 단언할 수는 없지만, 적어도 일본이 자랑하는 전방후원분이 일본이 아닌 다른 곳에서 먼저 만들어졌을 가능성, 그리고 그것이 일본에 영향을 미쳤을 가능성만은 강력하게 보여준다. 요컨대 일본의 전방후원분은 그 기원에서 전적으로 '메이드 인 재팬' 은 아닐 가능성이 높다.

다시 영산강 장고형 무덤으로 돌아가보자. 영산강 장고형 무덤에는 뚜렷한 특징이 있다. 무덤 주위를 둘러싸고 있는 도랑, 바로 주구周溝다. 물론 이는 일본 전방후원분의 특징이기도 하다. 예컨대 닌토쿠 왕릉을 둘러싸고 있는 주구는 호수라고 해도 지나친 말이 아닐 정도로 거대하다. 이런 주구는 전방후원분의 기원과 관련이 있다. 일본은 사각형 봉분 주위로 도랑이 둘러싸고 있는 방형方形 주구묘를 전방후원분의 기원이라고 주장한다. 주구의 일부가 끊겨서 만들어진 길이 확장되어 발달한 것이 전방후원분이라는 것이다.

주구묘는 일본에서 1960년에 처음 발견된 이래 약 2500여 기가 조사되었고 그 분포도 일본 전역에 이르고 있어 일본 고유의 무덤 양식으로 인정받아왔다. 고대 일본의 많은 유적, 유물들이 한반도 문화의 영향을 받았지만, 주구묘는 한반도에서 발견된 적이 없기 때문에 일본 고유의 고대 문화로 여겨졌던 것이다. 그러나 주구묘가 전방후원분으로 발달했다는 일본의 주장에 대한 우리 학계의 반박도 만만치 않다. 중국, 한반도, 일본 순서로 흐르는 고대 문화의 일반적인 흐름으로 봐도 일본 학계의 주장은

## 백제의 남쪽 경계

《삼국사기》에 따른다면 백제가 한반도 서남부 지역을 완전히 장악한 것은 시조 온조왕의 업적이지만, 이는 사실 그대로를 기술한 것이라 보기 힘들다. 백제는 시조 온조왕 이후 상당히 오랜 세월에 걸쳐 영역을 확장했으며, 특히 마한馬韓 세력을 병합한 것은 근초고왕 때인 369년 즈음의 일이라는 것이 학계의 정설이다. 그전까지는 금강 이북까지만이 백제의 확실한 영토였다.

그러나 근초고왕의 마한 정복도 백제가 오늘날의 전라남도 지역까지 제대로 지배하게 되었다는 것을 뜻하지는 않는다. 중국 역사서 《삼국지》에 따르면 마한에는 쉰네 개의 크고 작은 나라가 있었다. 근초고왕이 그 많은 세력들을 일거에 모두 병합하지는 못했을 것이다. 당시 백제가 정복한 지역은 대략 노령산맥 이북으로, 오늘날의 전라북도 고부에 있던 고사부리성古沙夫里城이 백제의 남쪽 경계였다. 이전의 남쪽 경계인 금강보다 훨씬 남쪽으로 내려온 것이다.

그렇다면 오늘날의 전라남도 지역, 특히 영산강 유역은 언제 백제의 지배 아래 놓이게 되었을까? 《삼국사기》의 동성왕 20년조(498년)에 이런 내용이 나온다. "탐라가 공납과 조세를 바치지 않으므로 왕이 직접 군사를 이끌고 무진주武珍州까지 이르렀다. 이에 탐라가 사신을 보내 죄를 인정하고 벌을 청하므로 왕은 친히 군사를 이끌고 정벌에 나선 일을 그만두었다." 무진주는 오늘날 광주광역시 일대다. 5세기 말에야 비로소 영산강 유역을 확실한 영토로 삼은 것이다.

영산강 유역 세력은 노령산맥이라는 천연의 방어벽, 기름지고 너른 농경지, 바다를 통해 가야, 일본, 중국 지역과 교역할 수 있는 입지 조건 등을 바탕삼아 5세기 말까지 독자 세력으로 활동했다. 그러나 475년 고구려의 공격으로 한성이 함락당하고 아산만 이북 영토를 잃어 새로운 국가 기반이 필요했던 백제에 정복당하고 말았다.

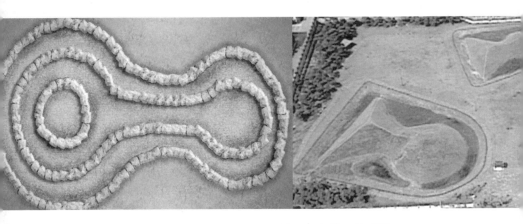

위에서 내려다본 중국 타후팅 고분(왼쪽)과 광주광역시 월계동 장고형 무덤(오른쪽).

타당하지 않다는 것이다.

실제로 주구묘가 일본 고유의 것이 아니라는 점을 한반도 곳곳에서 확인할 수 있다. 전라북도 완주군 용진면 상운리 고분에서는 곳곳에 깊게 팬 주구를 볼 수 있다. 모두 주구가 봉분을 둘러싼 모양이며, 주구 안에서 장례 의식에 사용된 토기 파편도 나오고 있다. 두형豆形 토기의 파편이라는 점에서 기원전 3세기경의 무덤으로 추정한다. 일본이 자신들만의 것이라고 주장하는 주구는, 땅에 관을 놓고 그 관을 덮을 흙을 모으다 보니 자연스럽게 생긴 것이라고 볼 수 있다. 이렇게 보면 매장 방식에서 자연히 비롯된 현상을 일본만의 무덤 양식이라고 주장하는 것은 무리다.

영산강 유역 무덤에서는 주구가 좀더 커진 것을 볼 수 있다. 한 변의 최대 길이가 40미터, 전체 둘레가 100미터에 이르는 초대형 주구들이 나타난다. 영산강 유역에서 일본의 것을 능가하는 큰 주구들이 발견되고 있다는 사실, 더구나 1990년대 중반 이후 고대 중국과 교류가 활발했던 한반도 중서부 서남 해안을 중심으로 많은 주구묘들이 발견되고 있다는 사실, 무덤의 크기도 크지만 모양도 사각형, 삼각형, 원형 등 다양하게 나타

전라남도 함평군 월야면 예덕리의 대형 주구묘(왼쪽)와 충청남도 보령 관창리에서 발견된 주구묘(오른쪽). 한반도 서남 해안에서 발견된 다양한 모양의 주구묘들은 이 양식의 무덤이 일본 전방후원분의 원류일 가능성을 제기한다.

난다는 사실. 이러한 사실들은 새로운 가설을 지지한다. 한반도 서남 해안의 다양한 주구묘들이 일본 전방후원분의 원류가 되었을 가능성이 바로 그것이다.

지난 1996년 충청남도 보령시 주교면 관창리에서 일본의 주구묘보다 최소 한 세기 이상 앞선 시기의 주구묘가 발견되자, 일본 언론은 헬기까지 띄워 발굴 현장을 취재했다. 방형 주구묘에서 전방후원분으로 독자적으로 발전했다는 일본 학계의 주장을 여지없이 무너뜨리는 발굴, 일본 바깥 지역에서 최초로 주구묘가 확인된 현장이었기 때문이다. 전방후원분의 독자성을 주장하던 일본 학자가 분한 나머지 눈물을 흘리기까지 했다고 하니 일본 학계가 받은 충격이 어떠했는지 짐작하고도 남음이 있다. 결국 전방후원분의 일본 독자 발생설은 점점 더 그 근거가 약해지고 있으며, 대신에 그 기원이 한반도일 가능성은 점점 더 커지고 있다.

영산강 유역의 장고형 무덤은 고대 일본의 한반도 남부 지배설의 근거가 될 수 없다. 일본 칼을 차고 있던 무덤 주인은 백제의 관을 쓴 백제

왕의 신하였다. 그는 왕좌에 오르기 위해 귀국하는 동성왕을 따라 규슈 지역에서 백제로 들어온 왜계 백제인이 아니었을까? 백제의 앞선 문물을 가지고 바다를 건너 규슈 지방에 정착하여 세력을 이룬 그는 일본에서 태어나 머무르던 동성왕, 즉 모대의 심복이 되었을 것이다. 모대, 즉 동성왕으로서는 자신의 심복들을 권력 기반이자 군사적 기반으로 활용하려 했을 것이다.

이제 그 심복은 백제가 영산강 유역 일대를 확실하게 장악하여 대외 교역 거점으로 삼고자 하는 전략을 실행에 옮기는 구실을 맡게 되었다. 요즘 말로 하면 일본통인 그는 백제와 일본의 교류에서 여러 가지 중요한 구실도 했다. 그리고 세상을 떠나 장고형 무덤에 묻혔다. 물론 이 이야기는 여러 가지 상상해볼 만한 시나리오들 가운데 하나일 뿐이다. 앞으로 영산강 유역과 한반도 서남부 일대에서 이루어질 새로운 고고학 발굴의 성과에 따라 이 이야기는 달라질 수 있다.

# 04 가야에 여전사가 있었다

김해 대성동 고분군 무덤에서 나온
갑옷과 투구로 무장한 세 구의 여성 인골.
치열한 전투가 계속된 격동의 4세기 동아시아……
우리 역사 최초의 여전사는
무엇을 위해서 칼을 들었던 것일까.

## 가야의 비밀, 여전사의 발견

한반도 남부에서 무려 600년 가까운 역사를 이어간 가야. 그러나 그동안
이 고국古國은 고구려, 백제, 신라에 가려 별 주목을 받지 못했다. 우리 고
대사에서 변방으로 밀려난 탓에 정작 그 자세한 모습은 전설의 장막 뒤에
감춰진 나라가 바로 가야다. 현대 역사학의 가야사 연구가 1970년대 후반
에야 비로소 시작되었으니 말해 무엇하겠는가. 물론 사정이 이렇게 된 데
는 고구려, 백제, 신라에 비해 기록이 많이 남아 있지 않기 때문에 가야의
실체에 접근하기 어려웠던 탓도 있다. 그러나 반드시 문헌 기록에 의존하
지 않더라도, 우리가 가야에 관해 알 수 있는 흥미롭고 중요한 사실들은
굉장히 많다.

혹시 우리 자신도 알지 못하는 사이에 크고 강한 나라만 중요하게 생
각하는 편견에 빠져 있는 것은 아닐까. 비단 나라뿐이 아니다. 인물에 대
해서도 그렇다. 역사의 전면에서 굵직굵직한 업적을 남긴 인물들만 조명
하고 싶어하는 것이다. 그러나 역사의 무대를 크게 주름잡은 인물이라 해

나란히 묻힌 세 명의 순장자와 한 사람의 무덤 주인을 재현한 김해 대성동 57호분의 모습.

도, 그 뒤에 가려진 수많은 인물들과 다양한 조건들이 아니었다면 무대에 서지조차 못했을 것이다.

연극이나 영화와 달리 역사에는 주연과 조연이 없다. 역사의 주연이니 조연이니 하는 말은 모두 후대의 평가일 뿐이며, 적어도 그때로서는 모든 인물이 각자의 위치에서 주연으로 활약했다. 나라도 이와 마찬가지다. 비록 국력이 다른 국가보다 약하고 차지한 영역도 넓지 못했더라도, 역사의 무대에서 당당히 제 나름의 구실을 하며 긴 세월 존속한 나라가 드물지 않다. 《삼국사기》나 《삼국유사》에는 단 한 줄도 나와 있지 않은 이야기, 잊혀진 가야의 이야기도 바로 그런 나라의 이야기일 것이다.

그 이야기가 바로 김해 대성동 고분군에 묻혀 있다. 가야 왕국의 참모습이 밝혀진 것은 김해 대성동 구릉 지대에 잠들어 있던 180여 기의 무덤이 드러난 이후다. 이곳 일대는 북쪽이 낮은 쪽이고, 북쪽에서 남동쪽으로 약간씩 높아지는 구릉 지형이다. 1990년 이 구릉 지대를 조심스럽게 파내려가자 1600여 년 전 금관가야의 무덤이 발굴단을 기다리고 있었다.

첫 발굴부터 대형 덧널무덤이 모습을 드러내서 학계를 크게 흥분시켰다. 무덤에서는 철갑옷을 비롯한 최고급 가야 유물들이 쏟아져 나왔다. 무덤 구덩이의 길이가 10미터에 이르는 29호 무덤은 3세기 말에 조성된 것으로 대성동 고분군 최초의 왕묘王墓로 알려져 있다.

29호분이 예사롭지 않은 무덤이라는 사실은 출토 유물만 봐도 알 수 있다. 토기류만 수십 점에 이르렀고, 겹겹이 깔아놓은 덩이쇠, 권력자를 상징하는 대형 철제칼, 최고급 도질토기 그리고 북방과 교류한 유물 등이 무덤이 지배층의 무덤임을 말해주는 유물들이 대거 발굴되었다. 금관가야 지배 계층의 무덤인 대성동 고분군을 발굴함으로써 우리는 비로소 가야의 기원과 성격을 알 수 있었다. 대성동에서 발굴된 지배층 무덤 40여 기는 1600여 년 동안 베일에 가려져 있었던 금관가야를 복원할 비밀을 간직하고 있었다.

비밀 가운데 중요한 하나를 대성동 57호분이 간직하고 있었으니, 그곳에서 출토된 인골 세 구가 그 비밀을 풀 열쇠였다. 인골이 출토된 57호분 역시 금관가야의 전형적인 지배층 무덤인 대형 덧널무덤이다. 무덤의 북쪽에 나란히 누워 있는 세 사람의 인골 중 한 구는 하반신만 남아 있었지만 두 구는 전신이 대체로 양호했다. 인골 세 구의 머리맡에는 투구 조각이 놓여 있고, 손에는 칼이 쥐어 있었다. 그리고 무덤 주인과는 다른 방향으로, 그러니까 머리를 동쪽에 두고 세 명이 나란히 누워 있었다. 주곽이 심하게 훼손되어 무덤 주인의 인골은 지금까지 남아 있지 않지만, 무덤 주인의 발끝 쪽에 세 명이 순장된 것으로 보인다.

주인이 안장된 곳에서 철갑옷이 나왔고 앞서 말했듯 세 명의 순장자 머리맡에선 철제투구 조각들이 여러 개 나왔다. 그렇다면 순장자 세 사람은 어떤 사람들일까? 인골을 분석하면 나이는 물론 키와 성별까지 확인할 수 있다. 분석 결과 세 명의 나이는 각각 20대에서 30대 초반으로 밝혀

대성동 57호분의 순장자 머리맡에 놓여 있는 철제투구 조각들(왼쪽)과 여성 순장자들의 골반과 대퇴골 부분(오른쪽).

졌다. 키는 인골의 대퇴골, 즉 엉덩이에서 무릎까지의 뼈 길이로 알 수 있다. 그런데 골반뼈를 분석하던 중 흥미로운 사실이 드러났다. 이들이 모두 여성으로 밝혀진 것이다. 남성의 골반은 좁고, 여성의 골반은 그보다 넓다. 골반을 보면 몇 번 아기를 낳았는지도 확인할 수 있다. 골반이 남아 있는 세 명 모두 대체로 한두 차례 아이를 출산한 경험이 있는 여성들로 추정된다.

그런데 이들이 예사로운 여성이 아님을 보여주는 또다른 단서가 포착되었다. 가장 아래쪽에 있는 발뼈, 즉 경골에는 가자미근선이라는 근육이 붙어 있는데, 무릎에서 다리로 연결되는 근육이기도 하다. 그런 가자미근선이 유달리 발달한 것이 대성동 57호분 여성 인골의 특징이다. 그들이 다리 근육을 많이 쓸 수밖에 없었던 상황에서 살았다는 증거다. 오늘날이라면 여성 테니스 선수를 예로 들 수 있을 것이고, 말을 자주 타거나 하는 등 다리에 힘을 자주 많이 주는 사람에게 발달하는 근육이다. 또한 가야의 세 여성 모두 대퇴골에서도 근육이 발달한 흔적이 확인되었다.

## 김해의 아마조네스, 역사에 나타나다

무릎 위 대퇴골과 무릎 아래쪽 경골에서 발견한 발달된 근육의 흔적. 대퇴골이나 경골의 근육선은 일정한 훈련이나 운동을 해서도 발달하지만, 반복적인 노동을 통해서도 생길 수 있다. 그런데 왜 이 흔적에 주목해야 하는가. 그런데 금관가야 무덤에서 출토된 유물 중에는 전사를 상징하는 무기가 있었다. 부산대학교 발굴단은 1976년 김해시 예안리에서 무려 190여 구에 이르는 금관가야 인골을 찾아냈다. 양적으로도 우리 역사상 유례가 없는 일이었고 보존 상태 또한 양호했다. 그런데 이 발굴의 특징은 철창이 출토된 무덤은 대부분 성인 남자의 무덤이었다는 점이다. 예안리 고분군에서 출토된 철창은 87퍼센트가 남성 무덤에 들어 있었다.

이것은 무엇을 뜻하는가. 성인 남성이 하나씩 가지고 있는 무기, 이런 창은 평소에는 농사를 짓다가 전시나 비상시에 군사로 동원되거나 평상시 마을의 치안과 방어를 담당했던 성인 전사 집단을 상징하는 유물로 볼 수 있다. 반면에 실을 뽑는 기구인 방추차가 출토된 무덤은 모두 여성의 무덤이다. 무덤에 들어 있는 유물에는 그 사람의 살아생전 역할이 담겨 있는 것이다.

문제의 대성동 57호 무덤에서 발견된 철제무기는 열여섯 점. 대부분 무덤 주인의 것으로 추정되는 고급 철기였다. 물론 논란의 대상이 된 것은 세 명의 여성들 머리맡에서 발견된 철제투구 조각들이었다. 순장자의 머리맡에 놓여 있었으니 여섯 점의

김해 예안리 고분군에서 나온 철창과 방추차. 철창은 주로 남성 무덤에서, 방추차는 여성 무덤에서 출토되었다.

대성동 57호분의 여성 순장자 머리맡에서 나온 투구를 복원했다. 투구 조각의 크기를 정확히 재서 본을 그리고 본의 크기대로 철판을 잘라 끈으로 꿰었다. 정수리 부분을 보호하는 복발이 없는 것이 지배층의 투구와 다르다.

투구를 무덤 주인의 유물로 보기는 힘들다. 투구의 모양이나 제작 기법도 순장자의 투구임을 말해준다. 아주 정성을 들여 만든 투구라고 보기는 힘들었던 것이다.

금관가야 지배층의 투구와 비교해보면, 여성 인골이 발견된 57호분의 투구는 쇠로 만든 복발이 없으며 전체 모양은 밋밋하고 위를 가죽으로만 덮은 형태다. 반면에 대성동 18호분에서 나온 지배층 투구는 쇠로 만든 복발이 있다. 부장 위치와 투구의 제작 상태 등을 고려할 때 대성동 57호분에서 출토된 투구는 순장된 여성들의 것이다. 그렇다면 순장된 여성들은 투구로 무장한 여성 전사였다고 추정해봄직하다. 가야에

김해 대성동 18호분에서 나온 지배층의 투구. 투구 꼭대기에 쇠로 만든 복발이 있다.

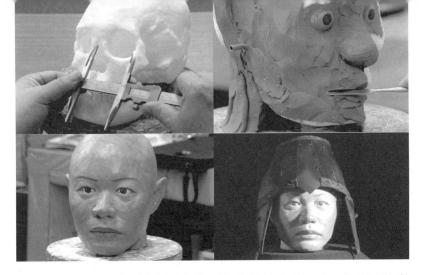

대성동 57호분 여성의 생전 모습을 복원했다. 두개골의 해부학적 주요 계측점을 3차원 스캔하여 모형을 만들고, 그 형태에 따라 한반도 남방형 얼굴임을 추정해 부위마다 각기 다른 두께로 진흙을 붙였다. 턱 쪽이 좁고 미간이 넓은 남방형 얼굴의 특징대로 채색하여 복원한 투구를 씌웠다.

여성 전사가 있었다는 말인데, 투구 말고 다른 증거는 없을까?

김해 예안리 고분은 금관가야의 일반인 공동 무덤이다. 예안리 가야 무덤에서도 여전사의 존재가 확인된다. 그 단서가 포착된 곳은 예안리의 지도자급 무덤에 해당하는 57호 무덤이다. 인골 분석 결과 놀랍게도 예안리 57호 무덤의 주인 역시 여성으로 밝혀졌다. 더구나 지휘관의 상징인 칼은 물론, 말재갈 같은 기마 무장도 갖추고 있었다. 그리고 전사들의 상징인 창도 나왔다. 아무나 가질 수 없는 마구를 가지고 있고, 칼은 지휘도 구실을 했던 것으로 볼 수 있다. 칼과 창을 가지고 있는 전사라 봐야 할 여성, 그 중에서도 지휘관급에 해당하는 여성 전사다.

두개골 상태가 가장 양호한 대성동 57호 무덤의 여성을 복원해보았다. 아래 얼굴이 작고, 눈과 눈 사이가 넓고, 코가 약간 짧은 남방형 얼굴이 나왔다. 옆에서 보면 앞뒤 길이가 긴 편이다. 생기발랄하고 시원스런 인상이다. 투구를 쓰는 순간, 이 여성은 전사가 되었을 것이다. 대성동 57호 무덤이 열렸을 때, 금관가야의 여전사가 생전에 쓰던 투구와 함께 그 존재를 드러냈던 것이다.

김해 대성동 고분이 발굴되기 전까지 우리 역사에서 무장한 여전사가 있었다고 누가 상상할 수 있었겠는가. 무덤에서 갑옷이 나오지는 않았지만 투구를 썼다면 갑옷도 입었을 것이다. 다만 가죽이나 나무로 만든 갑옷은 쉽게 분해되는 유기질 성분이기 때문에 남아 있지 않을 뿐이다.

고대의 다른 나라에도 여전사가 있었을까? 여전사에 대한 가장 오래된 기록은 그리스 신화에서 찾을 수 있다. 여성으로만 이루어진 아마존Amazon이라는 부족이 있으며, 이 부족 사람들은 남자 아기가 태어나면 다른 나라로 보내거나 살해했고, 여자 아기가 태어나면 활쏘기에 방해가 된다 하여 오른쪽 유방을 도려내버렸다고 한다(그러나 실제 인체의 동작 구조로 보면, 유방은 활 쏘는 동작에 방해가 되지는 않는다). 고대 그리스 유적에서 발굴된 항아리에도 아마존의 여전사가 그려져 있다. 그리스의 영웅이 아마존 여전사와 싸우는 장면인데, 그리스인들은 아마존 여전사들의 전투력이 매우 뛰어나 매우 위험한 존재였다고 기록하고 있다.

그리스인이 말하는 아마존 여전사가 정말 신화나 전설 속 존재일 뿐일까? 1970년대 이후 러시아 남부 흑해 일대에서 완전 무장한 상태로 묻혀 있는 여전사들의 무덤이 속속 발굴되어 아마존 여전사의 존재가 신화에서 역사로 넘어왔다. 전설과 역사가 뒤섞인 이야기이기는 하지만, 그리스의 역사가 헤로도토스Herodotos에 따르면 아마존 여전사들은 그리스를 상대로 한 전쟁에서 패한 뒤 포로로 잡혀 배에 실려오다가 배를 빼앗았고, 흑해 연안에 도착하여 스키타이 남성들과 혼인하여 북동쪽으로 이동했다. 학계는 헤로도토스가 말하는 이 집단이 발전시킨 것이 사르마트 문화라고 추정하기도 한다.

사르마트족Sarmatians은 기원전 4세기 이후 남부 러시아를 중심으로 세력을 떨치다가 4세기에 훈족Huns에게 정복당한 이란계 유목기마민족이

그리스 전사와 전투를 벌이고 있는 아마존 여전사의 모습이 그려진 항아리. 아마존 여전사의 용맹은 고대 그리스인들에게 두려움의 대상이었다.

다. 1970년대 이후 발굴된 사르마트족 지배 계급 전사들의 무덤 가운데 3분의 1 정도가 여성의 무덤이었다. 전투 중에 입은 부상 때문에 사망한 것으로 보이는 여성 무덤 주인도 많았다. 여전사들이 무기를 들고 실제로 전투에 임했음을 보여주는 것이다. 무덤 가운데 대형 흙봉분으로 조성된 무덤의 널방에 여성 인골이 한가운데 누워 있고 그 아래에 남성 인골이 옆으로 누워 있는 경우도 있다. 소형 철제칼, 청동화살촉, 대형 철제칼날 등의 부장품은 여성 인골 주위에 놓여 있고, 특히 인골 주변에서 나온 청동칼은 여전사의 손에 꼭 맞게 제작된 무기임이 밝혀졌다. 여전사 아래쪽에 있는 인골은 옆으로 구부린 불편한 자세를 취하고 있는데 고고학계는 이 인골을 여전사를 모셨던 남자 시종으로 추정하고 있다.

아마존 여전사라고 하면 남아메리카 대륙의 아마존 강 유역을 떠올릴 사람이 많겠지만 아마존 여전사의 무덤은 우크라이나 남부에서 카자흐스탄 국경 부근의 러시아 지역을 아우르는 유라시아 초원 지대에서 발견되었다. 그리스 신화에 묘사된 아마존 왕국의 지역과 그 분포까지 거의 일치하는 곳이다. 쿠르칸 무덤이 신화 속 아마존 여전사의 실체를 가늠하게 해주었다면, 우리의 대성동과 예안리 무덤은 신화로도 전해지지 않던 가야 여전사의 실체를 드러낸 셈이다. 그러나 제일 밑바닥에 깔려 있는 질문은 아직 풀리지 않았다. 왜 가야의 여성들은 전사로 나서야 했을까?


## 무기는 더 강력하게, 전쟁은 더 격렬하게

금관가야의 영역권인 부산 복천동 일대에서 대량 출토된 가야 유물을 살펴보자. 금관가야의 급속한 성장기에 해당하는 4세기의 유물에서 심상치 않은 변화가 나타난다. 부장품에서 무기류가 갑자기 증가하는가 하면, 무기 자체도 급속히 개량되고 있다. 투구와 철갑옷 같은 방어용 무기가 대량으로 등장하기 시작했고, 화살과 창 같은 공격용 무기는 살상력이 한층 강해졌다.

이를테면 창에서 자루를 끼우는 부분이 아주 깊게 들어가 있고 못을 박은 흔적도 나타난다. 그만큼 자루를 단단하게 고정한 것이다. 심 부분은 굉장히 뾰족하고 단면 모양도 다이아몬드형으로 바뀌어 있다. 적을 찌르는 창의 단면이 타원형인 3세기의 창에 비해 4세기의 창은 폭이 좁고 날카로운 다이아몬드형을 취한다.

화살촉도 마찬가지다. 3세기까지는 목이 없는 철촉에 촉의 단면도 타원형이지만, 4세기에는 철촉을 끼우는 목이 생기고 단면은 날카로운 삼각형을 띤다. 이런 변화가 실제 관통력의 향상으로 이어졌을까? 당시의 화살촉을 복원 제작해 직접 실험해보았다. 3세기의 타원형 화살촉은 함석판 석 장을 관통했고, 4세기의 삼각형 화살촉은 함석판 다섯 장을 관통했다. 그 밖에도 4세기에 들어오면 철제갑주도 등장한다. 공격용 무기는 물론

4세기에 들어와 한층 다양해진 금관가야의 무구류. (시계 방향으로) 등자, 청동방울, 팔뚝가리개, 철갑옷과 철제투구.

방어용 무기에도 변화가 나타났다.

4세기라면 중국에서는 5호16국 시대의 혼란이 시작된 때다. 그 틈을 타 고구려는 낙랑군과 대방군을 함락하고 한반도 남쪽으로 눈을 돌렸다. 이에 따라 백제와 고구려 사이엔 전선이 형성되었다. 백제는 371년 평양성까지 진격하여 고구려 고국원왕을 전사시키는 등 세력을 넓혔고, 이 시기 신라는 고구려의 문물을 받아들이며 발전을 도모했으며, 가야는 동진과 백제의 문물을 받아들이며 성장을 꾀했다. 고구려는 신라와 백제는 가야와 제휴 관계를 맺은 셈이다. 처음에는 백제가 우위를 점했다. 그러나 391년 광개토대왕이 즉위하면서 이런 제휴의 균형과 백제의 우위가 무너

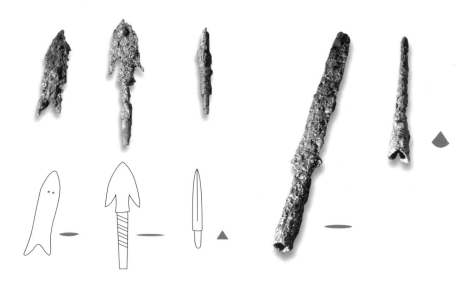

3세기 가야의 화살촉은 목이 없어 화살대에 고정되는 힘도 약했고 단면도 타원형에 가까웠다. 400년 광개토 대왕의 남정 이후 철촉을 살대에 끼우는 목이 생기고 단면도 삼각형에 가까운 모양을 띤다. 그만큼 화살대가 지지해주는 힘을 더 받을 뿐 아니라 관통력이 확실히 향상되었다. 창촉도 이와 비슷하게 폭이 좁고 날카로운 다이아몬드형으로 바뀌었다.

지기 시작했다. 396년 광개토대왕은 백제의 58 성을 빼앗아 한강 이북 지역을 차지하여 백제에 대해 확실한 우위를 점했다.

한반도 남부의 패권을 놓고 신라와 대결하던 금관가야로서도 4세기 중반 이후의 이러한 정세 변화에 대처해야 했다. 금관가야에서 4세기에 일어난 무기 혁신은 이러한 일련의 급박한 정세에 대처한 결과로 해석된다. 4세기 중엽부터 금관가야의 각 지역에서는 철갑옷이 확산되었다. 그동안 지배층에게만 집중되었던 무장의 범위가 확대되면서 투구와 가야 고유의 철갑옷

3세기 화살촉은 함석판 석장을 4세기 화살촉은 다섯장을 꿰뚫었다.

전진

동진

고구려

신라

백제

가야

왜

4세기 고구려-신라 대 백제-가야-왜로 이루어진 동맹 세력이 대립했다.

인 판갑板甲으로 무장한 전문 전사 집단이 출현한다. 판갑은 철판을 가죽
끈이나 못으로 묶어서 상하좌우 유동성이 전혀 없이 고정된 것이 제일 큰
특징이다. 판갑은 상층부 전사들이 착용하던 갑옷으로 주로 보병이 착용
했다고 보고 있다.

무기 체계는 물론이거니와 4세기 후반에는 전술도 많이 바뀌었다. 가
야 유적에서 출토된 다양한 말갖춤새들은 기마 전술이 본격 도입되었음
을 알려주는 유물이다. 그 상징이 바로 기마용 발걸이다. 등자라고 불리기
도 하는 발걸이는 말 타기에 익숙하지 않은 농경민족이 기마 전술을 쓰게
되면서 사용된 말갖춤새다. 등자가 있으면 무사가 말을 타고 안정된 자세
로 움직일 수 있다. 손을 자유롭게 쓸 수 있기 때문에 등자는 기마 전술을
구사하는 데 매우 중요하다. 유목민들은 계속 말을 다뤄왔기 때문에 등자
가 없어도 말을 탈 수 있지만, 농경민족은 말에서 떨어질 위험 없이 움직
이려면 등자가 꼭 있어야 한다. 금관가야는 4세기 이후 지각 변동이 일어

## 가야의 순장 풍습에 관하여

5세기 후반~6세기 전반 사이에 조성된 고령 지산동 44호분에는 32기에 달하는 소형 석곽이 배치되어 있다. 32기의 석곽 가운데 22기에서 순장 인골 24구가 발굴되었고 무덤 주인이 묻힌 주실 부분에서도 순장 인골 한 구가 발굴되었다. 그리고 45호분에도 11기의 소형 석곽, 즉 순장 무덤이 자리해 있다. 이뿐이 아니다. 김해 대성동 고분군의 1호, 3호, 7호, 8호, 11호, 13호, 23호, 39호분 등에서도 2구에서 5구 사이의 순장 인골이 발굴되었고(4세기), 5세기 초의 부산 복천동 10호, 11호분에서도 순장 인골이, 5세기의 함안 말산리, 도항리 고분군에서도 역시 순장 인골이 발견되었다.

오늘날의 관념으로 보면 이렇게 비인간적이고 끔찍한 풍습도 없다. 아무리 생전에 모시던 주인이 세상을 떠났다고 하더라도 어떻게 멀쩡하게 살아 있는 사람이 주인을 따라 죽을 수 있단 말인가. 물론 피순장자, 즉 순장당한 사람이 스스로 주인을 따라 죽은 게 아니라 강제로 죽음을 당해 순장되어야 순장 무덤이라 한다. 그렇다면 더 끔찍하지 아니한가. 사람을 강제로 죽여 장례 의식에 쓰는 일이니 말이다. 주인에 대한 절대복종이 당연한 미덕이던 시대라고 해도, 과연 모든 피순장자들이 기꺼이 죽음을 맞이했을까?

이러한 순장 풍습은 고대국가 체제가 정비되면서 중앙집권적 권력이 성립되면 보통 사라진다. 관료 조직, 율령 제도, 체계를 갖춘 군사 조직 등을 통해 백성을 다스릴 수 있게 되면, 사고 방식도 합리성을 띨 뿐더러 굳이 순장이라는 방식으로 복종을 강요할 필요도 줄어든다. 더구나 중앙집권적 권력자 입장에서는 순장을 통해 아까운 노동력을 잃어버릴 까닭이 없다. 실제로 신라에서는 왕권이 강해지는 6세기 초인 지증왕과 법흥왕 시대에 순장을 공식 금지하고, 이후에는 사람 모양으로 만든 토용土俑을 무덤에 묻었다.

가야의 순장 풍습은 가야가 고대국가 체제를 이룩하지 못하고 소국 연맹체 혹은 초기 단계의 고대국가에 머물렀다는 것을 보여준다. 연맹체를 이루는 소국의 우두머리나 연맹체 우두머리의 권력이 강했지만, 거기서 더 나아가 본격적인 왕권이나 중앙집권 체제를 이루지는 못했다.

김해 금관가야를 중심으로 한 4세기 가야연맹의 분포도.

고령 반로국

함양 주조마국　밀양 미리미동국

산청 고순시국

칠원 접도국　함안 안야국

창원 미오야마국　김해 구야국

부산 독로국

난 한반도 정세에 능동적으로 대처하기 위해 북방의 선진 기마 전술을 도입하고 투구와 철갑으로 무장한 기마 전사를 양성했다.

그렇다면 가야의 여전사가 의미하는 바는 무엇인가. 금관가야가 급변하는 정세에 대처하여 일종의 총력동원 체제로 돌입했다는 증거가 아닐까. 당시 한반도 남부에 위치한 가야는 열두 개의 크고 작은 정치 세력으로 나누어진 연맹체였다. 그 가운데 김해를 거점으로 성장한 구야국狗耶國이 바로 금관가야다. 부산 지역의 독로국瀆盧國을 병합한 상태였지만, 그렇다 하더라도 금관가야는 아주 작은 나라였다. 그런 금관가야가 낙랑과 대방까지 병합한 동아시아 최강 고구려군에 맞서야 한다면? 아무리 무기 체계를 혁신하고 선진 기마 전술을 도입했다고 하더라도, 부족한 절대 병력을 해결해야 할 위기의 상황이었을 것이다. 여전사의 출현은 그런 절박한 상황을 말해준다.

그러나 여성이 군사 훈련을 통해 전사가 되었다 해도 여전히 막강 고구려에 맞서기에는 역부족이지 않았을까? 군사력은 그렇다 치고, 가야가 고대국가로 발돋움을 꾀하기 위한 기반은 무엇이었을까? 동아시아 국제 질서에서 가야가 차지하던 위상은 어디에서 비롯된 것일까? 가야가 크기는 작지만 국제무대에서 나름의 중요성을 인정받을 수 있었던 기반은 무엇일까?

중국 화폐 화천의 출토 지점.

## 철의 왕국, 군사가 부족하다

김해金海라는 도시 이름은, 글자 그대로 쇠의
바다라는 뜻이다. 가야 시기 김해 평야는 바다
였고 지금의 김해 시내 역시 대부분 바다였다.
가야는 해양왕국이었던 것이다. 3세기경의 사정을 전

김해 회현리에서
출토된 중국 신나
라의 화폐 화천.

해주는 《삼국지》 위지 '동이전'에 김해라는 지명이 어떻
게 유래했는지 가늠할 수 있는 기록이 있다. "국國에서
철을 생산하는데, 한韓, 예濊, 왜가 모두 와서 철을 얻어간다. 장사 지낼
때에는 철을 사용하는데, 중국에서 돈을 사용하는 것과 같다. 철(덩이쇠)
을 두 군(낙랑군과 대방군)에 공급하기도 한다." 여기에서 '국'은 변한 지
역, 그 중에서도 구야국일 가능성이 가장 높다는 것이 학계의 공통된 의
견이다.

　　김해의 금관가야는 당시 동아시아 철 수출권을 장악한 국제 해양도시
였다. 이를 증명하듯 김해의 대성동 유적에서는 다양한 철제품들이 쏟아

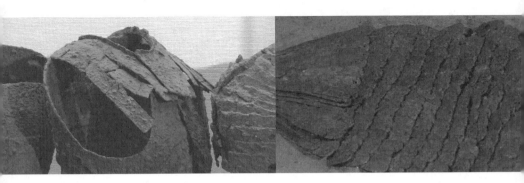

일본 오사카 치카즈아스카 박물관에 소장된 철갑옷. 긴 철판을 연결한 모양이 가야의 철제 기술이 전해졌음을 알려준다.
대성동 출토 철제 말갑옷(5세기 초). 고구려의 남정 이후 가야의 기마 전단도 중무장을 하게 되었다.

져 나왔다. 철의 중간소재로 화폐 기능까지 겸했던 대량의 덩이쇠를 비롯해, 고난도 철기 기술의 정수로 꼽히는 가야 고유의 판갑 등 대성동 고분에서 출토된 유물들은 철의 왕국 가야의 면모를 보여준다.

김해 회현리에서 출토된 중국 화폐 화천貨泉의 유통 경로를 추적해봐도 당시 금관가야의 국제교역 수준과 범위를 가늠할 수 있다. 이 화천이라는 돈은 그걸 만든 신新나라의 역사가 짧아 그 쓰인 기간이 10년밖에 안 되는 돈이다. 3세기 후반이라면 황해도에서 배를 띄워 김해를 거쳐서 일본 규슈 북부까지 갔다 오는 데 2년 내지 2년 반의 시간이 걸렸을 것이다. 한번 왔다 가는데 이렇게 긴 시간이 걸리는 교통로의 여러 지점에서 이 화천이 출토되고 있다는 사실. 10년밖에 사용하지 않은 화폐가 2년~2년 반이나 걸리는 해상로에 출토되고 있다는 것은, 이 항로가 얼마나 활발히 이용되고 있었는지를 보여준다.

일본 최초의 통일정부인 야마토 정권의 중심 거점이었던 오사카의 치카즈아스카 박물관에 전시된 철기제품이 가야와 일본 열도 사이의 교류를 엿보게 해준다. 일본에서 철갑옷이 등장한 것은 4세기 말인데, 긴 철판을 연결해서 만든 모양이 가야의 기술을 전수했음을 알려준다. 삼한 시대부터 삼국 시대에 걸쳐 판상철부가 덩이쇠로 변하는 한반도의 추세에 따라 일본의 야요이彌生 시대(기원전 3세기~기원후 3세기)에는 판상철부, 고분 시대에는 덩이쇠의 형태로 철의 원료를 한반도에서 수입했다. 당시 일본은 철을 만들지 못했던 것이다. 철을 생산하지 못하던 일본의 정치 세력들은 가야의 철 수입권을 선점하기 위해 경쟁했다.

대성동 고분군에서 출토된 왜창과 가야 창. 밋밋한 왜창(왼쪽)이 금관가야의 다이아몬드형 창(오른쪽)과 함께 나와 왜의 병력이 가야 지역에 건너와 있었음을 알려준다.

누가 남보다 좋은 무기를 가지고 있는지에 따라 전쟁의 성패가 결정되기도 한다는 점을 감안하면, 무기의 재료가 되는 철을 확보하는 문제는 일본 열도의 패권을 좌우하는 중요한 문제였다. 철을 중심으로 한 한반도의 앞선 문물을 누가 독점할 수 있는가, 이것은 당시 일본의 여러 세력들에게 가장 큰 관심사였을 것이다. 그렇다면 금관가야는 철을 수출하는 대가로 일본에서 무엇을 받았을까.

1~3세기 중국의 역사를 담은 《후한서後漢書》에는 왜왕이 사람 160인을 바쳤다는 기록이 나온다. 교역 관계를 맺기 위해 왜가 중국에 노동력을 제공했던 것이다. 금관가야가 일본에서 노동력을 공급받았을 가능성을 보여주는 유물로 하지키土師器가 있다. 하지키는 고급 토기가 아닌 생활용기다. 따라서 가야 지역에서 출토된 하지키는 교역품으로 건너온 것은 아니다. 하지키를 사용하는 왜인들이 건너와 금관가야 지역에 거주했

다고 봐야 한다. 왜인들이 가야의 하층 구조를 이루어 가야의 노동력, 좀 더 내놓고 표현하면 일종의 노예 노동력 구실을 했던 것이다.

4세기 한반도 상황이 긴장과 전쟁 국면으로 바뀌자 금관가야는 많은 병력이 절실히 필요했을 것이다. 이에 따라 어느 시점부터인가 금관가야는 일본이 공급하던 단순 노동력을 군사력으로 대체했을 가능성이 크다. 대성동 고분군에서 출토된 무기들 가운데에도 그런 가능성을 뒷받침하는 유물이 있다. 바로 일본에서 건너온 왜군이 사용한 것으로 보이는 왜창이다. 창끝과 단면 모양만 봐도 4세기 다이아몬드형 금관가야 창과는 확연히 다르다.

왜의 군사력 지원에 관한 실마리는 의외의 곳에서도 발견된다. 광개토왕릉비에 등장하는 왜병 기록이다. 399년 신라에 침입한 것으로 되어 있는 왜병이 이듬해 400년에는 신라의 성을 점령했다고 전한다. 과연 비문에 기록된 왜의 정체는 무엇일까? 한동안 일본에선 이 기록을 임나일본부설의 근거로 삼아왔다. 그러나 학계는 비문에 등장하는 왜를 금관가야의 용병이라 추정한다. 4세기 전쟁의 소용돌이에서 병력 부족을 해결하기 위해 가야는 철을 주고 왜군을 용병으로 이용하는 방법을 선택했다.

4세기 백제는 중국의 동진東晉과 교역하여 선진 문물을 흡수했고, 가야는 백제와 왜의 교역에서 중계기지 역할을 했다. 일본이 말하는 임나任那는 동진, 백제, 가야, 왜를 잇는 교역로의 중요한 중계기지 구실을 한 가야의 일부 지역, 이를테면 오늘날의 창원 지역을 가리키는 말일 가능성이 있다. 광개토왕릉비나 《삼국사기》에 나타나는 임나가라任那加羅는 당시 동아시아 국제 질서에서 금관가야의 위치를 말해주는 게 아닐까. 왜로서는 중국과 백제의 선진 문물을 입수할 중요한 중계기지인 가야를 돕는 일이 매우 중요했을 것이다. 말하자면 고구려-신라 대對 백제-가야-왜로 이루어진 동맹 세력의 대립이 당시 국제 정세였다.

## 삼국 시대의 전쟁

삼국 시대에 일어난 전쟁은 대략 480여 회였다고 한다. 그렇다면 평균 잡아 2년에 한 번 정도 전쟁을 겪었다고 할 수 있다. 물론 국운을 건 대규모 전쟁이나 왕이 직접 나선 전쟁만 있었던 것은 아니고 소규모 전투도 많았겠지만, 2년에 한 번 꼴로 전쟁을 치러야 했다면 삼국 시대 한반도는 그야말로 '전쟁 중'이었다고 해도 지나친 말이 아닐 것이다. 그래서인지 《삼국사기》에 나오는 인물들 가운데 상당수가 전쟁과 관련 있는 인물이다. 전쟁에서 죽은 왕들도 드물지 않다.

삼국 시대 사람들이 유달리 전쟁을 좋아해서 전쟁이 많았다고 보기는 힘들다. 그들이라고 왜 전쟁보다 평화를 더 좋아하지 않았겠는가? 그렇다면 어떤 필요에 따라, 즉 전쟁을 벌일 필요가 있었기 때문에 전쟁을 했다고 볼 수 있다. 무엇보다도 고대국가의 국력이 영토와 인구에 비례했다는 점에서 전쟁의 필요성을 찾을 수 있다. 영토와 인구는 경제력과 군사력을 뒷받침하는 가장 중요한 요소였고, 전쟁을 통해 바로 그렇게 중요한 영토를 넓히고 인구를 늘린 것이다.

물론 직접 영토를 넓히고 인구를 늘리는 것만이 삼국 시대 전쟁의 목적은 아니었다. 이를테면 우리는 광개토대왕이 왜 신라를 문자 그대로 '싹 쓸어버리고' 고구려의 영토로 삼지 않았는지 의아해할 수 있다. 당시 고구려의 군사력으로는 주머니 속 물건을 집듯이 쉬운 일이었을 텐데 말이다. 전쟁으로 정복한 지역을 반드시 직접 다스리지 않더라도 간접 지배하는 것, 즉 계속 영향력을 행사하면서 공물을 바치게 하거나 인력을 징발하거나 교역 거점으로 활용할 수 있었다. 직접 다스리지 않더라도 사실상 주종主從 관계를 이루어놓은 것이다.

복천동 고분에서 나온 신라계 굽다리접시(왼쪽)와 부산과 창녕에서 나온 가야계 굽다리접시(오른쪽).
투창이 엇갈려 나 있고 뚜껑이 없는 신라의 굽다리접시는 가야계 토기와 확연히 구분된다.

## 그들은 부활을 꿈꾼다

금관가야가 일본 열도에 수출한 철은 오늘날의 반도체에 견주어도 좋을
만큼 당시로서는 최첨단 기술이었다. 일본 열도에 철을 수출하고, 급박한
한반도 정세 때문에 절실히 필요했던 병력을 왜에게 제공받은 것이다. 왜
군을 용병으로 끌어들일 만큼 상황이 절박했으니 금관가야의 여성들도
무장을 하고 군사 훈련을 받아야 했다.

그렇다면 대성동 57호 무덤의 여전사는 언제 등장했을까? 김해를 관
통하는 도로이자 대성동 고분에서 가까운 구지로에서 발굴된 금관가야의
무덤에 가보자. 1993년 도로 공사 중에 발견되어 햇빛을 보게 된 구지로
무덤은 금관가야의 일반인 공동무덤이었다. 구지로 무덤을 분석한 결과,
5세기가 4분의 1쯤 지났을 때 갑자기 무덤 조성이 중단된 것으로 드러났
다. 430년대 이후 조성된 무덤은 없다는 말이다. 그렇다고 무덤을 쓸 공간
이 부족한 것도 아니었다. 대체 무슨 일이 생겼을까?

이는 고구려군의 남정에 따른 결과라고 해석된다. 400년 금관가야는

사상 최대의 전쟁에 휘말렸다. 보병과 기병으로 구성된 고구려 광개토대왕의 막강 5만 대군과 신라군이 가야 지역으로 진격해온 것이다. 찰갑札甲으로 무장한 고구려 기마 전단의 공격에 가야는 제대로 대항조차 못하고 항복했다. 대성동 고분군이 건재했을 때는 가야가 가장 강성하고 융성했을 때고, 대성동 고분 축조가 중단된 시기는 금관가야가 무너진 시기에 해당한다.

대성동 고분이 조성되던 시기 가야는 대성동 지역을 정점으로 하는 가야 연맹체였지만, 축조가 중단된 이후에는 친親신라계 집단 혹은 신라의 영향권에 들어간 집단이 생기고 《삼국유사》에 나오는 소小가야 집단이 생기는 등 여러 집단으로 분열되기 시작했다. 와해의 징후는 부산 복천동 고분에서 먼저 확인된다. 가야 고유의 유물을 배출하던 지배층 무덤에서 갑자기 신라색이 짙은 유물들이 출현하기 시작한다. 이러한 변화는 주로 토기류에서 발견된다. 철기제품에서는 별다른 변화가 없었지만, 신라계 토기와 가야계 토기가 함께 나타나는 것이다.

가야계 굽다리접시〔高杯〕는 다리 부분에 굽구멍이 없거나 일직선으로 뚫려 있다. 반면 신라계 굽다리접시는 굽구멍을 엇갈리게 낸 것이 가장 큰 특징이다. 또 5세기 전반의 신라계 굽다리접시는 뚜껑이 없다. 토기로만 보면 복천동 53호 무덤에는 가야계보다 신라계 물건이 더 많다. 가야의 여러 세력들이 신라로 편입되어간 것이다. 4세기 후반부터 5세기 전반에 이르기까지 신라는 고구려의 영향 아래, 어떤 의미에서는 고구려를 후원자로 삼아 팽창했고, 반면에 가야연맹은 축소, 와해되어갔다. 그런 세력 변화 과정을 이끈 뚜렷한 계기가 바로 400년 고구려의 남정이다.

그런데 김해 대성동 고분 지역에서는 복천동과는 다른 현상이 나타났다. 5세기의 1사분기에 조성된 대성동 고분 출토 유물에서 그 흔적을 찾을 수 있다. 말머리를 보호하는 말투구 등 고구려의 중장 기마전단 못지 않은 방어용 무기들이 발견되는 것이다. 말갑옷이 발굴된 곳도 있다. 말의 엉덩이와 몸통, 가슴과 목까지 안전하게 덮을 수 있도록 만든 철갑옷이다. 발굴단은 이러한 유물을 가야 왕국을 재건하기 위한 움직임이 있었다는 증거로 생각한다.

가야는 중장기병 전술을 알고 어느 정도 활용하고 있었지만, 완전한 형태는 못 갖췄기 때문에 참패를 당했다고 판단했을 법하다. 참패를 교훈 삼아 마갑과 마주를 채용하고 전술을 한 단계 더 발전시켜, 장차 다시 벌어질지 모르는 고구려군과 일대격전을 준비했던 것이다. 비늘갑옷으로 완전 무장을 하고 금방이라도 전쟁터로 떠날 것 같은 기마인물상 토기에는 무너져가는 가야 왕국을 다시 세우기 위한 가야인들의 꿈과 노력이 담겨 있다. 대성동 57호 무덤의 여전사들이 활약한 시기도 같은 시기다. 쓰러져가는 가야왕국의 재기를 위해 금관가야에서는 여성들도 무장을 하고 전사로 나섰던 것이다.

대성동 57호 무덤에서 깨어난 금관가야의 여전사들은 광개토대왕의

금관가야를 지키기 위해 일어선 대성동 57호분의 여전사들을 복원한 모습.

## 가야의 건국신화

《삼국유사》에 실린 가야의 건국신화 〈가락국기〉의 내용은 대략 이렇다.

옛날부터 아홉 간九干들이 추장으로서 백성을 다스리고 있었는데, 북쪽 구지龜旨에서 나는 이상한 소리가 지시하는 대로 구간들은 〈구지가〉를 부르면서 춤을 추었고, 하늘에서 자줏빛 끈이 내려왔다. 그 아래 붉은 천이 덮인 금빛 상자가 있어 열어보니 황금알 여섯 개가 들어 있었다. 열이틀 뒤에 여섯 개의 알이 모두 동자로 변하였다. 그리고 열흘이 지나니 동자들은 모두 어른이 되었고, 보름날에 즉위했다. 처음 사람으로 변한 이의 이름을 수로라 했고 나라는 대가락 혹은 가야국이라 했으니, 여섯 가야 가운데 하나다. 나머지 다섯 사람들도 각각 다섯 가야의 임금이 되었다.

가야 지역에는 이 밖에도 이진아시왕伊珍阿豉王 신화가 전해온다. 1530년 조선 중종 대에 완성된 《신증동국여지승람新增東國輿地勝覽》에 나오는 데, 본래 신라 말기의 대학자 최치원이 해인사 승려 이정利貞의 전기인 《석이정전釋利貞傳》에 기록해놓은 것으로 내용은 다음과 같다.

가야산신 정견모주正見母主가 천신天神 이비가지夷毗訶之에게 감응되어 대가야왕 뇌질주일惱窒朱日과 금관국왕 뇌질청예惱窒靑裔 두 사람을 낳았다. 뇌질주일은 이진아시왕의 별칭이고, 청예는 수로왕의 별칭이다.

수로왕 신화에서 김해 지방에 아홉 개의 촌장 혹은 추장 세력이 있었고, 다른 곳에서 온 이주 세력의 수장인 수로를 아홉 추장들이 왕으로 추대했다는 것을 알 수 있다. 한편 이진아시왕 신화는 천신과 지모신, 즉 하늘신과 땅신의 결합으로 수로왕과 이진아시왕이 태어났다는 신화 구조를 갖추고 있다. 여기에서 지모신인 가야산신은 고령 지역에 자리잡고 있던 세력을 상징한다고 볼 수 있다.

남정 이후 가야인들이 자신들의 왕국을 부활시키기 위해 절치부심 노력했음을 보여주는 증언자들이다. 물론 소국 연맹체 성격의 가야가 동아시아 최강국의 면모를 갖춘 고구려에 대항하여 승리를 거둔다는 것은 애당초 힘든 일이었을 것이다. 금관가야를 중심으로 뭉친다 해도, 강력한 국왕의 지휘 아래 일사불란하게 움직이는 고구려의 대군, 백제는 물론 북방 유목민들과의 전투 경험이 풍부한 막강 고구려군과 맞서 싸운다는 것은 무모한 일이 아니겠는가. 그래서 가야의 여전사들은 당당해 보이면서도 서글프게 다가온다.

고대국가로 발돋움하려는 단계에서 신라에 병합되어 비록 그 꿈은 좌절되고 말았지만, 금관가야는 고구려, 백제, 신라와 함께 이 땅의 역사를 일궈낸 제4의 왕국이었다. 이 금관가야의 부활을 꿈꾸며 분연히 일어섰던 최초의 여전사들. 그렇다면 가야의 꿈은, 여전사들의 꿈은 스러지고 만 것일까? 그렇지 않다.

국제 교역에 가장 유리한 입지 조건을 갖추고 있던 김해 가락국을 대표로 하는 가야 연맹이 사실상 막을 내리기는 했지만, 가야연맹 지역이 독자적인 세력 기반을 완전히 잃어버린 것은 아니다. 전쟁의 피해를 입지 않은 고령, 합천, 거창, 함양 등 내륙 산간 지역의 가야 세력이 5세기 후반부터 지배력을 강화해갔고, 고령 대가야가 가야 세력의 중심으로 떠올랐다. 이 지역은 전쟁의 피해를 입지 않았음은 물론, 농업 생산성이 비교적 높았고 철 광산을 갖추고 있었다. 고령을 중심으로 하는 대가야는 어떻게 발전을 도모했을까? 끝나지 않은 가야의 꿈에 관한 이야기를 다음 장에서 만나보자.

# 05 대가야,
# 백두대간을 넘다

백두대간의 서쪽 백제 땅에서
숨겨진 대가야의 역사가 드러나고 있다.
교통 요충지에서 발견된 초대형 고분군,
섬진강 유역 40여 개의 봉수대 등 유물과 유적으로
베일에 가려진 '제4의 왕국'의 비밀을 밝힌다.

## 백제 땅에 진출한 가야

백두산에서 지리산까지 이어지는 한반도의 등뼈 백두대간白頭大幹. 한반도를 동서로 가르는 자연 경계이기도 하다. 요즘도 백두대간 종주에 나서는 사람들이 반드시 거치는 곳인 복성이재는 예로부터 이 백두대간을 넘어 함양과 남원을 연결해주는 중요한 통로로서 전라북도 남원시와 장수군의 경계를 이룬 곳이기도 하다. 봄이면 철쭉이 만발하는 복성이재가 잘 내려다보이는 곳에 아막산성阿莫山城이 자리하고 있다. 산 정상을 630미터에 걸쳐 둘러싼 성. 그러나 이 성을 언제, 어떤 세력이 쌓았는지 알려주는 기록은 없다. 다만 《삼국사기》를 통해 백제와 신라가 이곳을 두고 뺏고 빼앗기는 치열한 전투를 벌였다는 사실만 확인할 수 있을 뿐. 신라 시대에는 모산현母山縣에 속했고, 지금은 남원시 아영면 성리로 불리는 지역에 있기 때문에 이 산성을 성리산성이라고도 하지만, 백제 무왕 때 아막성전투가 벌어진 곳이기에 흔히 아막산성이라 부른다.

아막산성에서는 백제와 신라의 것으로 보이는 토기 파편들을 쉽게 볼

116

대부분 산 능선에 자리한 대가야의 고분들. 대가야의 왕족은
자신들이 하늘신의 후예라고 믿었다.

백두대간 여행 코스에도 속하는 복
성이재 근방의 아막산성.

수 있다. 그런데 이곳에는 백제와 신라의 토
기만 있는 게 아니다. 대가야의 토기 파편들
도 발견된다. 이렇듯 가야, 신라, 백제의 토
기편이 모두 발견되고 있으니 가야 세력이
먼저 이 성을 쌓고 이후에 신라와 백제가 이
성을 차지한 것으로 추정해봄직하다.

아막산성에서 내려다보이는 아영면 월산리 일대에는 잡목에 덮여 있
는 고분들이 자리잡고 있다. 고분 주변을 포도밭으로 경작하면서 봉토가
대부분 깎여나가 봉분의 형태마저 알아보기 힘들지만 허리가 잘려나간
부분에 드러나 있는 벽석은 이곳이 무덤이었음을 확인해준다. 이곳에는
원래 10여 기의 대형 고분이 있었는데, 지난 1980년대 초 88올림픽고속도
로를 건설하면서 그 가운데 한 기를 발굴조사한 결과, 5세기 초의 것으로

남원시 아영면 두락리 산자락에 있는 가야 고분군. 봉분이 크게 훼손되어 고분의 위치를 반원형으로 표시했다.

보이는 이 지역 토착세력의 토기와 함께 대가야 양식 토기가 상당수 출토되었다. 토기와 함께 나온 철제투구와 목가리개, 은상감 큰고리칼 역시 이 지역과 대가야의 밀접한 연관성을 보여준다.

이전에는 이 유적과 관련된 문헌 기록이 남아 있지 않다 보니 이 고분을 백제 고분으로 간주해왔지만, 실제 발굴을 해보니 백제가 아닌 가야계 고분으로 확인된 것이다. 월산리 고분에서 1.7킬로미터 떨어진 두락리의 야트막한 산자락 위에도 지름이 20~30미터에 달하는 40여 기의 고분이 자리하고 있다. 그 가운데 가장 큰 것은 지름이 30미터에 달해 마치 작은 숲처럼 보인다. 두락리 고분들 역시 대부분 많이 훼손된 상태로 두락리 1호분이라 불리는 무덤은 봉토가 잘려나가고 그 위에 콩이 재배되고 있다. 잡목과 수풀이 뒤덮고 있는 두락리 2호분도 언뜻 봐서는 봉분의 모습을 찾아보기 힘들다.

1989년 전북대 발굴단의 발굴 조사결과 두락리 2호분은 돌을 다듬어 쌓은 굴식 돌방무덤으로 확인되었다. 무덤에는 철기류와 토기들이 남아 있었는데, 대부분 5세기 중엽에 만들어진 대가야 양식의 유물들이었다. 이를테면 표면에 촘촘히 새겨진 물결무늬는 가야 토기의 특징이다. 잘 다

굴식 돌방무덤인 두락리 2호분의 널길과 널방.

듬은 돌들을 정교하게 쌓아올리고 그 위에 회를 칠해놓은 이 무덤은 경상
남도 고령군 고령읍 고아리 벽화무덤과 비슷해 학자들은 이 무덤 역시 대
가야의 석공들이 만든 것이라 추정한다.

　대가야 세력이 만든 고분은 전라북도 장수 지역에도 있다. 장수군 계
남면의 해발 700미터에 달하는 침령산에는 산 정상을 둘러싼 침령산성砧
嶺山城이 남아 있다. 대부분 허물어지고 일부만 남아 있는데, 축조 방식으
로 보면 6세기 백제가 쌓은 것이다. 그런데 이 침령산성에서 내려다보이
는 서너 군데 지역에서 대가야 고분군이 발견되었다. 장계분지의 산자락
에도 20여 기의 고분이 자리하고 있다. 대부분 훼손되고 겨우 두 기만 비
교적 온전하게 남아 있는 삼봉리 고분군이다. 그 두 기마저도 오랫동안
방치되면서 도굴꾼들이 봉분을 파헤쳐놓았고, 무덤의 덮개돌만 덩그러니
남아 있다. 1999년 발굴 과정에서 나온 유물들 대부분 대가야의 특색을
그대로 보여주는 토기들로 5세기 후반 대가야가 장수 지역까지 진출했음
을 말해주는 것이다.

　가야는 백두대간 동쪽과 낙동강의 서쪽인 영남 남서부의 작은 나라
10여 개가 이룬 연맹체였다. 4세기까지는 김해를 중심으로 한 금관가야

토기 표면에 촘촘히 새겨진 물결무늬. 대가야 지역에서 골고루 출토되는 표지 유물이다.

가, 5세기부터는 경상북도 산간 내륙에 자리잡은 대가야가 가야 연맹체를 이끌었다. 그런데 경상북도 고령의 대가야와 백두대간을 사이에 두고 멀리 떨어진 전라북도 남원, 임실, 장수, 진안 등 호남 동부 지역에서 대가야의 유물과 유적이 무더기로 발견된 것이다.

지금까지 조사 결과, 백두대간 넘어 남원, 임실, 장수, 진안까지 흩어져 있는 가야계 고분들은 공통점을 갖고 있다. 고분들이 산 정상에 자리하고 있다는 것, 고분에서 나온 유물들 가운데 고령 양식의 토기가 많다는 것, 주변에는 산성이 있다는 것. 이런 여러 가지 사실들은 백두대간 서쪽인 이 지역이 사실 동쪽에 자리한 가야와 매우 가까웠음을 알려준다. 오늘날에도 높은 산악 지형은 지역을 나누는 경계이지만, 고대일수록 그 구실은 더 중요했다. 그러나 호남 동부 지역에서 발견되고 있는 수많은 가야계 고분과 유물들은 그 지리적 경계를 무색하게 하는 데 충분하다. 문헌 기록에는 전혀 나오지 않는 대가야의 숨겨진 역사. 이 고분들을 통해 다가서보자.


## 성장과 팽창 그리고 서진

대가야의 옛 도읍지인 고령. 고령 시내를 병풍처럼 감싸 안고 있는 주산 능선 위에 거대한 고분들이 자리하고 있다. 낙타 등처럼 솟아오른 수십 개의 봉분, 바로 대가야 왕족의 무덤들이다. 고령 지산동 고분군은 1920년 일제강점기에 처음 발굴되었고, 발굴을 빌미로 많은 유물이 도굴되고

일제강점기에 이루어진 고령 고분군 발굴 모습.

무덤은 훼손되었다. 지난 1970년대 후반 사적지로 지정되면서 지산동 고분군은 비로소 원래 모습을 찾게 되었다. 앞서 말했다시피 대가야 고분들은 대부분 산 능선에 있다. 대가야인들은 왜 이렇게 높은 산 능선에 무덤 자리를 잡았을까?

이에 관한 뚜렷한 정설은 없다. 그러나 대가야의 건국신화를 보면 대가야 사람들은 자신들을 가야산의 산신山神과 하늘신의 후손으로 여긴 것 같다. 산신과 하늘신의 후손인 대가야의 왕들은 세상을 떠난 뒤에 하늘과 가까운 산 위에 안식처를 두고 싶어한 것이다. 세계의 다른 여러 문화권에서도 높은 산은 하늘과 소통하는 성스런 공간으로 중시되곤 한다. 더구나 높은 곳에 자리잡는 것은 왕의 위엄을 과시하기에도 좋다. 아래쪽에서 보면 구릉 정상에 자리한 무덤은 웅장하게 우러러 보이기 마련이다.

지산동 고분들 가운데 가장 큰 것은 높이 6미터, 지름 27미터에 달하는 44호분이다. 1977년에 이 무덤을 발굴해보니 이 무덤은 거대한 순장 무덤으로 밝혀졌다. 무덤 중앙에 깊이 2미터, 길이 9미터에 이르는 넓이로 땅을 파고, 잘 다듬은 돌로 벽을 쌓아 무덤 주인을 묻을 돌방을 만들었

고령 지산동 44호분을 복원한 모습(위)과 발굴 당시 사진(아래).
지산동 고분군에서 가장 큰 무덤인 44호분에는 무려 서른네 명의 순장자가 묻혀 있었다.

다. 이 돌방에 주인과 순장자 두 명이 함께 묻혔다. 주인을 위해 부장품만
넣는 돌방 두 개를 따로 마련했다. 주인의 돌방 주위로는 서른 두 개의 작
은 돌방이 둘려 있는데, 여기에 순장자가 한 사람씩 묻혔다. 기록 외에 실
물로 나타난 순장묘로는 이 지산동 44호분이 가장 크다. 대형 고분에 30
여 명을 순장시킬 수 있을 만큼 강력한 왕권의 존재를 드러내주고 있다.

고령 지산동 고분에서 출토되는 유물은 수준 또한 매우 높다. 뛰어난 철기 기술을 보여주는 갑옷류와 부드럽고 우아한 곡선이 돋보이는 토기는 대가야 문화의 우수성을 잘 보여준다. 그리고 정교하고 화려한 장식품들은 무덤 주인이 지녔던 권위

고령 지산동에서 나온 철제 갑주와 토기.

가 얼마나 대단했는지 알려준다. 그뿐이 아니다. 강력한 왕권을 상징하는 금관도 있었다. 토기에 선명히 새겨진 명문은 대가야의 왕권이 어떤 위세를 지녔는지 짐작하게 한다. 대왕大王이라는 표현은 6세기에 들어와 임금을 마립간麻立干이라 칭하던 신라가 '왕王'이란 칭호를 쓰면서 '왕 중의 왕'이라는 뜻으로 사용한 것인데, 대가야의 왕이 그런 칭호를 쓸 수 있었다는 것은 가야의 왕권 역시 매우 강력했음을 보여주는 것이다.

주산 능선 남쪽 끝자락의 고아동 벽화고분은 6세기경 축조된 대가야 왕족의 무덤으로 추정된다. 잘 다듬은 돌을 정교하게 쌓아올려 그 위에 회를 칠한 돌방무덤이다. 벽에 그린 그림은 대부분 지워졌지만 벽면 일부와 천정에는 연꽃무늬가 그려져 있는 것을 확인할 수 있다. 이는 가야에도 불교가 들어왔음을 알려주는 증거다. 고대 사회에서 불교의 수용은 보통 왕권의 성장과 깊은 관련이 있다. 흔히 왕이 곧 부처라는 관념, 즉 왕즉불王則佛 관념을 통해 왕권을 강화했다. 고아동 벽화에 나타나는 연꽃무늬는 대가야도 6세기 이후 강력한 왕권을 구축하려고 불교를 받아들였음을 말해준다.

그렇다면 고령 대가야의 성장 기반은 무엇이었을까? 경상남도 합천군

지산동 고분군에서 출토된 대왕大王 글
자가 새겨진 토기. 가야가 고대국가로
발돋움하려 하고 있었음을 엿보게 한다.

야로면에 있는 한 야산. 조선 시대까지 쓰인 제철 유적이 확인된 곳이다. 야로 지역은 조선 시대 3대 철 생산지로 유명한 곳이다. 《세종실록》 지리지에 따르면 세공으로 매년 연철 9500근을 바칠 정도로 철 생산이 활발한 곳이었다. 지금은 합천군에 속하지만 삼국 시대에는 고령군에 속했던 지역이니 바로 대가야에 속한 땅이었다. 대가야의 성장 기반은 바로 풍부한 철 산지와 뛰어난 제철 기술이었다. 대가야의 철을 상징하는 무기류 가운데 갑옷이나 투구 같은 유물은 대가야만의 독특한 기술을 반영한다. 대가야의 철 생산 기술과 철기 제작 기술은 신라나 백제보다도 한 수 위였다.

이처럼 철을 기반으로 급성장한 대가야가 5세기 중엽부터 고령 서부 지역으로 진출했다. 산 능선 위라는 무덤의 입지와 모양으로 볼 때 대가야의 무덤 양식을 그대로 보여주는 경상남도 거창군 저봉동 고분군. 대가야는 5세기 전반에 내부 체제를 세우고 다음 서쪽으로 진출하기 위해 동쪽에 있는 합천을 지나 새로운 기반을 다지고 더 서쪽인 함양, 남원 방향으로 진출한 것이다. 개봉동 고분군의 무덤 주인들은 대가야의 서진西進 과정에서 전진 기지 구실을 했던 지역의 사람들이라 하겠다.

거창에서 자동차로 30여 분 거리에 있는 함양군 백천리에도 가야계 고분 20여 기가 모여 있다. 이곳에 있는 무덤들도 지금은 많이 손상되어 있다. 봉분 위에는 공장 시설이 들어서 있고 봉토는 대부분 잘려나갔다. 숲 속에 남아 있는 고분들 역시 원형을 알아보기 힘들다. 여기저기 도굴 구멍만 퀭 하니 뚫려 있다. 1980년에는 백천리 고분군을 발굴하면서 함양

# 가야도 불교를 수용했을까?

고구려와 백제가 4세기 후반부터 불교를 인정했고 신라도 5세기 전반에 고구려 승려들이 왕래했다는 점을 감안하면, 가야 사람들도 불교를 모르지는 않았을 것이다. 그렇다면 문제는 가야 사람들이 불교를 알고 있는 차원에서 나아가 수용했는지 여부다.

대가야 이뇌왕은 522년 신라의 이찬 비조부의 누이동생과 혼인하여 월광태자를 얻었다. 당시 신라는 법흥왕 시대로, 이뇌왕은 법흥왕과 혼인동맹을 맺었던 것이다. 법흥왕이 불교를 공인한 것이 이차돈의 순교사건 이듬해인 528년이라 하니 법흥왕과 밀접한 관계를 맺은 이뇌왕이 신라를 통해 불교를 수용했을 수도 있다.

법흥왕 이후에도 신라는 불교와 관련한 왕명王名을 자주 사용했다. 법흥왕과 진흥왕이 그 좋은 예다. 그런데 대가야 건국신화에서 시조 이진아시왕의 어머니는 정견모주正見母主로 되어 있다. 여기에서 정견은 불교의 팔정도八正道 가운데 첫 단계이기도 하다. 또한 월광태자에서 월광月光은 부처가 과거세에 왕의 아들로 태어났을 때의 이름이다. 그렇다면 522년 이후 대가야 왕실이 불교식 인명을 사용하거나 과거의 인명에 불교식 이름을 부여했을 가능성이 높은 셈이다.

신라가 아니더라도 백제를 통해 불교를 받아들였을 가능성도 없지 않다. 석실 구조가 백제의 것과 비슷한 고령 고아동 고분 천장에는 연꽃무늬가 그려져 있다. 가야와 밀접한 외교 관계를 맺었던 백제가 불교를 전했을 가능성을 보여주는 것이다.

그러나 가야 사람들의 불교에 대한 이해 수준이 어느 정도였는지, 또 가야 연맹 세력들 사이에 불교 신앙이 얼마나 깊숙이 침투했는지는 정확히 알기 힘들다. 고대국가에서 불교의 수용이 중앙집권적 왕권 체제의 확립과 깊이 연관되어 있다고 본다면, 연맹체 단계를 크게 벗어나지 못했던 가야의 불교 수용 수준이 고구려, 백제, 신라 정도에는 못 미쳤으리라 추정할 수 있다.

전라북도 부안군 죽막동의 바닷가에 자리한 수성당. 항해의 안전을 기원하는 사당이다.

군 지역의 세력들도 고령 대가야와 직접 연결되어 있음을 확인했다. 대부분의 유물이 고령에서 직접 만들어 옮겨온 것이었다.

　함양은 대가야가 반드시 확보해야 하는 요충지였다. 왜냐하면 함양 지역은 교통의 결정점이기 때문이다. 대가야가 서쪽으로 진출하려면 거창을 거쳐 함양으로 와서 서쪽으로 곧바로 운봉, 아영 등으로 나갈 수 있다. 또한 이곳에서 남쪽으로 향하면 남강로를 따라 진주, 사천, 고성 등으로 진출하여 해안으로 나갈 수 있다. 5세기 초 경상남도 서부 지역으로 진출하기 시작한 대가야는 이를 발판으로 백두대간 넘어 호남 동부까지 그 세력권을 넓혀갔다. 5세기만 해도 호남 동부 지역에 미치는 백제의 영향력은 아직 미미했다.


## 죽막동 가는 길을 잃다

대가야가 크게 발전할 수 있었던 데는 당시 한반도의 정치 상황도 유리하게 작용했다. 5세기 이후 계속된 고구려의 남진 정책으로 대가야와 인접한 두 강국, 백제와 신라는 동맹을 맺고 고구려를 막는 데 급급했다. 이 틈

고령 출토 금동관과 일본 후쿠이현 및 사가현 금동관. 금동띠에 솟은 장식이 꽂힌 모양이 유사하다. 일본 사가현에서는 사슴 장식을 늘어뜨린 금귀걸이(사진 오른쪽)가 발견되어 고령 지산동(사진 왼쪽)에서 나온 금귀걸이의 영향을 받았음을 보여준다.

을 이용해 대가야는 주변 지역으로 영역을 넓히고, 멀리 바다를 건너 일본, 중국과도 교류를 확대했다. 고령 지산동에서 출토된 다양한 유물은 대가야가 당시 주변국들과 얼마나 활발한 교류를 하고 있었는지를 잘 보여준다. 특히 야광조개로 만든 국자 모양의 유물이 눈길을 끄는데, 야광조개는 일본에서도 최남단인 오키나와沖繩에서만 생산되기 때문에, 학자들은 일본 규슈 지역을 거쳐 수입된 것으로 추정한다.

5세기 중반부터 대가야의 문물이 일본 열도에 물밀듯이 쏟아져 들어갔다. 갑옷을 비롯한 철제무기류와 다양한 토기가 일본 전역에서 발견되고 있는데, 특히 금동관, 금귀걸이, 마구 등 높은 수준의 금세공품들이 눈길을 끈다. 고령 지산동에서 발굴된 유물과 비교해보면 한눈에 대가야에서 건너간 유물임을 쉽게 알 수 있다. 풀잎이나 꽃잎 모양의 솟은 장식이

죽막동에서 출토된 대가야의 원통형 그릇받침. 토기. 제사에 사용한 도구다.

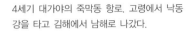

4세기 대가야의 죽막동 항로. 고령에서 낙동
강을 타고 김해에서 남해로 나갔다.

금동띠 고리에 꽂혀 있는 게 대가
야 금동관의 특징인데 이 금동관과 유
사한 것이 일본 후쿠이현福井縣 니혼마쓰야마二
本松山 고분에서 나왔다. 장식을 사슬로 엮어 늘어뜨린
금귀걸이 역시 대가야 문화의 특징을 잘 보여주는 유물인데, 일본에서도
대가야의 금귀걸이가 여러 점 발견되었다.

대가야는 중국과도 직접 교류했다. 6세기 초에 편찬된 중국 역사서
《남제서南齊書》에는 479년 가라국왕可羅國王, 즉 대가야의 왕 하지荷知가
사신을 보내 제齊나라에서 '보국장군본국왕輔國將軍本國王'이라는 작호를
받았다고 씌어 있다. 이는 대가야가 동아시아 국제무대에서 당당히 한 국
가로서 그 지위를 인정받고 있었음을 알려준다. 보국장군은 2품에 해당하
는 작호를 받은 고구려나 백제보다는 한 등급 낮은 3품의 작호지만, 독자
적인 정치 세력이자 왕국으로서 가야의 위치가 확고했음을 말해주기에는
충분하다. 그렇다면 경상북도 내륙에 발판을 둔 대가야는 어떤 경로를 거
쳐 중국 지역과 교류했을까?

한반도 서해안에 말머리 모양으로 툭 튀어나온 변산반도의 서쪽 끝자
락. 여기는 다시 전라북도 부안군 죽막동이다. 격포 해수욕장 해변을 따라
서 적벽강 여울목으로 들어가면 나오는 마을로, 이곳 바닷가 벼랑 위에
수성당水聖堂이라 불리는 단칸 기와 목조건물이 있다. 바다에 인접한 절
벽 위에 서 있는 수성당에서는 서해가 한눈에 들어온다. 예로부터 서해를
다스린다는 여해신女海神이 막내딸을 데리고 이곳에서 서해의 수심을 재
어 어부들의 생명을 보호했다는 전설과 함께 항해의 안전을 비는 제사를

5세기 초 대가야에서 죽막동에 이르는 육로. 당시 백제의 영역은 아직 금강 이북에 그쳤다.
5세기 후반 고창, 부안 일대가 백제의 수중에 들어가자 대가야는 새로운 경로, 즉 육로로 구례까지 와서 섬진강을 통해 남해로 나가는 길을 개척했다.

올려온 곳이다. 지금도 이곳 주민들은 매년 정월 초사흘날 대제를 올리고 풍어와 어부들의 무사고를 빈다.

지형으로 볼 때 이곳 일대는 연안 항해를 위해 반드시 거쳐가야 하는 곳이자 사고가 많이 나던 곳이다. 그러니 항해의 안전을 기원하는 제사를 지냈을 것이다. 바로 이 수성당 뒤편 공터를 발굴한 결과 삼국 시대부터 조선 시대까지 다양한 시대에 걸친 방대한 양의 유물이 나왔다. 대부분 제사와 관련된 유물들이었다. 국립전주박물관에서 전시하는 죽막동 유물을 보면, 제사에 사용한 대형 토기류와 그 속에 담겨 있던 모형 돌칼, 철제품 등이 눈길을 끄는데, 특히 물결무늬가 선명한 대형 토기와 제사에 사용한 대가야의 원통형 그릇받침에 주목할 필요가 있다. 5세기 후반에서 늦어도 6세기 초에 이르는 가야 계통, 좀더 상세히 말하자면 대가야의 토기들인 것이다.

대가야 세력이 5세기 후반부터 6세기 초까지 변산반도 일대 항로를 이용했다는 뜻인데, 내륙 산간 지역인 고령에 기반을 둔 가야가 서해안의 끝인 부안 죽막동까지 어느 길로 왔을까? 가장 손쉬운 방법은 고령에서 낙동강을 이용해 하구에 있는 김해까지 갔다가 남해를 돌아 죽막동으로

전라남도 여수 고락산성을 하늘에서 본 모습과 배수구 터.

가는 길이다. 고령의 대가천大加川은 낙동강 본류와 연결된다. 낙동강 큰 물줄기를 타고 대가야인들은 쉽게 바다로 오갈 수 있었을 것이다.

그러나 5세기 이후 가야 세력은 더 이상 낙동강을 이용하지 못했다. 신라 세력이 팽창해 낙동강 바로 동쪽까지 진출하여 가야와 국경을 접하게 되면서 낙동강은 예전과 같은 교통로 구실을 할 수가 없었다. 낙동강을 이용하는 바닷길이 막혔다면 육로를 개척해야 했다. 백두대간의 육십령六十嶺과 치재를 넘으면 전라북도 임실까지 갈 수 있다. 거기에서 다시 호남정맥을 넘으면 죽막동까지는 별다른 장애 없이 평지로 갈 수 있다.

그러나 5세기 후반인 470년대에는 고창, 부안 일대가 모두 백제 수중에 들어가 있었다. 백제의 협조가 없다면 그 지역을 통과할 수 없었다. 동으로는 신라, 서로는 백제에 가로막힌 상황에서 대가야는 새로운 길을 뚫어야 했다. 바로 섬진강 수로를 통해 남해로 나가는 길이다. 대가야는 섬진강 루트를 열기 위해 고령에서 계속 서진하여 백두대간을 넘고 호남 동부 지역까지 세력을 확장해갔다. 백두대간을 넘은 대가야는 남원분지에

도달한 후 요천蓼川을 이용해 섬진강 하구로 나
갈 수 있었다.

오늘날에는 섬진강의 수량이 풍부하지 못하
지만, 일제강점기만 해도 요천을 거쳐 섬진강 하
구에 이르는 뱃길은 사뭇 성황을 이루었다. 또 하나
주목할 요소가 있다. 교역로를 보호할 목적으로 축
성한 듯 섬진강 주변에 분포해 있는 대가야의
산성들이다. 남해南海와 마주한 전라남도 여
수시 미평동의 고락산성鼓樂山城. 백제가 쌓
은 것으로 추정되는 고락산성은 남해에서 뭍
으로 이어지는 길을 내려다볼 수 있는 요새다.

그런데 성벽 안쪽에 있는 배수구 터를 발굴하던
중 대가야 유물이 나왔다. 뚜껑이 있는 대가야의 목
긴 항아리를 비롯해 토기 10여 점이 출토된 것이다.
성 주변에 살던 토착민들이 대가야의 정치·문화적

고락산성에서 출토된
대가야 토기들.

영향을 받으며 사용하던 토기라고 봐야 할 것이다. 이것은 6세기 전반 이
전, 이 지역에 대가야 세력이 진출해 있었음을 보여준다. 대가야는 섬진강
루트를 뚫고 남해로 나가 일본과 교류했고, 죽막동을 거쳐 중국과도 그들
만의 교역로를 확보했다. 섬진강은 내륙 산간에 자리잡은 대가야가 개척
한 새로운 대외 교역로, 문자 그대로 새로운 활로活路였다.


## 새로운 활로, 섬진강 루트

전라북도 진안군 주천면 대불리. 완주와 진안을 이어주는 싸리고개가 내
려다보이는 곳에 해발 500미터의 봉화산이 자리하고 있다. 이 산 정상에

고려 시대에 체계가 잡혀 조선에서 더욱 발달한 전국적인 봉수 체계. 섬진강 유역의 봉수 체계는 빠져 있다.

는 가로 10미터, 높이가 5미터에 이르는 거대한 삼국 시대 봉수대烽燧臺가 복원되어 있다. 봉수대 위, 화구가 놓였던 자리에는 이곳이 봉수대였음을 확인할 수 있는 흔적, 이를테면 당시 불을 지폈던 것으로 보이는 숯 같은 게 남아 있다.

봉수대 주변에는 상당수가 대가야계인 토기 조각들도 흩어져 있는데, 봉수대를 지키는 군인들이 상주하면서 토기를 일상생활에 사용했음을 알 수 있다.

전라북도 남원에 있는 해발 846미터의 고남산 정상에도 봉수대의 흔적이 남아 있다. 봉수대는 대부분 무너져내렸지만 봉수대로 쓰이던 석축은 일부나마 뚜렷이 보인다. 이 봉수대에서도 백제계 토기편과 함께 대가야계 토기편을 쉽게 찾아볼 수 있다. 봉수가 무엇인가? 주변을 잘 조망할 수 있는 높은 산봉우리에서 밤에는 불을 피우고 낮에는 연기를 올려 적의 침입을 신속하게 알리는 군사시설이다. 왜 이 지역에 봉수대를 만들었을까?

진안과 남원, 장수, 임실 일대에서 확인된 40여 개가 넘는 봉수대에 주목할 필요가 있다. 남원 고남산 봉수대를 중심으로 북동쪽으로 약 8킬로

진안, 남원, 장수, 임실 일대의 봉수대 분포.

미터 떨어진 곳에 장수 봉화산 봉수대가, 동쪽으로 약 4킬로미터 떨어진 곳에 남원 깃대봉 봉수대가 자리잡고 있고, 남쪽에도 두 군데의 봉수대가 더 있다. 이 일대의 백두대간 산줄기에만도 대략 10여 군데의 봉수대가 자리하고 있다. 그러나 북쪽의 진안 봉화산 봉수대에서 남쪽의 남원 고막산 봉수대까지 40여 개의 봉수대는 고려 시대에 체계가 잡힌 중앙

대가야 봉수대에서 출토된 물결무늬 토기 조각.

봉수 체계에서 빠져 있다. 그렇다면 이 일대의 봉수대는 삼국 시대에만 쓰인 것이다.

이 지역의 봉수대는 언제, 어떤 세력이 만든 것일까? 《일본서기》에 그 의문을 풀어줄 실마리가 담겨 있다. 6세기 초반, 대가야와 백제가 반파伴 跛, 즉 기문己汶과 대사帶沙 지역을 둘러싸고 분쟁을 벌였다는 내용이 자주 나오는 것이다. 기문과 대사는 오늘날의 어디를 말하는가. 대가야의 유적과 유물이 집중 출토되는 진안, 장수, 임실, 남원 일대가 기문이며, 섬진강 하구에 자리하고 있는 하동 지역이 대사라는 게 학계의 정설이다. 기문과 대사를 연결하는 섬진강 루트는 일찍이 백제가 진출해 일본과 교역하던 항로로 이용하던 곳이다. 4세기 후반 백제 근초고왕은 하동 지역을 장악하고 일본과 왕래하는 길의 중간 거점으로 삼았다.

섬진강을 따라 조성된 대가야 방어 시설의 위치.
낙동강 부근의 봉화산 정상에 설치되어 있는 태화봉수대.

그러나 5세기 후반 백제는 고구려의 공격으로 수도까지 옮겨야 하는 어려움에 처한다. 이 틈을 이용해 대가야가 섬진강 루트를 확보했다. 한성을 잃고 공주로 천도하는 백제로서는 주변 여러 지역 소국들을 통솔하는 데까지 신경 쓸 겨를이 없었을 것이다. 대가야는 이러한 힘의 공백 상태를 이용하여 소국들을 자신의 세력권 안에 두려 한 것이다. 이미 보았듯 479년에 대가야가 중국 남조 국가인 남제(南齊, 479년~502년)와 교통한 것이 확인되고 있으며, 일본과도 교류했음이 유물을 통해 확인되고 있다. 대가야는 적극적으로 기문 지역을 자신의 세력권에 편입했고 5세기 후반의 백제는 그런 상황을 지켜볼 도리밖에 없었을 것이다.

그러나 6세기에 들어와 백제가 국가 체제를 다시 정비하고 안정기에 들어서자 상황은 달라졌다. 백제 25대 무령왕武寧王은 대가야가 장악한 기문, 대사 지역의 회복에 나섰던 것이다. 이를 위해 무령왕은 왜 세력도 포섭했다. 백제의 이런 움직임에 대가야가 강력하게 반발하고 나선 것은 당연한 일이다. 《일본서기》에는 대가야가 백제에 대항하기 위해 지금의 진주에서 하동 그리고 광양까지 이어지는 성을 쌓았다고 기록되어 있다. 섬진강이 남해와 만나는 하동에 위치한 고소산성姑蘇山城에서는 아직까지 뚜렷한 대가야계 유물이 나오지는 않고 있지만, 《일본서기》의 기록을 감안할 때 대가야가 백제와 왜에 대비해 쌓은 성으로 추정할 수 있다. 대가야 입장에서 볼 때 서북쪽으로 백제를 방어할 수 있고 오른쪽으로는 섬진강 하구를 방어할 수 있는 요충지인 것이다.

더욱 눈여겨봐야 할 것은 비슷한 시기인 6세기 초 대가야가 봉수대와 식량창고를 세워 일본에 대비했다는 《일본서기》의 기록이다. 기록대로라면 섬진강 중상류 지역의 봉수대는 대가야가 쌓은 봉수대일 가능성이 크다. 대가야는 진안, 임실, 남원, 장수로 이어지는 기문 지역에 봉수대를 설치해 백제와 전쟁을 벌일 것을 대비한 것이다. 기문 지역을 놓고 벌이는 대결은 결국 누가 일본과 교류할 것인가 하는 싸움이었다. 백제가 일본과 교통하게 되느냐 아니면 대가야가 일본과 교통하게 되느냐, 그것이 문제였던 것이다.

당시 일본은 가야나 백제보다 문화 수준이 떨어져 있었기 때문에 선진 문물을 한반도에서 도입해야 했고, 그에 대한 대가를 지불해야 했다. 일본으로 가는 길을 확보한다는 것은 한반도와 일본 사이의 교역에서 이익을 독점하게 된다는 뜻이다. 섬진강 교역로를 확보하기 위해 남진하는 백제와 충돌하게 되자 대가야는 섬진강 중상류 지역에 봉수대를 여럿 세웠다. 소국 연맹체로서 겨우 명맥을 유지하는 데 그치느냐, 아니면 활발한 대외 교류를 통해 고대국가로서 성장하느냐, 대가야는 이 기로에서 국운을 걸고 산성과 봉수대를 쌓은 것이다. 그렇다면 과연 대가야의 운명은 어떻게 되었을까?

## 조금 먼저 퇴장한 왕국

대가야와 신라의 국경이었던 낙동강에 인접한 봉화산 정상, 대가야가 설치한 봉수대의 흔적이 남아 있다. 그렇게 높지는 않지만 한눈에 낙동강 건너 신라군의 동정을 살필 수 있는 전략의 요충지였던 곳이다. 이곳에 주둔해 있던 대가야 군사들은 강 건너 신라군의 움직임이 심상치 않으면 즉시 봉화를 피워 올렸을 것이다. 대가야는 고령 왕궁을 중심으로 외부로 통하는 길목마다 10여 개의 산성과 봉수대를 쌓아서 외적의 침입에 대비해왔다.

562년 9월, 장군 이사부異斯夫가 이끄는 신라군이 낙동강을 건너 고령으로 진격해 왔다. 신라군은 달성이나 창녕을 거쳐 대가야의 왕궁을 향해 진격해 올라갔을 것이다. 그러나 봉수대와 산성으로 튼튼한 요새망을 구축해놓고도 고령의 대가야는 변변한 저항 한번 해보지 못하고 신라에 항복하고 말았다.

> 9월에 가야가 반란을 일으켰기에, 왕이 이사부에게 명하여 토벌하게 했고, 사다함斯多含이 부장이 되었다. 사다함이 5000명의 기병을 이끌고 앞서 달려가 전단문栴檀門으로 들어가 흰 기를 세우니 성 안 사람들이 두려워 어찌할 바를 몰랐다. 이사부가 군사를 이끌고 도착하자 일시에 모두 항복했다.

여기에서 가야가 반란을 일으켰다는 것은 어디까지나 신라의 입장에서 기술된 것이다. 대규모 기병의 기습에 속수무책으로 당할 수밖에 없었던 까닭, 대가야가 힘없이 멸망한 까닭은 무엇인가. 대가야는 섬진강 루트를 백제에게 빼앗긴 6세기 초반 쇠퇴하기 시작했다. 대외 진출로를 상실하고 왜를 상대로 한 교역권도 잃은 대가야. 계속되는 백제의 압박에 위

136

기를 느낀 대가야는 친신라 정책을 폈다. 522년에는 신라와 혼인동맹까지 맺었다. 호남 동부 지역을 둘러싼 쟁탈전에서 백제에 패한 가야는 낙동강 루트를 찾기 위해 신라의 도움을 필요로 했다.

당시 신라를 다스리던 법흥왕은 대가야의 협조 요청을 전쟁 없이도 대가야를 복속시킬 수 있는 좋은 기회로 여겨 혼인동맹을 맺었다. 2등급에 해당하는 이찬伊飡 비조부比助夫의 누이를 대가야 이뇌왕異腦王과 혼인시킨 것이다. 그러나 대가야와 신라의 혼인동맹은 불과 7년 만에 깨졌다. 법흥왕은 대가야에 신라 왕녀를 시집보내면서 적지 않은 숫자의 종자들도 달려보냈다. 이뇌왕은 신라 왕녀의 시종들을 가야 각 지방에 배치했는데, 법흥왕은 그 시종들에게 신라 의복을 입게 했다. 신라의 위엄을 과시하려는 의도였으니 가야로서는 기분 좋을 리가 없었다.

가야연맹에 속한 여러 나라는 이뇌왕이 신라와 대등한 동맹 관계가 아니라 종속 관계를 맺는 굴욕을 당하지 않나 의심했다. 혼인동맹을 바탕 삼아 오히려 가야를 복속시키려는 것이 법흥왕의 숨은 뜻이었고, 가야연맹 사람들도 그 뜻을 알아차린 것이다. 급기야 창원 지역의 탁순국卓淳國이 신라 시종을 이뇌왕의 승인 없이 신라로 쫓아버리는 사태가 벌어졌다. 신라는 왕녀를 되돌려보내고 혼인동맹을 파기할 것을 요구하자 이뇌왕은 신라가 탁순국에 책임을 물어도 좋다고까지 하면서 동맹을 유지하려 했다. 신라는 결국 가야연맹에 속한 여덟 성을 함락했다. 이 사건 이후 고령

고령 왕궁을 중심으로 본 대가야의 봉수 및 산성 방어 체계. 화살표는 대가야 멸망시 신라군의 진격로.

대가야가 가야연맹을 제대로 이끌어가기 힘들어진 것은 당연했다.

이후 신라는 공공연하게 야심을 드러냈다. 551년 백제가 신라와 동맹을 맺고 고구려에게 탈환한 한강 유역을 신라가 독차지해버렸다. 신라의 배신에 격분한 백제의 성왕은 대가야와 왜 세력까지 동원해 신라의 관산성管山城, 오늘날의 충북 옥천 지역으로 진격했다. 신라로서는 이 지역이 새로 점령한 한강 하류 지역과 자신들의 본거지를 연결해주는 요충지였다. 백제 연합군과 신라는 554년 관산성에서 대규모 전투를 벌였다. 백제 연합군이 관산성을 점령하여 승리를 눈앞에 둔 상황에서, 소수의 호위병만 이끌고 관산성으로 향하던 백제 성왕이 신라군의 기습 공격을 받아 전사하고 말았다. 방심은 금물이라고 하지 않았던가.

관산성전투와 관련해 이 지역에 전해오는 이야기들은 당시 전투가 얼마나 치열했는지 말해준다. 이를테면 이 지역 사람들은 관산성 일대를 말무덤고개라 부르기도 하는데, 표현 그대로 전투에 동원된 많은 말들이 묻힌 무덤으로 볼 수도 있고, '말'의 어원에 '크다'는 뜻이 있음을 감안하면 수많은 전사자들이 묻힌 '큰 무덤'이 있었다고 해석할 수도 있다. 백제 연합군의 전사자는 2만 9600명에 달했다.

관산성전투의 참패는 대가야에게도 치명적인 타격을 안겨주었다. 《일본서기》 기록을 보면 당시 백제는 1만 명 정도의 병력을 동원했고, 백제를 돕는 왜군이 1000명 정도였다. 백제군과 왜군의 숫자를 합쳐서 1만 1000명이 되는데 전사자가 2만 9600명이라면, 적어도 산술적으로 보면 1만 9000명 정도의 가야군이 전사했다는 뜻이다. 연맹체 단계의 국가로서 그 정도로 많은 병력을 동원하여 대부분이 전사했다면 돌이키기 힘든 큰 타격을 입은 셈이다. 백제와 신라 사이에서 외줄을 타며 활로를 모색하던 가야로서는 국력의 한계가 너무도 분명했다고 할까.

경상남도 창녕군 교동 고분군이 자리잡고 있는 지역은 가야연맹의 또

# 가야 유민 우륵

경상북도 고령군 고령읍 연조리에는 1977년 고령군에서 세운 우륵 기념탑이 있다. 또 충주시 서북쪽 남한강변에 있는 칠금동에는 '악성 우륵 선생 추모비'가 서 있기도 하다. 고령읍의 기념탑이 서 있는 곳은 우륵于勒이 대가야의 악공들을 거느리고 가야금을 탔다는 곳이며, 칠금동의 추모비가 서 있는 곳은 우륵이 신라인 제자들에게 가야금을 가르쳤다는 탄금대彈琴臺가 있는 곳이다.

우륵은 가야연맹에 속한 나라로 오늘날 경상남도 의령군 부림면 일대에 있던 사이기국斯二岐國 출신이며, 대가야 가실왕嘉實王의 부름을 받아 고령으로 가서 왕의 총애를 받았다. 우륵은 중국에서 들어온 악기를 개량하여 열두 줄의 가야금을 만들었고, 가야금으로 연주하는 12곡을 지었다. 이 12곡 가운데 〈보기寶伎〉와 〈사자기獅子伎〉를 제외한 나머지는 다음에 소개하는 가야연맹 소국들의 고유 음악을 정리하여 가야금 곡으로 만든 것이다.

〈상가라도上加羅都〉(경상북도 고령), 〈하가라도下加羅都〉(경상남도 김해), 〈달이達已〉(전라남도 여수 및 돌산읍), 〈사물思勿〉(경상남도 사천), 〈물혜勿慧〉(전라남도 광양), 〈상기물上奇勿〉, 〈하기물下奇勿〉(전라북도 남원, 임실, 장수), 〈거열居烈〉(경상남도 거창), 〈사팔혜沙八兮〉(경상남도 초계면), 〈이사爾赦〉(경상남도 의령). 이 악곡들은 가야연맹 소국의 우두머리들이 모여 대가야 궁정에서 의례를 행할 때 연주하던 음악, 즉 가야연맹의 화합과 단결을 도모하는 음악이었을 것이다.

그러나 대가야의 악사 우륵은 제자 이문尼文과 함께 550년 신라로 투항했다. 이 무렵 가야연맹은 한반도 남부의 정세 변화 속에서 백제에 종속되는 위치가 되어버렸고, 우륵은 그런 가야연맹의 미래를 비관했다. 우륵은 신라 진흥왕의 총애를 받아 왕 앞에서 가야금을 연주하기도 하고 대내마大奈麻 계고階古와 법지法知, 대사大舍 만덕萬德 등 세 사람에게 음악을 가르치기도 했다.

다른 소국이 있던 곳이다. 신라 진흥왕은 561년 이곳 창녕의 가야 세력을 공격해 멸망시키고 척경비를 세웠다. 오늘날의 경상남도 창녕군 창녕읍 교상리에 있는 창녕 진흥왕척경비에는 영토를 확장한 사실과 당시 왕을 수행한 장수들의 명단이 나와 있다. 눈길을 끄는 점은 창녕과 상당히 거리가 먼 다른 지역에 파견되어 있던 사령관들까지 모두 모이게 한 사실이다. 신라의 중앙 유력세력들과 지방 사령관들을 왕이 직접 거느리고 명실상부 총 출동했던 것이다. 이는 결국 진흥왕이 가야 세력을 멸망시키기 위한 마무리 총력전을 준비한 것이다.

창녕에 결집한 신라군은 562년 고령으로 진격했고 대가야는 별다른 저항 없이 항복했다. 500여 년 가야의 역사가 막을 내린 것이다. 대가야가 고대국가의 면모를 갖춘 때는 5세기다. 멸망까지 비록 짧은 기간이지만 대가야는 신라, 백제와 맞서 고대국가로 발전했던 강력한 세력이었다. 그러나 가야에 관한 역사 기록이 드문 탓에 가야는 잊혀진 왕국으로 남아 있었다. 그렇지만 최근의 고고학 발굴 성과에 따라 가야 왕국의 실체가 좀더 분명하게 드러나고 있다.

발굴을 통해 드러난 가야의 유물과 유산은 고구려, 백제, 신라와 비교해도 손색이 없을 정도로 풍부하고 우수하다. 가야의 우수한 선진 문물은 고대 일본 사회의 발전에도 지대한 영향을 미쳤다. 가야의 국력이 고구려는 물론 백제와 신라에 못 미쳤다 하더라도, 완전한 고대국가로 발돋움하지 못하고 소국 연맹체 성격에 머물렀다고 해도, 가야의 역사를 배제하고서는 고대 동아시아 역사의 전개 과정을 제대로 설명할 수 없다. 더구나 고구려, 백제, 신라로 삼국이 정립해 있던 시기는 가야 멸망 이후 불과 98년에 지나지 않는다. 그렇다면 우리의 고대사를 고구려, 백제, 신라의 삼국 시대가 아니라 가야를 포함한 사국四國 시대라 불러야 옳지 않을까?

# 06 이차돈 순교사건의 진실

잘린 목 가운데서 흰 우유가 한 마장이나 솟구치고
하늘에서는 꽃비가 내리고 땅이 흔들리는 기적 속에
스물두 살 젊은 나이로 죽어간 이차돈.
신라 정치사의 대전환점이 된 그의 죽음은
불교를 위한 순교인가, 정치 개혁을 위한 희생인가?

## 기적은 없었다

때는 527년. 신라의 왕궁 반월성에 아연 긴장감이 감돈다. 이차돈이라는
20대 청년이 왕 앞에 끌려온다. 이윽고 이차돈을 처형하라는 추상 같은
왕명이 떨어진다. 그리고 왕명을 집행하기가 무섭게 일어난 믿기 힘든 기
적! 기적에 관해서는 잠시 뒤에 이야기하기로 하고, 이른바 이차돈 순교
사건이 정말로 일어난 일일까? 그렇다. 국립경주박물관이 소장하고 있는
백률사栢栗寺 석당기石幢記는 이 사건을 증언하는 가장 오래된 유물이다.

이차돈이 죽은 지 300년이 지난 818년 통일신라 시대에 세워진 높이
104센티미터, 각 면의 너비 29센티미터인 육각기둥 모양의 이 독특한 화
강암 비석에서 눈길을 끄는 것은 1면에 새겨진 그림이다. 바닥에는 사람
의 머리가 떨어져 있고 머리가 잘려나간 목에서는 무언가 세찬 기운이
솟구치며, 주위에는 작은 꽃봉오리들이 그려져 있다. 나머지 다섯 면에는
비문이 빽빽하게 적혀 있지만 너무 심하게 닳아서 글자를 알아보기 힘들
다. 과연 비문은 어떤 내용을 담고 있을까?

백률사 석당기의 글씨가 이처럼 마모되기 전에 탁본해둔 자료를 보면, 이차돈 순교 당시의 상황이 자세히 기록되어 있다. 이차돈이 처형당한 직후, 머리가 잘려나간 목 한가운데서 젖빛 피가 수십 장丈이나 솟구치고 하늘에서는 꽃비가 내리며 땅이 흔들렸다. 이 내용을 그대로 묘사한 것이 바로 석당기의 그림이다. 일연이 쓴 《삼국유사三國遺事》에는 이차돈 순교 당시에 일어난 또다른 기적이 기록되어 있다. 이차돈의 목을 치자 그 잘린 머리가 날아가 금강산金剛山 정상에 떨어졌다는 것이다. 이런 기적들이 과연 진짜로 일어난 일일까? 사건의 전말부터 알아보자.

천경림天境林. 신라 고유 신앙의 중심지 가운데 하나였던 이곳에 이차돈이 절을 짓기 시작한다. 이 소식을 접한 귀족들은 왕명으로 절을 짓는다고 판단하여 법흥왕法興王에게 몰려가 거세게 항의한다. 왕을 몰아내기라도 할 기세였다. 법흥왕은 이차돈을 불러 자초지종을 따지고, 이차돈은 왕명을 받들어 절을 짓는다고 말했다. 그러자 법흥왕은 그런 명은 내린적이 없다고 하면서, 왕명을 거짓으로 꾸민 죄를 물어 이차돈을 죽였다.

한편 이차돈의 목이 날아갔다는 금강산은 북한에 있는 금강산이 아니다. 반월성 북쪽에 있는 소금강산(小金剛山, 경상북도 경주시 동천동)이바로 《삼국유사》에서 말하는 금강산이다. 그러나 반월성에서 약 20분 거리에 있는 소금강산에 이차돈의 목이 떨어졌다는 것은 있을 수 없는 일이다. 그럼에도 신라 사람들은 이곳에 백률사를 지어 이차돈의 죽음을 애도했다. 그리고 돌로 된 당주幢主, 즉 석당石幢에 이 일을 글과 그림으로 새겨 기록으로 남긴 것이다.

흥미롭게도 이차돈이 죽기 80년 전에 간행된 불교 경전에 실린 성인들의 순교 이야기를 보면 똑같은 대목이 있다. 445년 중국 위나라에서 혜각 등이 펴낸 《현우경賢愚經》에는 "하늘과 땅이 여섯 갈래로 진동했다"거나 "피가 마침내 우유가 되었다"거나 하는 구절이 실려 있다. 472년에 역시 위나라에서 간행된 《부법장인연전付法藏因緣傳》에도 우유가 흘렀다거나 하늘에서 꽃비가 내렸다거나 하는 대목이 나온다. 그렇다면 이차돈의 죽음에 얽힌 기적들은 실제로 일어난 것이 아니라 '만들어진' 기억이다.

그렇다. 신라가 불교를 수용하는 데 중요한 구실을 한 이차돈을 숭배하려고 후대인들이 불교 성인들의 순교담을 끌어다 이차돈의 순교사건에 적용한 것이다. 후대 사람들이 윤색해 기적담까지 만들어내다니. 불교 왕국 신라에서 이차돈의 죽음을 얼마나 중요하게 여겼는지 알 수 있다. 순교를 미화하는 것은 다른 종교에서도 흔한 일이다. 그런데 이차돈의 순교에는 다른 순교 이야기들과 크게 다른 점이 하나 있다.

순교란 무엇인가? 자기가 믿는 종교, 즉 신앙 때문에 박해를 받아 목숨까지 잃는 일이다. 그래서 우리는 순교라고 하면 혹독한 박해와 탄압을 받는 종교인을 떠

백률사 석당기와 백률사 전경. 법흥왕 15년(528년)에 이차돈의 순교를 기념하여 지어진 절로 본래 이름은 자추사刺楸寺였다고 한다. 신라에서는 음이나 뜻이 같으면 쉽게 이름이 바뀌어버리는 경우가 종종 있었는데, 곧 자刺는 '잣'이니 백栢과 같고, 추楸는 '밤'이니 율栗과 같은 의미라 할 수 있다. 임진왜란으로 폐허가 되었다가 1600년경에 다시 지어졌다.

올리게 된다. 이를테면 로마 황제들이 기독교인을 탄압한 경우 말이다. 우리 역사에서도 조선 정조와 순조 시대에 천주교인들이 믿음을 지키다 대거 목숨을 잃기도 했다. 그렇다면 이차돈을 죽인 법흥왕도 불교를 혹독하게 탄압해야 하지 않을까?

그런데 《삼국사기》 법흥왕 15년조에는 "조행불법肇行佛法", 즉 "부처의 가르침을 시행했다"는 기록이 나온다. 이차돈을 처형한 장본인인 법흥왕이 불교를 공인했다니, 좀 이상하지 않은가. 더 이상한 점은 불교를 공인한 해가 이차돈이 목숨을 잃은 바로 그해라는 사실이다. 이차돈 순교사건이 일어나기만을 기다렸다는 듯 곧바로 불교를 공인한 것이다. 우리가 보통 알고 있는 순교라면 법흥왕은 불교를 탄압하기 위해 이차돈을 죽인 것이고, 이차돈은 법흥왕의 불교 탄압에 맞서 목숨을 버린 것이 되어야 하지 않을까.


## "왕이시여! 제 목을 치시옵소서!"

**이차돈** 왕이시여! 무엇 때문에 깊은 시름에 잠기셨나이까? 요즘 들어 왕께서 밤마다 잠자리에 드시지도 못하고 늘 수심 가득하시니 신하된 자로서 어찌할 바를 모르겠나이다.

**법흥왕** 네 눈에도 내가 그래 보이더냐? 기특하구나. 내 일찍이 불사佛事를 일으켜 절을 짓고자 했지만 번번이 뜻을 이루지 못한 것을 너도 알고 있느냐?

**이차돈** 알고 있사옵니다. 왕께서 뜻을 이루시지 못하시니 안타깝기 그지없사옵니다.

**법흥왕** 백성들이 복을 기원하고 죄를 씻을 수 있도록 절을 짓겠다는 데 신하들이 좀처럼 내 뜻을 따르지 않는구나. 아! 모두 과인이 부덕

한 탓이니라.

**이차돈** 부덕하시다니, 이 무슨 천부당만부당한 말씀이시옵나이까! 왕께서 늘 가여운 백성들을 아끼는 마음으로 노심초사하심을 저는 잘 알고 있사옵니다. 부덕이라니요, 그 말씀은 부디 거두어주시옵소서.

**법흥왕** 어허! 그래도 가까이 있는 너는 내 마음을 아는구나. 하지만 마음만으로 이룰 수 있는 일이 어디 있겠느냐. 어찌 해야 할지 늘 고민하고 궁리하지만, 좀처럼 좋은 생각이 떠오르지 않는구나. 내 비록 이 나라의 왕이나, 뜻대로 절을 짓지도 못하고 있으니…….

**이차돈** 왕이시여! 제 마음이 찢어질 듯 아프옵나이다. 제가 묘책을 하나 내보겠사옵니다. 왕께서 괴이쩍다 마시고 한번 들어봐주시면 신은 각골난망이겠사옵니다.

**법흥왕** 묘책이라 했느냐? 어디 한번 들어보고 싶구나.

**이차돈** 왕께서 절을 창건하려 하신다 하고 제가 천경림에 절을 짓겠사옵니다.

**법흥왕** 어디라 했느냐? 지금 천경림이라 했느냐? 천경림은 예부터 많은 귀족들이 성스럽게 생각하는 숲이 아니더냐? 그들이 그곳에서 천신天神에게 제사를 올리는 것을 너도 잘 알지 않느냐? 그런 곳에 절을 짓는다면 귀족들이 들고 일어날 것이 뻔하다. 묘책이 아니라 실책이로구나!

**이차돈** 제가 어찌 왕께서 지금 말씀하신 것들을 모르고 있겠사옵니까. 신하들이 들고 일어날 것은 저도 짐작하고 있습니다. 그러나 걱정하지 마시옵소서. 오히려 신하들이 크게 들고 일어나야 저의 묘책이 들어맞게 되옵나이다.

**법흥왕** 신하들이 크게 들고 일어나야 묘책이 들어맞는다? 무슨 뜻인고?

**이차돈** 왕께서 그런 명을 내린 적이 없으니 염려치 않으셔도 되옵니다.

왕명은 소신이 거짓으로 꾸밀 것이옵나이다. 제가 왕명을 빙자하여 절을 지을 것이옵나이다.

**법흥왕** 거짓으로 왕명을 꾸미겠다?

**이차돈** 그렇사옵나이다. 천경림에 절을 지으면 6부의 귀족들이 왕께 달려와 책임을 따져 물을 것입니다. 그들의 기세가 한껏 등등해져 왕을 능멸하려 들지도 모릅니다. 바로 그때 왕께서는 그런 명을 내린 적이 없다고 말씀하시옵소서.

**법흥왕** 그렇게 말한 다음에는 어떻게 한단 말인고?

**이차돈** 대왕이시여! 왕명을 거짓으로 꾸민 죄로 제 목을 치시옵소서.

**법흥왕** 뭐라? 이차돈 너를 죽이란 말이냐? 어허! 네 충심忠心은 가상하다만 어찌 그런 일을…….

**이차돈** 왕이시여! 저는 이미 왕께서 내리신 많은 은혜를 입었사오니, 지금 당장 죽는다 해도 아무 여한이 없나이다. 제 한 몸 죽어 왕께서 귀족들의 기세를 누르시고 왕의 권위를 반듯이 세울 수 있다면, 이보다 더 큰 기쁨이 제게는 없나이다. 귀족들을 누르시려면 이 방법밖에 없나이다. 왕이시여! 부디 제 청을 들어주시옵소서!

**법흥왕** 이차돈! 내 너의 죽음을 결코 헛되게 만들지 않을 것이다. 네 죽음은 진정 장부가 이룰 만한 위업이니, 너는 만고의 충신으로 길이 빛날 것이다. 이리 가까이 오라. 내 너의 손을 한번 잡고 싶구나.

**이차돈** 왕이시여! 왕이시여!

김씨 왕족의 시조인 김알지 탄생설화가 서려 있는 계림 숲 한가운데 있는 계림 비각. 계림은 김씨 왕족에게 신성한 공간으로 숭앙되었다.

경주공업고등학교 운동장에서 발견된 흥륜사 주춧돌과 석등의 배석 기단 그리고 근처에 복원되어 있는 지금의 흥륜사(왼쪽 위부터). 거대한 주춧돌이 옛 흥륜사의 규모를 짐작케 해준다.

1965년 경주공업고등학교(경상북도 경주시 사정동)에서 운동장 공사를 하던 중 거대한 주춧돌들이 모습을 드러냈다. 주춧돌의 크기나 형태가 황룡사黃龍寺 터에서 발굴된 것들과 비슷해 학자들은 이곳에 거대한 건물이 서 있었을 것이라 추정한다. 주춧돌과 함께 발견된 한 유물은 이곳이 절터였음을 말해준다. 연꽃 문양이 조각된 이것은 흔히 절 앞에 세우는 석등의 배석 기단이다. 단순히 유물이 많이 나온 데 그치지 않는다. 이 유적지에서 나온 기와나 주춧돌은 신라 사원에서 나온 유물 중에서 가장 이른 시기의 것으로 밝혀졌다.

조선 초기에 편찬된 지리서 《신증동국여지승람新增東國輿地勝覽》에는 흥륜사가 "경주부의 남쪽 2리에 있다"고 씌어 있다. '경주부의 남쪽 2리' 범위 안에서 대규모 절터는 경주공업고등학교 운동장에서 발견된 절터밖에 없다. 현재 경주시 사정동에 흥륜사가 복원되어 있지만, 흥륜사의 정확한 위치는 아직까지 논란의 대상이다. 정확한 위치가 어디인지는 접어두고, 이차돈이 흥륜사를 창건하려다 목숨을 잃었다는 사실에는 이론의 여지가 없다. 목숨을 걸고 절을 지으려 했던 이차돈은 승려였을까? 아니면 다른 어떤 신분이었을까?

삼국 시대 고승들의 행적을 모아 기록한 《해동고승전海東高僧傳》에는 이런 기록이 나온다. "내사사인內史舍人 박염촉朴厭觸은 이차돈異次頓 혹은 거차돈居次頓이라 불렸는데 나이가 26세였다." 성은 박이요 이름은 이차돈, 그는 내사사인이라는 직책을 맡고 있었다. 《삼국유사》의 기록도 이와 비슷하다. 이차돈의 성은 박이요, 또다른 이름은 염촉이며, 사인舍人이라는 직책을 맡은 스물두 살의 젊은 관리였다는 것이다. 내사사인 또는 사인이란 왕을 곁에서 보좌하는 관직이다. 《삼국유사》에는 내양자內養者라는 표현도 있는데, 이 역시 "안에서 봉양한다", 즉 가까운 곳에서 왕을 모신다는 뜻이다. 또한 《삼국사기》는 가까울 근近자를 써서 이차돈을 근신近臣이라고 표현한다.

《삼국유사》는 또한 이차돈의 조부가 습보갈문왕習寶葛文王이라고 밝히고 있다. 습보갈문왕은 김씨족이며, 이 기록대로라면 이차돈과 법흥왕은 당숙 사이다. 또한 이차돈이 걸해대왕乞解大王의 후손이라는 기록도 있는데, 걸해대왕은 석탈해昔脫解의 6세손이다. 그렇다면 이차돈은 부계 쪽으로는 석씨 왕족과 연관이 있을 가능성이 크고, 아버지가 밝혀져 있지 않은 또다른 계보 쪽으로는 어머니를 통해 김씨 집단과 관련이 있을 가능성이 크다. 요컨대 이차돈을 김씨 왕족의 구성원이라고 보기는 힘들지만, 어떤 식으로든 김씨 왕족과 혈연이 있는 친척이었을 것이다. 요컨대 이차돈은 관직이 높지는 않았으나 곁에서 법흥왕을 모시는 신하이자 친족이었다.

그런 법흥왕과 이차돈은 왜 죽이고 죽는 관계에 놓여야 했을까? 《삼국유사》와 《해동고승전》에 따르면 순교사건이 일어나기 직전, 이차돈과 법흥왕은 밀담을 나눴다. 이차돈은 종교적 신념에 따라 죽음을 택했다기보다는, 자신이 믿고 따르며 충성을 바친 주인이라고 할 수 있는 법흥왕을 위해 스스로 목숨을 바쳤다. 《해동고승전》에는 법흥왕이 이차돈을 충신이라 표현한 부분이 나온다. 법흥왕은 밀담이 끝난 후 이차돈의 결단을 장부의 위업이라며 치하했다. 이차돈의 순교는 법흥왕과 이차돈이 사전에 치밀하게 계획한 사건이었다.

## 귀족들의 나라에서 왕의 나라로

법흥왕이 잠을 못 이루고 고민했던 것이 다만 절을 짓지 못한 이유 때문일까? 절을 지으려는 뜻을 이루지 못한 법흥왕의 고민은 더욱 깊은 데 놓여 있었다.

경주 반월성 서쪽, 이곳에는 거대한 고분들이 즐비하게 늘어서 있다. 대릉원(大陵苑, 경상북도 경주시 황남동)이라 불리는 이 고분군에는 미추왕味鄒王에서 법흥왕의 아버지인 지증왕智證王까지, 200년 동안 조성된 신라 김씨 왕족들의 무덤이 있다. 황남대총皇南大塚을 비롯해 발굴이 이루어진 몇몇 고분에서는 순장旬葬의 흔적과 함께 김씨 왕족이 누렸을 권력과 영화를 짐작하기 충분한 화려한 금제장신구들이 나왔다. 그런데 대릉원에 묻힌 김씨 왕은 모두 여섯 명이다. 요컨대 이 일대에 있는 수십 기의 고분들 가운데 왕릉은 여섯 기뿐이다. 왕릉이 다른 무덤들 속에 섞여 있다니, 이상하지 않은가?

경주 시내를 달리다 보면 또 하나의 거대한 고분군, 바로 금척리 고분군(경상북도 경주시 건천읍)과 만날 수 있다. 52기의 고분이 그것이다. 대형 고분이 밀집해 있을 뿐 아니라, 고분 크기도 높이가 10미터, 둘레가 40~50미터를 넘어서 대릉원의 고분들과 견줄 만하다. 이 거대한 고분군

신라 시대의 왕·왕비·귀족 등의 무덤 23기가 모여 있는 대릉원의 총 면적은 137만m²가 넘는다. 대릉원이란 이름은 "미추왕을 대릉(大陵. 竹長陵)에 장사지냈다"는 《삼국사기》의 기록에서 딴 것이다.

의 주인들은 누구일까? 1952년 도로 공사를 하던 중 길가에 있는 작은 무덤의 내부가 드러났다. 무덤을 쌓는 형식은 대릉원과 같은 돌무지덧널무덤이다. 또한 무덤에서 출토된 장신구들에는 금과 은이 씌워 있었다.

　학자들은 금척리 고분군을 신라 6부의 하나인 모량부牟梁部 귀족들의 무덤이라고 추정한다. 무덤의 규모 면에서나 부장품의 질과 양을 봐도 대릉원과 별 차이가 없다. 경주 중심부에 자리한 세력들과 거의 대등한 세력을 유지하고 있었던 것이다. 왕이 마립간麻立干으로 일컬어지던 19대 눌지왕訥祗王부터 22대 지증왕까지 신라에는 6부가 있었다. 대릉원이 조성되던 시기 6부 세력은 여전히 독자 기반을 확보하고 있었던 것이다. 6부 각각의 명칭은 시기에 따라 조금씩 달라지는데, 이를테면 점량부漸梁部의 다른 이름이 모량부다. 신라 6부는 과연 어떤 세력이었을까?

　경상북도 포항시 북구에 위치한 조그만 옥수수밭에서 신라 초기의 정치 상황을 알 수 있는 귀중한 비석이 발굴되었다. 비문을 살펴보니 지

금척리 고분군(사적 43호). 면적 12만 7406㎡. 경부고속도로 북쪽에 있다.

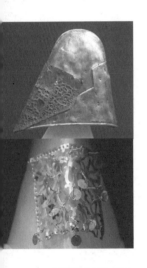

금척리 고분군 출토 금제관모. 이곳에 묻힌 신라 귀족들의 권력이 왕권 못지않았음을 보여준다.

금까지 발견된 신라 비석 가운데 가장 오래된 것으로, 503년경에 기록된 것이다. 영일 냉수리비(迎日冷水里碑, 경상북도 포항시 북구 신광면 냉수리)라 불리는 이 비석은 이 지역에서 일어난 재산 분쟁을 해결하기 위해 지증왕과 6부 귀족들이 모여 회의한 내용을 기록한 것이다. 그런데 비문 중 눈에 띄는 글귀가 있다. 칠왕七王, 즉 일곱 명의 왕이라는 글귀다. 일곱 명의 왕은 누구일까? 칠왕은 지증왕을 비롯해 회의에 참석한 일곱 명의 귀족을 가리킨다. 6부 대표로 참석한 그들을 모두 왕이라 부른 것이다.

왕이라고 하는 말이 절대 권력을 지닌 최고위층 한 사람을 가리키는 개념으로 쓰이지 않고 일정 세력 이상의 지배자를 가리키는 보통명사로 쓰인 셈이다. 비문에 따르면 칠왕은 회의를 마친 뒤 소를 잡아 제를 지냈다. 이 또한 왕권이 미약했다는 증거다. 6부 대표가 회의를 통해 결정한 사항을 반드시 지키도록 하는 제도적 장치가 바로 소를 제물로 삼아 하늘에

제사 지내는 의식이었다. 국왕이 절대 권력을 가지지 못했을 때, 회의에
서 결정한 사항을 지키도록 통제하는 장치인 셈이다.

당시 6부는 각각 별개의 관직 체계와 지배 구조뿐 아니라 군사력도
각각 갖추고 있었다. 신라를 움직이던 6부는 물론, 신라의 왕王도 경주에
모여 있었으니 결국 경주는 여섯 개의 지배 집단이 사실상 분할 통치하
고 있었다고 해도 지나친 말이 아니다. 물론 왕이 있었지만 그 권위는
힘을 갖지 못했다. 국왕의 간섭을 받지 않고 각자의 영역을 다스리는 여
섯 집단의 연맹이 신라라는 국가를 이루었다. 6부 연맹체 사회였던 신라
에서는, 왕이라 하더라도 6부 귀족의 동의가 없으면 중요한 결정을 내릴
수 없었다.

왜 대릉원 고분군의 왕릉은 다른 무덤들 속에 뒤섞여 있는지, 이제 이
의문에 대한 대답이 나왔다. 법흥왕이 왜 잠을 못 이루었는지, 그 까닭도
이제 분명해졌다. 여러 지배 집단들이 연합하여 권력을 나누고 있었고,
왕은 그런 지배 집단들 가운데 상대적으로 유력한 지배자였을 뿐이며,

신라 건국 이전 진한辰韓 시대에 있던 6촌을, 서기 32년(유리왕 9년)에 6부로 고쳐 그 이름도 바꾸고 각 부에 성씨를 하사하였다. 이때 정한 6부는 알천양산촌閼川楊山村을 양부梁部로, 돌산고허촌突山高墟村을 사량부沙梁部로 취산진지촌觜山珍支村을 본피부本彼部로, 무산대수촌茂山大樹村을 모량부牟梁部(점량부라고도 함)로, 금산가리촌金山加利村을 한기부漢祇部로, 명활산고야촌明活山高耶村을 습비부習比部로 고쳤다.

이에 따라 왕의 무덤이 다른 집단 수장들의 무덤 사이에 있게 된 것이다. 이러니 아무리 왕이라고 해도 귀족들의 동의를 얻지 못하면 중요한 결정을 내리거나 새로운 정책을 추진할 수 없었다.

법흥왕이 즉위한 지 11년째인 524년에 울진 봉평에 비석이 세워졌다. 당시 봉평 지역에서 일어난 화재 사건을 처리하기 위해 열린 6부 대표회의의 내용을 기록한 비석이다. 비문을 보면 '노인법奴人法', '전시왕대교법前時王大敎法' 등 이전에는 볼 수 없었던 법령 관련 표현이 나온다. '전시왕대교법'이란 "이전에 왕이 크게 법을 교시했다(정하여 반포했다)"는 뜻으로, 법흥왕이 520년에 율령을 반포했음을 뒷받침해주는 구체적인 증거다. 법흥왕은 즉위 초부터 중앙집권체제를 정비하여 왕권을 강화하려는 시도를 해왔다. 그 시도의 본보기가 바로 병부 설치와 율령 반포다.

그러나 울진 봉평비(蔚珍鳳坪碑, 경북 울진군 죽변면 봉평2리)는 새로운 법령이 만들어지긴 했어도 6부 체제가 여전히 견고하게 유지된 사실도 보여준다. 6부 회의에 참석한 법흥왕이 모즉지매금왕牟卽智寐錦王이란

사량부          모량부

이름으로 6부의 하나인 탁부喙部 소속으로 기록되어 있는 것이다. 봉평비가 세워진 524년은 이차돈 순교사건이 일어나기 3년 전으로, 순교사건이 일어나기 전까지 왕권은 6부 귀족들의 권력을 넘어서지 못했다. 율령까지 반포했지만 제대로 된 왕 노릇을 못하던 법흥왕. 그런 현실을 뒤집어버릴 방법을 찾다가 이차돈과 함께 불교 공인을 위한 순교라는 모양새를 갖춘 이차돈의 죽음을 계획했던 것이다.

## 왕은 곧 부처

법흥왕은 왜 불교라는 새로운 종교를 이렇게까지 적극 수용하려 했을까? 당시 신라 지배계층의 의식세계에서 대답의 실마리를 찾을 수 있다. 《삼국유사》에 따르면 경주에는 칠처가람지처七處伽藍之處가 있었다. 명실상부 불교 왕국이 된 신라가 일곱 군데의 성스런 땅에 절을 지었는데, 이차돈이 흥륜사를 지으려 했던 천경림天境林도 그 중 하나다. 6부 지배 집단은 각각 자신들만의 성지에서 하늘에 제사를 지냈다. 그들은 자신들이 하늘의 자손이라는 천신天神 신앙을 갖고 있었던 것이다. 중앙집권과 절대 권력을 추구하는 왕으로서는 지배 집단의 천신 신앙이 달가울 리 없다. 그렇다면 천신 신앙을 누를 새로운 이념, 새로운 종교가 필요하다.

그렇다면 왜 하필 불교였을까? 중국 산시성山西省 다퉁시大同市 서쪽,

중국 최대의 석굴 사원 유적인 원강 석굴雲崗石窟이 있는 곳이다. 11킬로미터에 이르는 암벽에 40여 개의 석굴을 파서 불상을 세우고 사원을 조성했는데, 이 석굴이 가장 융성하던 때가 바로 5세기 북위北魏 시대였다. 북위 불교의 특징은 왕즉불王卽佛 사상, '왕이 곧 부처'라는 사고다. 북위에서 불교는 왕권을 뒷받침해주는 이념이었던 것이다. 그런데 바로 5세기 중엽 신라에 고구려를 거쳐 북위의 불교가 전해졌다.

다퉁에서 남쪽으로 70킬로미터 떨어진 곳에 서 있는 불궁사佛宮寺. 이 절의 목조 석가탑釋伽塔은 세계에서 가장 오래되고 가장 높은 목조불탑으로 유명하다. 1056년 요遼가 세운 높이 67미터, 지름 30미터의 이 거대한 팔각형 목조불탑 안에는 불상이 서 있다. 그런데 불상이 실제 사람의 얼굴을 하고 있다. 불상을 조성할 때 황제의 얼굴이나 황제의 키에 맞게 조성하고, 승려들도 황제를 현세의 부처로 간주함으로써 불교의 입지를 강화하려 한 의도가 엿보인다. 즉

울진 봉평비(국보 242호). 524년(법흥왕 11년)에 세워졌다. 높이 204cm. 사각형의 기둥 모양으로 1면에 10행, 398자의 글자가 새겨져 있으며 각 행당 글자수는 일정하지 않다.
비를 세운 목적은 거벌모라居伐牟羅 주민의 어떤 잘못에 대한 처벌과 재발 방지를 위한 경계에 있다. 법흥왕 대의 율령 반포 사실에 대한 확고한 증거라는 점에서 매우 중요하다.

중국 산시성에 있는 불궁사 목조불탑 안의 사방불. 살아 있는 사람의 얼굴과 같은 모습이다.

황제와 부처를 거의 동일시하는 관념이다.

법흥왕 재위 시기에 중국에서 불교가 융성했던 나라는 북위 외에도 양梁이 있다. 법흥왕이 즉위한 이래 신라는 백제 사신과 함께 중국의 양과 교류를 시작했다. 강남 지방에 세워진 여섯 왕조, 즉 육조六朝 가운데 하나인 양의 수도였던 난징에서는 지금도 당시의 흔적과 쉽게 만날 수 있다. 이를테면 난징에 묻힌 양 무제武帝는 강력한 불교 장려 정책을 펼치면서 불교 문화를 꽃피우게 했고, 이에 따라 황제보살이라고 불리기까지 했다.

521년 양 무제는 동태사同泰寺라는 거대한 절을 짓기 시작했는데, 그것이 바로 현재 난징의 명물인 지밍사鷄鳴寺다. 동태사가 완공되자 양 무제는 머리를 깎고 절에서 허드렛일을 하며 수행을 했고 불경을 강의하기도 했다. 황제는 불교를 통해 이상 사회를 구현하려 했고, 백성들은 그의 통치 기간에 평화를 누렸다. 당시 동아시아 세계 질서의 사상적인 중심은 불교였고, 법흥왕으로서는 불교를 수용함으로써 한반도 동남부의 작은 지역을 차지하고 있는 형편에서 벗어나 드넓은 동아시아 세계 질서에 문화·사상·정치적으로 참여하고 싶었을 것이다.

불교 공인을 추진하기 위해 이차돈과 법흥왕은 6부 귀족 세력의 천신 신앙이 뿌리를 내린 성지 천경림에 절을 짓기로 한다. 말 그대로 6부 귀족 세력에 대한 정면 도전이었다. 왕권 강화를 꾸준히 추진해왔던 법흥왕에게는 불교라는 새로운 이념이 필요했고, 이차돈 순교사건은 왕권 강화를 위한 마지막 승부수였다. 천경림이라는 이름 자체가 하늘 천天자에 거울 경境자를 쓰고 있지 않은가. 법흥왕은 천신의 성지에 외래 신神인 부처를 모시는 사찰을 건립함으로써 천신을, 바꿔 말해서 천신을 숭배하는 귀족 세력을 견제하고 억누르고자 했던 것이다.

권력 기반을 강화하기 위해 종교의 힘을 빌리는 것은 세계 역사에서 흔히 볼 수 있는 일이다. 로마 황제 콘스탄티누스 1세Constantinus I 는 태양신을 숭배하는 미트라교Mithraism 신자였다. 이전까지 로마의 종교는 태양신을 비롯한 여러 신을 숭배하는 다신교였다. 그러나 태양신을 믿던 콘스탄티누스 대제가 어느 날 기독교로 개종하고, 313년에는 밀라노 칙령을 발표했다. 기독교를 공인하는 밀라노 칙령이 발표되면서 250년 동안 계속된 로마 제국의 기독교 박해는 종지부를 찍었다.

최초로 기독교를 인정한 로마 황제 콘스탄티누스 1세.

이에 관해서 전쟁 중이던 콘스탄티누스 황제가 막사에서 잠들었을 때 꿈속에서 야훼의 계시를 받고 기독교로 개종을 하게 되었다는 이야기가 전해진다. 그러나 콘스탄티누스 대제가 정말로 꿈속 계시 때문에 기독교를 공인하는 중대한 결단을 내렸을까? 그가 황제로 등극했을 때 로마는 4인 공동 황제 체제였다. 콘스탄티누스가 나머지 세 황제를 제거하고 로마의 유일한 황제가 되기 위해서는 수많은 기독교도인들의 지지가 필요했다. 그는 자신의 권력 기반을 튼튼히

## 율령 반포의 의미

율령이란 요즘 식으로 쉽게 말하면 법률이다. 율령 반포는 고대국가 체제가 확립되었다는 증거들 가운데 중요한 하나다. 율령은 어떤 성격을 띠는가?

첫째, 율령은 불편부당해야 한다. 즉 법률이 효력을 미치는 지역 안에서는 누구에게나 예외 없이 적용되어야 한다. 둘째, 율령은 그것이 실제로 효력을 발휘할 때 의미가 있다. 율령의 내용을 실현할 수 있을 때 비로소 율령은 온전해진다. 셋째, 한 국가의 율령은 그 국가가 독립적이고 자주적으로 다스려질 때 온전하게 작용된다.

신라가 진흥왕 대에 본격 대외 팽창에 나선 것도 따지고 보면 율령이 반포되어 국가 통치질서가 확립되었기 때문이다. 법흥왕이 국내 정치를 굳건하게 다졌기 때문에 신라의 국운이 흥성했던 것이다.

법흥왕 때 세운 울진 봉평비에는 예속민들에 관한 율령인 노인법이, 진흥왕 때 세운 단양 적성비에는 전사법佃舍法, 진평왕 때 세운 남산 신성비에는 작절여법作節如法이 언급되어 있다. 각각의 법이 어떤 내용이었는지 낱낱이 알기는 힘들지만, 법흥왕, 진흥왕, 진평왕 시대 신라가 율령의 반포 및 정비에 공을 들였음은 짐작할 수 있다.

이미 언급한 율령의 성격을 다시 생각해보면, 율령은 그 불편부당성으로 인해 귀족 세력을 견제할 장치이자 왕이 개별 백성들을 직접 지배할 근거가 된다. 또한 율령은 그것이 실효성을 지닐 때 의미가 있다는 점에서, 중앙의 왕권이 율령을 강제할 수 있을 정도로 강해졌음을 보여준다. 그리고 제 나름의 율령을 정한 신라가 자주성을 키웠음을 뜻한다. 법흥왕이 536년 신라 최초로 건원建元이라는 연호를 사용한 것이 그 증거다.

다지기 위해 기독교라는 종교를 끌어안았던 것이다. 요컨대 기독교 공인은 고도의 정치 행위라고 해도 지나친 말이 아니다.

어디 종교뿐이겠는가. 특정 세력 혹은 지배 집단이 특정 사상을 수용하고 보호, 장려하는 일은 그 세력 혹은 지배 집단의 권력 기반과 정당성을 강화하려는 차원에서 일어나는 경우가 많다. 이를테면 일본 도쿠가와 바쿠후德川幕府가 주자학朱子學을 끌어안은 것도 이른바 '상하정분上下定分의 리理', 즉 바쿠후의 우두머리를 정점으로 한 상하 위계질서를 유지하고 강화하는 논리로 주자학을 이용할 수 있다고 판단했기 때문이다.


## 개혁을 향한 발돋움

다시 이차돈의 죽음에 관한 이야기다. 이차돈이 왕명을 거짓으로 꾸민 죄로 죽임을 당하는 것과 귀족 세력을 제압하는 것과 무슨 관계가 있을까? 백률사 석당기가 전하는 이차돈 처형 직전의 상황에 따르면, (법흥왕과 이차돈의 예상대로) 신하들이 모여들었고 법흥왕과 신하들 사이에 이런 대화가 오갔다.

"그대들은 고의로 몰려와 감히 반역을 꾀하는가?"

"신들은 절대로 반역할 뜻이 없습니다."

거세게 항의하러 모여들었던 신하들, 법흥왕과 팽팽하게 맞섰던 귀족들의 태도가 왜 갑자기 돌변한 것일까? 이미 이차돈과 법흥왕은 귀족들의 반발을 예상하고 있었고, 사전에 계획한 대로 이차돈은 왕 앞에 끌려왔다. 이차돈을 꾸짖으며 처형을 명하는 법흥왕의 시퍼런 서슬에 신하들은 크게 놀랐을 것이고, 이차돈은 법흥왕과 미리 약속한 대로 순순히 죽음을 받아들였다. 이차돈의 목이 달아나는 것을 바로 앞에서 지켜보는 신하들의 마음은 어땠을까? 측근까지도 가차없이 처형했으니 하물며 다른 사람들이야! '너희 귀족들도 내 명을 듣지 않으면 가만히 둘 수 없다'는 법흥왕의 굳은 의지를 온 몸으로 느꼈을 것이다.

**법흥왕** 내 이미 율령을 반포하여 나라의 기강을 세우고자 했으니, 왕명을 거짓으로 꾸민 이차돈의 죄는 참형으로 다스리지 않을 수 없다. 율령은 지키기 위해 만든 것이다. 어서 이 자리에서 내 명을 시행하라! 병사들은 어디 있느냐? (칼과 도끼를 든 병사 수십 명이 득달같이 나타나 이차돈의 목을 내리쳤다. 이차돈의 목에서 선연하게 치솟는 붉은 피. 귀족들은 두려워 벌벌 떤다.)

**귀족들** …….

**법흥왕** 이제 되었느냐? 율령의 엄정함을 이제 알겠느냐? 왕의 존엄함을 정녕 너희가 알겠느냐? 내가 절을 지으라는 명을 정말 내렸는지 잘 알지도 못하면서 나를 능멸한 너희들을 내 어떻게 해야 할까?

**귀족들** …….

**법흥왕** 너희는 반역하려는 마음을 먹은 것이 아니더냐? 반역은 어떤 벌로 다스려야 하는지 너희도 잘 알고 있겠지? 왕명을 거짓 꾸민 죄가 반역죄보다 더 크더냐?

**귀족들** 왕이시여! 저희는 왕을 능멸하고 반역하려는 뜻을 품은 게 아니라 다만…….

**법흥왕** 다만 무엇이더냐? 너희들이 작당하여 나를 몰아내려던 것이냐? 마침 병사들이 와 있으니 잘 되었다. 이 자리에서 너희들을 벌할 수 있겠구나.

**귀족들** (일제히 엎드려 고개를 푹 수그린 채 외친다.) 왕이시여! 왕의 존엄과 율령의 엄정함을 성심을 다해 높이 받들겠사옵니다!

**법흥왕** 너희가 죽음이 두려워 거짓으로 다짐하는구나.

**귀족들** 왕이시여! 절대 그렇지 않사옵니다.

　귀족들이 보는 앞에서 왕명을 거짓으로 꾸몄다는 죄로 이차돈은 죽음을 당했다. 그 이전인 520년에 반포된 율령에 따라, 왕명을 거짓으로 꾸민 죄를 참형으로 다스린 것이다. 법흥왕에게 달려와 왕을 쫓아낼 요량으로 거세게 항의한 귀족들은, 왕명을 거짓 꾸민 죄보다 훨씬 더 큰 반역죄를 저지른 셈이었다. 법흥왕은 그런 귀족들에게 반역죄를 물어 처형하려 하자, 귀족들은 목숨을 부지하기 위해 법흥왕 앞에 무릎을 꿇고, 앞으로는 왕의 뜻을 거스르지 않겠다는 맹세를 해야 했다.

　이차돈의 죽음 직후 흰 우유가 솟고 꽃비가 내리는 기적은 없었다. 그러나 어떤 의미에서는 그런 기적 못지않은 기적, 법흥왕이 일거에 정국의 주도권을 장악하여 귀족 세력을 제압하는 기적이 일어났다. 이차돈의 순교는 고도로 기획된 정치 행위였다. 물론 의문은 남는다. 법흥왕이야 왕권 강화라는 분명한 목적이 있었지만 이차돈은 왜 아까운 목숨까지 버려가면서 법흥왕을 도왔을까? 이차돈이 일종의 신진 개혁세력이었을 것이라 추정하기도 하고, 이차돈이 법흥왕에게 철저히 이용당한 정치 희생양에 불과하다는 주장도 있다.

　이런 의문을 명쾌하게 풀기는 어렵지만, 분명한 것은 이차돈 순교사건이 법흥왕 즉위 후 꾸준히 추진해오던 일련의 개혁 속에서 이루어졌고, 그 개혁을 성공시키는 데 결정적인 역할을 했다는 점이다. 경주 남산, 부처 바위가 경주 시내를 한눈에 내려다보고 있다. 부처, 즉 신라의 왕이 경주를 굽어 살피는 모양인 셈이다. 이차돈 순교 직후 법흥왕은 불교를 공인했다. 6부 귀족의 저항으로 100년 가까이 뿌리내리지 못했던 불교가 드디어 신라의 종교가 된 것이다.

　불교 공인 이후 신라는 빠르게 변화한다. 가장 변화가 더디다는 의식

세계조차 이전과는 크게 달라졌다. 1968년 경주시 장산에서 작은 돌방무덤이 발굴되었다(토우총). 대릉원 무덤이 평지에 조성된 대형 고분이라면, 불교 공인 이후 무덤은 평지가 아닌 산으로 올라갔고 규모도 크게 작아졌다. 현세의 부귀가 내세로 이어진다는 천신 사상이 사라지면서 장례 문화가 소박해졌다. 화려한 장신구 대신 흙으로 빚은 인형과 소박한

경주 남산의 부처바위. 경주 어디에서 보아도 볼 수 있는 남산, 그곳에서 경주를 굽어 살피는 부처의 모습은 왕의 존재와 같은 현존감을 주었을 것이다.

토기가 부장품의 주를 이루게 된 것이다. 법흥왕을 중심으로 이루어진 정치·사회 개혁과 종교 개혁의 분위기와 맞물려 화려한 부장품과 돌무지 덧널무덤은 급속히 사라져갔다.

이차돈 순교 후 법흥왕은 왕권 강화 정책을 일사천리로 추진했다. 불교를 공인한 다음 해에는 살생을 금지했고, 3년 후에는 귀족들을 대표하는 벼슬로 화백회의의 의장인 상대등上大等을 두었다. 상대등이라는 벼슬이 생기면서 국정 운영방식도 바뀌었다. 이전에는 왕이 여러 귀족들의 대표자 구실을 했지만, 이제 상대등이 그런 구실을 하고 왕은 귀족들보다 상위에 있는 존재가 되었다. 이제 귀족들은 왕과 어깨를 나란히 할 수 없었다. 6부 집단 지도 체제가 막을 내리고 국왕 중심의 지배 체제가 확립되는 제도적 기반이 마련된 것이다.

신라의 변화는 부산 복천동에 자리한 금관가야의 고분에서도 확인할수 있다. 중앙집권 체제가 강화되면서 신라의 국력이 빠르게 성장하고 있던 반면, 6세기 초 금관가야는 쇠락의 길로 들어서고 있었다. 이 시기

굴식 돌방무덤인 장산 토우총은 판 모양으로 깬 돌로 널방을 만들고 한쪽으로 출입구를 만든 뒤 봉토를 씌운 형식의 묘다. 소박한 돌방 네 구석에서 순장을 대신한 부장품이 발견되었다.

금관가야 지배층 무덤에서는 뚜껑이 있는 가야 토기와 뚜껑이 없는 신라 토기가 함께 출토된다. 신라의 영향력이 이곳에 미치고 있었다는 증거다. 결국 531년 금관가야는 신라에 투항했다.

이차돈 순교 이후 신라인들은 왕을 어떻게 인식했을까? 울산광역시 울주구 천전리 계곡에 그 해답이 있다. 1500년 전 천전리는 신라인들이 즐겨 찾던 유원지였다. 세로 2미터, 가로 8미터 크기의 거대한 암벽에는 선사 시대에 새겨진 다양한 무늬의 암각화가 가득하고, 그 암각화 아래쪽으로는 신라인들이 새긴 글씨가 남아 있다. 이 글씨가 새겨진 때는 금관가야가 신라에 투항한 지 4년 뒤인 535년으로, 당시 신라인들에게 법흥왕은 그냥 왕이 아니라 성법흥대왕聖法興大王이었다.

왕이 아니라 대왕이라는 것. 불교 공인 이전까지는 대왕이라는 칭호가 나타나지 않았지만, 불교가 공인되고 7~8년이 지난 뒤 드디어 대왕이라는 칭호로 왕의 칭호가 한 단계 높아졌다. 불교 공인을 통해 왕의 위상이 높아졌음을 말해주는 것이다. 불과 10년 전까지만 해도 6부의 대표나 다름없었던 모즉지매금왕이 성법흥대왕이 되었다. 이 엄청난 변화의 중

164

## 신라는 언제 불교를 공인했을까?

신라가 불교를 구체적으로 어떻게 공인했는지 알려주는 기록은 남아 있지 않지만, 이차돈이 순교한 이듬해인 527년에 신라가 불교를 공인했다는 것이 정설이다. 그러나 이상하게도 흥륜사 창건 공사는 이후 8년 동안 중단되었다가 535년에야 다시 천경림을 베면서 시작됐다. 527년에 불교를 공인했다면 8년 동안이나 공사를 중단할 까닭이 있었을까? 이차돈의 순교가 아무리 극적인 사건이었다고 해도, 법흥왕이 귀족 세력의 반발을 단 한순간에 제압하고 불교를 공인할 수 있었을까? 좀더 근본적으로는, 어떤 새로운 신앙 형태나 사상이 한순간의 결단이나 사건으로 수용되지는 않음을 생각해볼 필요가 있다.

법흥왕은 517년에 신라 최초의 관부인 병부兵部를 설치했다. 그리고 520년에는 율령을 반포하고 공복公服의 색을 정했다. 또한 내물왕 시대에 고구려를 통해 전진前秦에 사신을 파견한 이후 140년 만인 521년에 신라는 중국 양나라에 사신을 파견했다. 그리고 531년에 상대등을 설치하여 화백회의 의장으로 삼았다. 귀족 세력의 대표자라고 할 수 있는 상대등 설치는 한편으로는 왕권 강화의 의미가 있지만, 다른 한편으로는 왕권과 귀족 세력 사이의 타협의 산물이라고도 볼 수 있다. 536년에는 건원建元이라는 연호를 처음으로 세웠다.

517년부터 536년에 이르는 시기에 일어난 이 일련의 정치적 사건들은, 법흥왕이 중앙집권적 정치 제도를 마련하고 왕권을 강화해가는 과정을 보여준다. 이차돈 순교사건을 그러한 과정 속에서 파악한다면, 신라가 불교를 공인한 시기를 흥륜사 창건 공사가 재개된 535년으로 보거나, 이차돈 순교사건이 일어난 526년부터 535년에 이르는 기간에 불교가 점차 공인되었다고 보는 편이 더 타당하지 않을까? 또한 법흥왕 시대에 귀족 세력이 왕권에 전적으로 복종하는 명실상부한 전제왕권이 확립된 것이 아니라, 어느 수준에서 왕권과 귀족 세력 사이에 정치적 타협이 이루어졌다고 보는 게 타당하다. 법흥왕 시대 이후에도 귀족들의 권력은 종종 왕권을 무력하게 만들 수 있을 정도로 강했던 게 사실이다.

천전리 각석에 새겨진 '성법흥대왕'이라는 글씨.
율령 반포와 상대등의 설치, 불교의 공인 등으로
법흥왕은 왕의 지위를 초월적인 존재로 확립시
켰다.

심에 이차돈 순교사건이 있었
다. 이차돈의 순교는 불교라는
종교 수용의 의미, 즉 종교사 ·
사상사적 의미도 있지만, 공동
체적인 집단지도 체제가 막을
내리고 왕권 중심의 새로운 체
제가 출발하는 중요한 계기이자
상징적인 사건이기도 했다.

539년 법흥왕이 세상을 떠났
다. 왕이 죽자 신라인들은 애공
사哀公寺 북쪽 기슭에 장사 지냈

다. 신라 사회의 면모를 일신한 성법흥대왕은 작고 소박한 무덤에 누웠다.
그와 함께 신라의 변혁을 꿈꾸었던 이차돈이 목숨을 버린 지 12년 만의
일이다. 《삼국유사》를 쓴 일연은 신라를 상고기上古期, 중고기中古期, 통일
신라기로 구분했다. 상고기는 박혁거세부터 지증왕 때까지로 국가 형성
기에 해당한다. 중고기는 신라가 삼국 통일의 기틀을 쌓은 시기라고 할
수 있는데, 중고기의 출발점이 바로 법흥왕이다.

고구려와 백제가 이미 중앙집권 체제를 구축하고 세력 확장을 하고
있을 때 신라는 6부 연맹체에서 벗어나지 못하고 있었다. 이렇게 삼국 중
가장 뒤쳐져 있던 신라를 한 단계 도약시킨 이가 법흥왕이었고, 그 도약
의 중요한 계기가 바로 이차돈 순교사건, 아니 이차돈과 법흥왕의 약속
이었다. 법흥왕이 이룩한 중앙집권 체제와 왕권 강화를 기반으로 신라는
전성기인 진흥왕 시대를 열 수 있었고, 이는 삼국 통일의 대업으로 이어
지게 된다.

# 07 진흥왕의 선택,
   천년을 삼키다

임금이 두루 살피며 돌아다닌 곳을 기념하기
위하여 세운 비석을 뜻하는 순수비.
삼국 통일을 준비한 진흥왕의 비전과 전략을
담은 채 천년 동안 침묵에 묻혀 있던
진흥왕순수비의 비의를 읽어본다.


## 추사, 진흥왕순수비를 만나다

병자년(1816년) 7월이었다. 무더위가 기승을 부리던 한여름의 그날 나는
친구 김경연金敬淵과 함께 삼각산(三角山, 북한산의 본래 이름)을 오르고
있었다. 내 나이 서른한 살, 기력이 쇠한 나이는 아니지만 힘들기 그지없
었다. 쨍쨍 내리쬐는 햇볕에 땀은 비오듯하고 숨이 턱턱 막혔으니, 가끔
씩 불어오는 산바람이 고맙고 또 고마웠다. 이윽고 도착한 비봉碑峰. 비봉
이 왜 비봉인가? 그렇다. 사각형의 화강암 비석이 하나 서 있기 때문이다.
금석학에 빠져 있던 나는 비봉의 비석을 두 눈으로 확인하고 싶었다. 글
귀가 새겨 있다면 과연 어떤 내용일까? 누가, 언제, 왜 세운 것일까?

　물론 비봉의 비석에 관해서는 많은 사람이 이미 잘 알고 있다고 생각
하는 형편이었다. 영조대왕 때인 1751년 이중환이 쓴 《택리지擇里志》에
는 이렇게 씌어 있다.

　조선이 고려 왕조에서 나라를 물려받은 뒤 중 무학無學을 시켜 도읍을

북한산 비봉. 맑은 날에는 멀리 서해까지 내다보이는 이곳에 진흥왕은 새로이 얻은 한강 유역을 돌아본 기념으로 순수비를 세웠다.

북한산 진흥왕순수비. 일부분 손상되고 글씨가 많이 닳아 없어졌지만 천년을 버텨 오늘에 이르렀다(국립중앙박물관 소장).

정하게 했다. 무학이 백운대에서 맥을 따라 만경대에 이르고, 다시 서남쪽으로 비봉에 갔다가 비석을 보니 '무학이 맥을 잘못 찾아서 여기에 온다無學誤尋到此'는 뜻의 여섯 글자가 크게 새겨 있었다. 도선道詵이 세운 것이었다. 무학은 결국 길을 바꿔 만경대에서 정남쪽 맥을 따라 바로 백악산(북악산) 밑에 도착하였다. 세 산맥의 맥이 합쳐져서 들판 하나를 이룬 것을 보고 드디어 궁성 터를 정하였다.

많은 사람이 이런 전설에 따라 비봉의 비석을 도선이 세운 것으로 여기거나, 혹은 무학이 세웠다고

진흥왕의 선택, 천년을 삼키다  169

여기는 사람들도 있었다. 그러나 나는 이런 전설을 그대로 믿을 수 없었다. 학문이란 무엇인가? 학문하는 올바른 자세란 무엇인가? 많은 사람들이 믿고 있다고 해서 그것이 진리인가? 아닐 것이다. 옛 책에 기록되어 있다고 해서 그대로 받아들일 것인가? 그렇게 할 수는 없다. 문헌에 기록되어 있는 것, 전해 내려오는 이야기들이 과연 올바른 것인지 실제로 확인해보고 철저히 조사해야 마땅하다. 그렇게 확인하고 조사하여 따져 물은 뒤에 얻은 지식이어야 진리라 할 수 있다. 그 여름날 친구와 함께 비봉에 오른 나의 뜻은 바로 그러하였다.

이끼가 잔뜩 끼어 있는 비석과 마주한 김경연과 나는 땀을 식힐 겨를도 없이, 그러나 매우 조심스럽게 이끼를 걷어내기 시작했다. 오랜 세월 비바람에 시달려온 비석의 상태는 좋지 못했다. 전설대로 도선이 세운 비석이라면 천년 가까운 세월이 흐른 셈이니, 그렇게 서 있다는 것 자체가 범상치 않은 일 아니겠는가. 이끼를 걷어내며 손으로 문지르자 글자 모양 비슷한 것들이 손에 짚이기 시작했다. 그러나 속단은 이르다. 오랜 세월에 걸쳐 마모되면서 글자 모양 비슷하게 돌이 팬 것일 수도 있다.

그러나 이끼를 걷어내고 손으로 짚어보고 눈으로 확인하면서 글자가 새겨져 있음이 분명해졌다. 자연적으로 팬 것이 아니라 사람이 새긴 것이 분명해 보였다. '바로 이거다.' 하는 심정이었다. 가슴이 쿵쾅거리기 시작했다. 가슴 한 귀퉁이에서는 안타까운 심정이 들기도 했다. 글을 아는 수많은 선비들이 왜 지금까지 이 비석의 글귀를 확인할 생각을 하지 않은 것일까? 그토록 많은 선비들이 경서經書를 줄줄 외면서 그 뜻을 새기고 시문詩文을 즐겨 지어왔건만, 이 비석에는 좀처럼 눈길을 주지 않았으니 그들은 과연 참된 학문의 길을 무엇이라 생각한 것인지……

비석의 높이는 154센티미터, 너비는 71센티미터, 두께는 16센티미터였다. 비문은 행마다 30자 이상이 새겨져 모두 12행으로 이루어져 있었

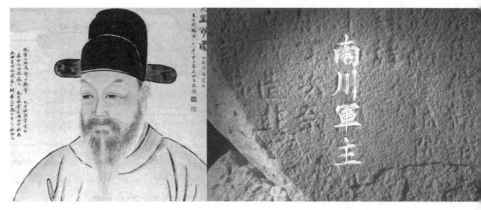

추사 김정희(1786년~1856년). 고증학의 영향을 받은 그의 학문세계는 실사구시 정신에 바탕을 두었다. 북한산 진흥왕순수비의 조성 연대에 관한 중요한 단서 '남천군주'. 김정희는 이를 바탕 삼아 진흥왕이 세운 비석임을 밝혀냈다.

으나, 비석의 윗 부분이 심하게 닳아서 글자를 읽어내기가 힘들었다. 자획이 분명하지 않은 것도 많고, 읽을 수 없는 행도 있었다. 탁본을 해서 꼼꼼히 검토하지 않으면 비석의 정체를 알아내기 힘들다고 판단했다. 그래서 탁본 솜씨가 뛰어난 김경연과 함께 조심스럽게 비석의 글씨를 떠냈다.

탁본을 마치고 서둘러 산을 내려온 나는 그날부터 침식도 잊고 비문을 판독하는 데 힘썼다. 일단 비문의 모양새는 황초령黃草嶺의 진흥왕순수비와 비슷했다. 그러나 모양이 비슷하다고 곧바로 같은 것이라 판정할 수는 없다. 비문을 좀더 자세히 검토하던 내 눈에 '남천군주南川軍主'라는 네 글자가 들어왔다. 순간 나도 모르게 입에서 '아!' 하는 탄성이 흘러나왔다. 남천군주, 이 말은《삼국사기》진흥왕眞興王 29년조에 나오는 말이 아닌가. "진흥왕 29년(568년)에 북한산주北漢山州를 폐하고 남천주를 두었다"라는 대목과 일치한다. 그렇다면 이 비석은 568년 이후에 세운 것이니 신라 시대, 정확히 말하면 진흥왕 시대의 것이다. 나는 황초령의 비석과 마찬가지로 진흥왕이 세운 순수비巡狩碑를 발견한 것이다.

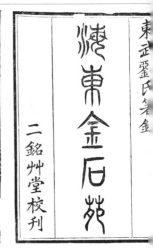

금석문 탁본 97점의 자료를 담은 조인영의 《해동금석존고》 가운데, 진흥왕 순수비에 관한 부분이다.
조인영이 보내준 《해동금석존고》를 바탕으로 유희해가 저술한 《해동금석원》.

　　나는 금석학에 관심이 많은 친구 조인영趙寅永에게 내가 발견한 것을 자세히 말해주었다. 조인영도 크게 놀라며 기뻐해 마지않았다. 당시 조인영은 성절사聖節使로 청나라에 가서 금석학의 대가 유희해劉喜海와 친교를 맺고 돌아와 있었다. 조인영은 조선의 금석학 자료를 유희해에게 주어 연구하게 했고, 귀국한 뒤에도 조선의 금석문 탁본을 모아 보내주겠다고 유희해와 약속했으니, 내가 발견한 비문이 좋은 선물이 될 것이라 생각한 것이다. 나 역시 유희해 정도의 학자라면 내가 발견한 것을 연구하게 해도 좋겠다고 생각했다.

　　조인영과 나는 이듬해인 1817년 6월 삼각산 비봉에 올라 비석을 조사하고 탁본하여 모두 예순여덟 글자를 확인했다. 한 차례의 조사만으로는 부족하다고 판단했기 때문이다. 조인영은 그 탁본을 유희해에게 보내주었고, 유희해는 조인영이 보내준 조선 금석학 자료들을 토대로 《해동금석원海東金石苑》(8권)을 저술했다. 진리 앞에서 학자가 속한 나라가 다르

172

다는 것이 무슨 문제이겠는가. 1200년 세월의 더께가 묻은 채 잊혀져 있던 비석을 발견한 나의 기쁨과 자부심은 말로 다하기 힘들 정도로 컸다. 그래서 나는 비석에 이런 뜻의 글자를 새겨넣었다. "이 신라 진흥대왕 순수비는 병자년(1816년) 7월 김정희와 김경연이 와서 읽었다", "정축년(1817년) 7월에 김정희와 조인영이 함께 와서 읽을 수 있는 예순여덟 글자를 자세하게 판독했다."

치밀하게 조사하고 연구하여 새로운 것을 발견하고 깨닫는 것이 학문의 전부가 아니다. 연구하는 과정과 결과를 정확하게 기록해두어야 비로소 학문이 완성되는 것이다. 그래서 나는 〈두 개의 진흥왕비에 대한 고찰眞興二碑考〉이라는 글을 썼다. 여기에서 두 개의 진흥왕비란 황초령에 있는 순수비와 삼각산에서 내가 확인한 순수비를 말한다. 이렇게 새삼 1816년의 그날을 돌이켜보니 바로 엊그제 일만 같다. 내 마지막 부탁은 이것이다. 잊혀지거나 무시되거나 오해받는 옛것들을 소중히 보듬고 치밀하게 연구하라! 오래된 것에 본래 의미와 가치를 되찾아주어라! 모름지기 새로운 것이란 그렇게 옛것의 제자리를 찾아줄 때 비로소 탄생하는 것이다.


## 한반도 중심에 우뚝 세운 신라의 긍지

서울을 병풍처럼 둘러싸고 있는 북한산국립공원. 도심에서도 가까워 사람들이 즐겨 찾는 친숙한 산이다. 북한산이 없는 서울을 생각할 수 있을까? 서울에 온 많은 외국인은 대도시에서 가까운 곳에, 아니 어떤 의미에서는 대도시 안에 북한산 같은 산이 있다는 사실에 놀라기도 한다. 북한산의 많은 봉우리 가운데 하나인 비봉 역시 뛰어난 전망과 수려한 산세로 많은 사람이 자주 찾는 곳이다.

백운대, 인수봉, 만경대 등 세 개의 주요 봉우리 덕분에 일제강점기 이전까지는 삼각산三角山으로 더 잘 알려져 있던 북한산의 전경.

서울이 한눈에 내려다보이는 비봉 정상에는 사각형의 화강암 비석이 하나 서 있다. 이 비봉의 비석을 진흥왕이 세운 북한산순수비, 추사 김정희가 1816년에 밝혀낸 바로 그 비석으로 알고 있는 사람이 적지 않지만, 지금 서 있는 비석은 그저 그 자리에 진흥왕순수비가 서 있었음을 알려주는 안내비다. 순수비 진품은 국보 3호로 지정해서 국립중앙박물관이 보관하고 있다. 비석 뒷면에는 한국 전쟁 당시 생긴 총탄 자국이 선명한데, 200여 글자 중 현재는 120글자 정도만 알아볼 수 있다. 비석에 새겨진 '진흥태왕眞興太王'이라는 네 글자는 이 비석이 진흥왕순수비라는 확실한 증거다.

순수巡狩가 무엇인가? 본래 중국에서 황제가 천하를 돌아다니며 산천山川에 제사를 지내고 지방의 정치를 시찰하고 민심을 돌보던 대규모 행사다. 나라 안의 백성들에게 황제의 존엄과 위세를 과시하면서 통치 기반을 확고히 다지는 효과도 노렸음은 물론이다. 진시황은 재위 기간에 다섯 차례나 순수에 나섰고, 진흥 왕도 그런 순수 관행을 따라 새로 정복하여 신라 영토로 편입한 지 역을 시찰하고 비석을 세웠다. 경 주 일대의 작은 분지국가에서 출 발한 신라가 한강 유역까지 진출 했으니, 맑은 날 한강 하구는 물 론 멀리 인천 앞바다까지 한눈에 들어오는 북한산에 오른 진흥왕 이 얼마나 감개무량했을 것인가.

창녕 진흥왕척경비(국보 33호). 다른 순수비와 달리 순수관경巡狩管境이라는 제목이 보이지 않아 '새 영토 편입을 기념하여 세운 비'라는 뜻에서 척경비라 부르지만, 임금을 수행한 신하들의 명단이 기록되어 있어 순수비로 분류할 수 있다.

그러나 진흥왕의 순수비가 북 한산에만 세워진 것은 아니다. 아 직도 알려지지 않은 진흥왕순수 비가 더 있을지도 모른다. 몇 개 를 어디에 세웠는지 정확한 기록이 남아 있지 않기 때문이다. 《삼국사 기》에도 "왕이 북한산에 순행하여 영토를 개척하고 강역을 확정했다"는 기록이 나오지만, 비석을 세웠다는 기록은 나오지 않는다. 남한에 있는 진흥왕의 순수비로는 북한산비 외에도 창녕비가 있다. 일제강점기에 소 풍 나온 학생들이 경상남도 창녕 화왕산 골짜기에서 찾아낸 것을 당시 일본인 교장이 자신이 발견한 것으로 주장하여 오늘에 이르고 있다. 그 리고 북한 땅에는 황초령비와 마운령비가 있다. 임진왜란 때 왜군이 세 조각으로 깨뜨려버렸지만 어렵게 제 모습을 찾은 황초령비는 마운령비 와 함께 북한의 함흥력사박물관이 소장하고 있다.

사실 북한산 비봉은 비석을 세우기에는 좁은 입지인 데다가 오르기 도 매우 험한 곳이다. 진흥왕은 왜 이런 곳에 비석을 세웠을까? 한강 유

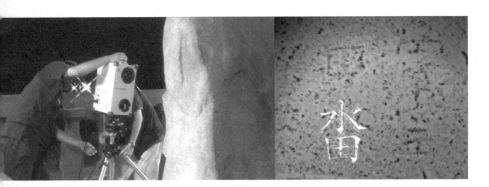

'비접촉 3차원 스캔' 방식으로 창녕비의 마모된 글자를 촬영하는 모습. 창녕비에 나오는 논 답자는 중국이나 일본에서는 사용하지 않는, 우리나라에서 만들어낸 한자다.

역, 즉 한반도의 중심을 차지함으로써 신라는 한반도 동남부 일대에 머물렀던 세력 범위를 크게 넓혔음은 물론, 동북아시아 국제 질서 속에 새로운 강자로 떠오르는 계기를 마련했다. 중국 지역과 안정적으로 교류하게 되었다는 점도 특기할 만하다. 진흥왕 이후의 신라는 더 이상 선진 문물을 가장 늦게 받아들이는 나라도, 고구려, 백제에 종속된 나라도 아니었다. 강성한 신라를 꿈꾸던 진흥왕. 자신이 새로 차지한 영역을 한눈에 바라볼 수 있는 곳에 세운 그의 순수비에는 신라의 자기 주장과 자부심이 그대로 담겨 있다.

그 자기 주장과 자부심의 실제 기반은 무엇일까? 국보 33호로 지정되어 있는 창녕비를 살펴보자. 진흥왕은 561년 가야연맹의 한 세력이었던 창녕을 정복하고 그것을 기념하여 창녕비를 세웠다. 자연석의 표면을 손질하여 글자를 새겼는데 640글자 가운데 180여 글자는 마모되어 알아볼 수가 없다. 사라진 글자를 찾아낼 방법은 없을까? 물체 표면에 레이저 광선을 쏘아 그것의 반사 속도를 컴퓨터가 인식하여 표면 형태를 인식해내는 첨단 기법인 '비접촉 3차원 스캔'으로 판독을 시도해보았다. 그러나 몇몇 애매했던 글자들을 새롭게 확인할 수 있었을 뿐 오랜 세월이 흐르는 동안 워낙 심하게 닳아 없어진 글자들 앞에서는 첨단 방식도 한계를 드러낼 수밖에 없었다.

읽을 수 있는 글자 가운데 눈길을 끈 것은 물 수水와 밭 전田이 합쳐진 논 답畓자다. 창녕비에 새겨진 논 답자는 현재 밝혀진 바로는 우리나라에서 처음 만들어진 글자다. 《삼국유사》에서도 논 답자는 우리가 만든 고유 글자라고 씌어 있다. 중국과 일본의 사전을 찾아보면 논을 수전水田, 두 글자로 표현하고 있다. 요컨대 '물이 있는 밭'이다. 진흥왕 시대 신라인들은 왜 따로이 논 답자를 만들어냈을까? 울산의 옥현 유적에서 실마리를 찾을 수 있다. 옥현 유적지는 청동기 시대부터 삼국 시대를 거쳐 조선까지, 다양한 시대에 걸친 논 유적이 토층별로 발견되어 시대에 따라 논의 규모가 어떻게 변해왔는지 잘 보여주는 곳이다.

우선 청동기 시대의 논은 면적이 매우 좁고, 주변 지역은 개간이 덜 된 황무지 상태로 방치되어 있다. 이에 비해 삼국 시대에는 주변의 개간도 완료되고 논의 단위 면적도 매우 넓어졌다. 논농사가 청동기 시대에 비해 월등히 발달한 것이다. 삼국 시대에 논농사가 비약적으로 발달한 배경은 무엇일까? 다름 아닌 우경牛耕, 즉 소를 농사에 이용한 새로운 기술의 도입이다. 신라 시대 여러 논 유적지에서 발굴된 철제 농기구 유물은 이 시기에 소를 이용한 경작이 이루어졌음을 증명해준다. 《삼국사기》에 따르면 지증왕 시대, 즉 진흥왕보다 약간 앞선 시기에 이미 우경이 보급되었고, 옥현 유적에서 실제로 소의 발자국 흔적이 나왔으니 이보다 확실한 증거도 없다.

삼국 시대 논농사의 발달을 보여주는 또다른 유적으로 경북 영천의 청제비菁堤碑가 있다. 비석에는 진흥왕 바로 앞 시대인 법흥왕 때 청제菁堤라는 저수지를 만들었다는 기록이 나온다. 이 시기 신라에서는 대규모 수리 시설이 필요할 정도로 논농사가 발달했던 것이다. 논농사의 발달은

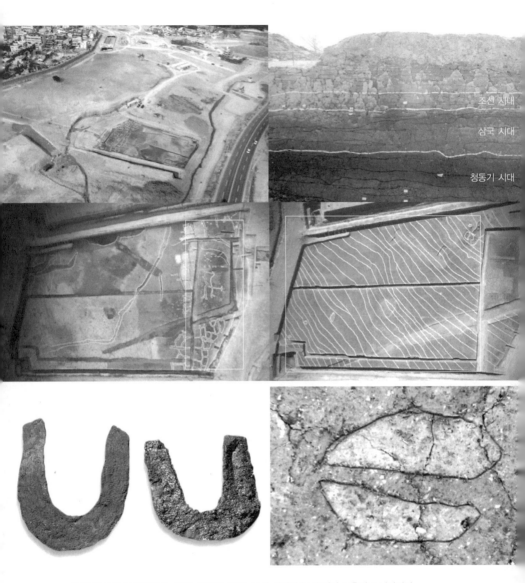

발굴 당시 울산 옥현의 논 유적. 청동기, 삼국, 조선 시대의 논 유적이 토층별로 나타난다.
청동기 시대와 삼국 시대의 논 비교. 삼국 시대 논의 면적이 확실히 더 넓다.
6세기경의 보습(경상남도 창녕 교동 출토)과 삼국 시대 소 발자국 흔적. 소를 이용한 경작을 통해 신라의 경제력은 급속히 신장되었다.

신라의 경제력을 든든하게 뒷받침했을 것
이다. 창녕비에 새겨진 논 답자, 논농사에
바탕을 둔 경제력을 바탕으로 진흥왕은 영
토 확장을 추진했던 것이다.

자료 제공 서울대학교 박물관

### "나는 두 얼굴의 군주도 마다하지 않았다"

554년 옥천의 관산성管山城에서 우리 신라
가 백제와 벌인 전투를 아는가? 옥천은 백
제의 부여와 공주로 가는 길목에 자리한 요
충지다. 전투는 사뭇 치열했다. 결과는 신
라의 대승이었다. 백제군 3만 명이 전사했
다. 백제의 성왕마저 전사했다. 군사력에서
앞서 있던 백제에게 우리 신라가 가한 일대
타격이었다.

황초령 진흥왕순수비(탁본). 진흥
왕순수비 가운데 제일 먼저 발견
되었다. 높이 92.4cm, 너비
45cm, 두께 20cm.

고백하건대 관산성싸움은 한강 하류 유
역에 대한 내 집착에서 비롯되었다. 신라와
백제는 고구려의 남하를 막기 위해 100여
년간 동맹을 맺어온 우방국이었다. 551년
에는 고구려가 차지하고 있던 한강 유역을
함께 차지하기까지 했다. 그러나 나는 한 세기에 걸친 동맹을 깨뜨리고
백제가 차지하고 있던 한강 하류 유역을 독식해버렸다. 성왕이 나에게,
백제가 신라에게 느꼈을 배신감의 크기는 짐작하고도 남는다.

나라와 나라 사이의 신뢰가 중요하다는 것을 내 어찌 모르겠는가? 그

러나 신뢰라는 것도 어디까지나 국익에 도움이 될 때만 의미가 있다. 어제의 친구가 오늘의 적이 되거나 그 반대가 되는 경우가 숱하다. 그래서 나는 연합군을 결성하여 고구려를 함께 치자는 백제의 제안을 거절했다. 그뿐이 아니다. 고구려와 밀약까지 맺었다. 고구려에서도 흔쾌히 받아들인 약속이었다. 당시 고구려는 북방의 돌궐을 막는 데 주력해야 할 상황이라 남쪽 국경을 돌볼 여력이 모자랐다.

고구려와 내가 맺은 밀약의 내용을 그대로 밝히기는 힘들다. 그대로 밝힌다면 그게 어디 밀약인가? 다만 황초령비에 단서를 남겨놓았다. 내가 고구려 땅을 차지하자 이웃 나라에서 화해를 요청해왔다는 내용이다. 이웃 나라는 바로 고구려를 가리킨다. 나는 고구려 땅을 차지하고 순수비를 건립한 이후 당시 국경에 바로 붙어 있던 북한산주를 없애고 좀더 영토 안쪽에 남천주를 세웠다. 전진 배치했던 군사 기지를 후방으로 돌린 것이다. 밀약에 따라 고구려에 제공한 일종의 반대급부였다. 그렇다. 나는 신라가 너른 영토를 차지하기 위해서라면, 오래된 동맹국의 신뢰를

영천 청제비(보물 517호). 앞뒷면에 각각 저수지 시설 준공 때인 신라 법흥왕 23년(536년)과 수리했을 때인 원성왕 14년(798년)의 명문이 새겨져 있다. 경상북도 영천시 도남동 청제 저수지. 법흥왕은 531년 전국의 제방을 수리하라는 명을 내리는 등 농업 생산 기반을 정비하는 데 힘썼다.

## 관산성전투

진흥왕은 관산성에서 백제 성왕을 전사시키고 큰 승리를 거두었다. 그러나 관산성전투의 초기 전황은 백제에게 유리했다. 가야와 왜의 병력까지 동원한 백제군(일종의 연합군인 셈이다)은 신라를 공격하기 위한 관문이라고 할 관산성을 공격하여 실제로 무너뜨렸다(《일본서기》의 기록). 백제 성왕은 관산성을 함락했다는 소식을 접하고 측근 신하와 호위병 50명만 이끌고 전선으로 향했다. 전선에서 병력을 이끌고 있는 태자 여창(餘昌, 나중의 위덕왕威德王)과 군사들을 격려하고 전선을 시찰하기 위함이었을 것이다. 승리의 기쁨에 겨워 급하게 나선 길일 수도 있다.

그러나 성왕은 매복해 있던 신라군에게, 그것도 하급 군관에게 잡혀 살해당했다. 어처구니없는 죽음이었다. 관산성을 점령하고 있던 백제군은 큰 혼란에 빠졌을 것이다. 왕이 세상을 떠났다는 것은 권력의 공백 상태를 뜻한다. 사비성의 백제 귀족들 입장에서는 성왕이 신라에 큰 승리를 거두면 왕권이 그만큼 강화되고 자신들의 입지는 축소된다. 그 때문에 신라를 상대로 벌인 대규모 전쟁에 소극적이었을 것이다. 그런 귀족들의 입장을 일축하고 전쟁에 나선 태자 여창은 수도 사비성으로 빨리 돌아갈 수밖에 없었다.

돌아가지 않고 계속 신라군과 싸운다면 사비성의 귀족 세력들이 과연 제대로 병참 지원을 해줄 것인가? 왕위 계승 문제와 관련하여 귀족 세력들이 태자를 제쳐두고 다른 생각을 하고 있다면 어떻게 할 것인가? 더구나 연합군으로 참가한 가야 병력은 성왕이 죽은 이후에도 계속 백제군에 협조할 것인가? 혹시 가야 병력이 신라에 포섭되어 협공이라도 한다면? 결국 백제는 관산성에서 철수할 수밖에 없었고, 신라군은 성왕의 죽음으로 사기가 꺾여 돌아가는 백제군을 공격하여 승리를 거두었을 것이다. 이렇듯 돌발 상황, 어떤 의미에서는 우연이라 해야 할 급작스런 상황 전개에 따라 전쟁의 승패가 갈리는 일이 드물지 않다.

저버리고 적대국과 은밀히 협조하는 일도 마다하지 않았다.

신라라는 나라 이름은 무슨 뜻을 지니는가? 덕업일신德業日新 망라사방網羅四方, 덕으로 새롭게 해서 사방을 망라하겠다, 즉 그 영향력을 확장하고 세력을 널리 떨치겠다는 의지 그 자체다. 나는 그런 의지를 실현하고자 했다. 창녕비를 보았는가? 그렇다면 사방군주四方軍主라는 말을 보았을 것이다. 이는 행정구역이 아니라 군사 기지였다. 비자벌군주, 한성군주, 비리성군주, 감문군주 등은 신라 영역의 최전방에 자리하게 한 군사 전진 기지였다. 나는 이런 기구를 두어 각지를 정복하려 했고 실제로 정복했다. 그러나 정복하는 것만으로 모든 일이 끝나는 것은 아니다. 군사력으로 땅을 차지하는 것보다 더 힘겹고 시간이 오래 걸릴 수 있는 문제가 있다. 어떻게 정복지의 민심을 달래고 포용하여 다스릴 것인가?

오랫동안 고구려에 속했다가 지증왕께서 신라의 영토로 삼은 울진에는 법흥왕께서 세운 비석이 서 있다. 비문은 신라가 정복한 지역 사람들을 노인奴人, 즉 노예로 규정하고 있다. 그러나 나는 순수비에서 '신고여서新古黎庶', 즉 옛 백성과 정복지 백성이 같다. 이들 모두 어루만지고 키워주어 왕도王道의 덕화德化를 실현하라는 뜻을 밝혔다. 노인과 백성의 차이가 무엇인가? 그렇다. 나는 새로 정복한 지역에 살던 사람들을 모두 신라의 백성으로 받아들였다. 땅이 넓어지고 백성이 많아진다는 것, 이야말로 부국강병富國强兵의 가장 확실한 징표가 아니고 무엇이겠는가!

울진과 마찬가지로 오랫동안 고구려가 차지했던 곳으로 단양 지역이 있다. 551년 나는 백제와 함께 한강 유역을 차지하면서 단양에 적성비(赤城碑, 충청북도 단양군 단성면 하방리)를 세웠다. 이 비석에는 고구려에서 신라로 넘어온 야이차也爾次가 나온다. 야이차는 비록 고구려인이었지만 큰 공을 세워 신라 백성이 되었다. 신라의 발전에 도움이 된다면 나는 그 어느 나라 사람이라도 받아들였을 것이다. 이 비석에는 월광태자月光太子

창녕 진흥왕순수비에 나타나 있는 대가야 최후의 태자 도설지의 이름.
월광태자(도설지)가 망국의 한을 달래며 승려로서 생을 마친 월광사(경상남도 합천군 야로면 월광리).

라고도 불리는 대가야 최후의 태자 도설지道設智의 이름도 새겼다. 도설
지는 단양 적성비보다 10년 늦게 세운 창녕비에도 그 이름을 남겼다. 그
10년 사이 나는 그의 벼슬을 한 단계 올려주었다.

　도설지는 법흥왕께서 다스리실 때 맺은 신라와 대가야의 혼인동맹으
로 신라 귀족 출신 여인과 대가야의 왕 사이에서 태어났다. 당시 신라는
대가야를 두고 백제와 치열한 각축전을 벌이고 있었고, 그 와중에 대가
야의 외교 노선이 백제 쪽으로 기울자 도설지는 어머니의 나라 신라로
망명했다. 우리 신라는 도설지를 신라 귀족 집단 안에 포용하고 벼슬도
주었다. 그러나 나는 도설지에게 미안하다. 사연인즉 이렇다.

　562년 대가야를 정복한 나는 신라로 망명했던 도설지를 대가야의 왕
에 책봉했다. 내가 비록 군사의 힘으로 대가야 정복에 성공했지만, 오랜
역사를 자랑하는 대가야 사람들의 민심까지 곧바로 얻기는 힘들었다. 나
는 민심을 달래면서 신라의 장악력을 높이기 위해 도설지를 허수아비 왕
으로 앉혔던 것이다. 그러나 대가야의 민심이 어느 정도 안정된 다음 나

는 주저 없이 도설지를 왕위에서 물러나게 했다.

아버지의 나라와 어머니의 나라 사이에서 방황했을 도설지, 망국의 한을 가슴 깊이 품었을 도설지. 그런 도설지는 승려가 되어 가야산 깊은 곳 월광사에서 쓸쓸한 최후를 마쳤다. 도설지여! 미안하다. 나는 그대를 두 번 죽인 셈이다. 그러나 나와 신라는 강해져야 했다. 내 야망에 철저하게 이용당하고 버림받은 그에게 나도 연민을 느끼기는 하지만, 크고 강한 신라를 만들기 위해서라면 연민 따위의 감정은 얼마든지 접을 수 있고, 또 접어야 한다.

대가야의 악사 우륵은 550년 신라로 투항해 가야금을 비롯한 가야 음악을 신라에 전수시켰다.

필요에 따라 포용하기도 하고 저버리기도 하는 나를 두고 입방아 찧는 이들이 있다 해도 나는 개의치 않는다. 도설지가 망명할 때 신라로 넘어온 가야의 음악인, 가야금의 명인으로 유명한 우륵을 나는 받아들였다. 귀족들의 반대가 사뭇 격렬했지만, 우륵의 음악으로 정복지 백성들을 무마하고 교화할 수 있음을 나는 확신했다. 나는 수단과 방법을 가리지 않는 정복군주였다. 그러나 정복한 지역 사람들의 마음을 다스릴 줄 아는 교화군주이기도 했다. 크고 강한 나라를 만들기 위해서 나는 두 얼굴의 군주가 되는 것을 마다하지 않았다.

## 두 마리의 토끼, 정복과 교화

여기는 울산광역시 울주구 천전리, 높이 약 3미터, 길이 10여 미터의 경사진 바위면 천전리 각석. 청동기 시대 이래 수많은 그림과 비문이 새겨져 고고학적·역사학적 가치가 매우 높은 이 바위면에 진흥왕의 어린 시절에 대한 기록도 남아 있다. 바위 중간 부분의 하단에는 14년의 시차를

천전리 각석(국보 147호) 가운데 진흥왕의 어린 시절에 관한 기록. 근친혼에 따라 성골 혈통으로 태어난 진흥왕의 출생 배경을 알 수 있다.

둔 기록이 두 개 남아 있다. 먼저 새겨진 오른쪽 부분을 원명原銘이라 하며 나중에 새겨진 왼쪽 부분을 추명追銘이라 한다. 원명의 내용은 대략 이렇다.

> 을사년乙巳年 어느 때에 신라 사훼부沙喙部에 속한 갈문왕葛文王이 이곳에 처음 놀러왔다가 오래된 흔적들이 남아 있는 곳임을 알고 서석곡書石谷이라 이름 붙인 뒤 자신이 방문했다는 사실을 적어놓게 했으며, 이때 벗으로 사귀는 누이와 함께 왔으니 그이가 바로 어사추여랑於史鄒女郎이다.

을사년은 법흥왕 12년, 즉 525년이며 갈문왕은 왕의 동생이나 가까운 혈족이 차지하던 최상위 지위다. 법흥왕 시대의 갈문왕은 왕의 동생 사부지徙夫知, 즉 《삼국사기》에 나오는 '입종갈문왕立宗葛文王'이다. 또한 어사추여랑이 누구인지는 불확실하지만 갈문왕의 우매友妹, 즉 '벗으로 사귀는 누이'였다. 벗으로 사귀는 누이라니, 이게 무슨 소리인가? 고귀한 혈통을 순수하게 보존하고자 했던 신라 왕실에서는 근친혼이 다반사였다. 사촌끼리 혹은 삼촌과 조카가 혼인하는 일도 있었다. 법흥왕의 동생 사부지와 어사추여랑은 혼인을 약속한 근친 관계의 남녀였다. 그들은 525년에 천전리 계곡으로 함께 나들이하여 사랑을 속삭였을 것이다. 사부지와 어사추여랑의 사랑은 결실을 맺었을까? 그들이 천전리 계곡으로 나들이한 지 14년이 지나 새겨진 추명이 그 답을 알려준다.

> 을사년 6월 18일 새벽에 사훼부의 사부지갈문왕과 그 누이 어사추여랑께서 함께 놀러오신 이후 몇 해가 흘렀다. 누이는 돌아가신 분이며 정사년丁巳年에는 갈문왕도 세상을 떠나시니, 그 왕비 지몰시혜비只沒尸兮妃께서 왕을 그리워하시다가 기미년 7월 3일 왕과 그 누이가 글을 써놓으신 돌을 보러 이곳을 찾으셨다. 이때 무즉지태왕의 부걸지비夫乞支妃와 사부지갈문왕의 아드님 심맥부지深麥夫智가 함께 방문하셨다.

기미년, 즉 539년에 새겨진 추명에 따르면 사부지갈문왕의 부인인 지몰시혜비와 그 일가족, 즉 법흥왕의 비로 지몰시혜비의 어머니인 부걸지비와 지몰시혜비의 아들 심맥부지가 천전리를 찾았다. 사부지갈문왕은 537년에 이미 세상을 떠났고, 어사추여랑은 어느 시기인가 그보다 먼저 세상을 떠났다. 그들의 사랑은 길어야 10년 남짓 계속된 셈이니 여러 가지 상상이 가능하다. 사랑을 이루지 못한 어사추여랑이 스스로 목숨을 끊기라도 했을까? 왕실 내부의 정치 역학에 따라 사랑을 이루지 못하자 실의에 빠져 세상을 떠났을까? 아니면 우리가 알지 못하는 어떤 계기로 사랑이 식어버렸을까?

지몰시혜비는 법흥왕의 딸이자 진흥왕의 어머니인 지소부인只召夫人

경상북도 경주시 구황동에 위치한 황룡사 터. 진흥왕의 명으로 지어진 동양 최대의 절로 신라 불교의 중심지였다.

이다. 사부지갈문왕이 법흥왕의 친동생이므로, 지소부인, 즉 지몰시혜비는 사부지갈문왕의 친조카가 된다. 삼촌과 조카가 혼인하여 심맥부지, 즉 진흥왕을 낳은 것이다. 추명에 새겨져 있는 '사부지 왕자랑 심맥부지徙夫知 王子郞 深麥夫知'는 천전리를 찾았을 당시 여섯 살이었고, 이듬해인 540년 일곱 살의 나이에 왕위에 올라 진흥왕이 되었다.

법흥왕의 조카이면서 외손자가 되는 어린 아이 심맥부지가 왕위에 올랐다. 법흥왕에게는 뒤를 이을 아들이 없었을까? 확실한 것은 알 수 없다. 법흥왕이 심맥부지를 후계자로 지명하자 지몰시혜비가 가까운 일족과 함께 심맥부지를 데리고, 남편이자 삼촌인 사부지갈문왕의 자취가 서려 있는 천전리를 찾았을 가능성도 있다.

그렇다면 진흥왕은 자기 자신을 어떻게 규정하고 백성들에게 어떤 모습으로 비춰지기를 바랐을까? 진흥왕의 이미지 메이킹 전략은 진흥왕 14년에 시작해 20여 년의 대역사 끝에 세워졌던 황룡사에서 찾을 수 있다. 현재는 그 터만 남아 있는 황룡사에는 높이 16척, 약 5미터에 이르는 장륙존상丈六尊像이 있었다고 한다. 진흥왕은 황룡사에 장륙존상을 세우면서 자신이 강력한 정복군주로 널리 알려지기를 바랐다. 《삼국유사》는 장륙존상에 얽힌 이런 설화를 이렇게 전한다.

> 먼 옛날 인도의 아소카 왕阿育王은 거대한 불상을 조성하려 했지만, 세 차례나 실패하자 태자의 건의에 따라 그동안 모아놓은 재료와 불상의 견본을 배에 실어 바다에 띄워 보냈다. 인연이 있는 곳에서 불상이 이뤄지기를 바랐기 때문이다. 그 배는 큰 나라 열여섯 곳, 중간 크기의 나라 500곳, 작은 나라 7000곳, 마을 8만여 곳을 두루 거쳐 신라의 하곡현 사포에 도착했으니, 진흥왕이 다스릴 때였다. 진흥왕은 배에 실린 재료로 문잉림文仍林에서 단 한 번 만에 장륙존상을 만들었다. 이로써 아소카 왕의 근심이 없어졌고, 불상은 황룡사에 안치되었다.

기원전 3세기 중반 인도 대륙을 최초로 통일한 마우리아 왕조의 정복왕 아소카 왕. 그는 정복지를 불교로 교화하고자 했다. 스스로 불교의 수호자를 자처하면서 불교를 보호하고 널리 퍼뜨렸던 것이다. 불교도들은 그런 아소카 왕을 불법佛法의 바퀴로 세상을 교화하는 인도 신화 속의 이상적인 제왕 전륜성왕轉輪聖王에 견주었다. 아소카 왕을 속세의 전륜성왕으로 인식했던 것이다. 진흥왕은 아소카 왕과 전륜성왕의 그런 이미지를 자신의 정복 야망의 상징, 즉 정복왕과 교화왕의 상징으로 내세우고자 했다.

진흥왕이 태자의 이름을 전륜성왕을 본받아 동륜銅輪으로 지은 것만 봐도 그런 의도를 짐작할 수 있다. 그런데 흥미로운 것은, 인도 사람들은 아소카 왕을 전륜성왕의 네 등급인 금륜金輪, 은륜銀輪, 동륜銅輪, 철륜鐵輪 가운데 네 번째인 철륜에 배당했다는 점이다. 아소카 왕이 아무리 불법을 수호하고 장려했어도 많은 사람들을 죽인 정복군주였다는 사실을

불법佛法의 수호자이자 교화왕인 전륜성왕상.

감안한 배당이 아니었을까? 그런데 진흥왕은 태
자를 동륜에 배당했다. 굳이 말하자면, 자신
의 아들인 태자가 아소카 왕보다도 한 등급
높은 셈이 되니, 진흥왕 자신은 아소카 왕보
다 훨씬 더 높은 등급이 된다.

## 왕은 늘 여기에 함께

창녕비에는 비석이 세워질 당시 신라의 귀족 관
료 39명의 이름이 새겨져 있다. 그 가운데는 진
흥왕 때 국사國史를 편찬한 인물로 유명한 거
칠부居柒夫, 김유신 장군의 할아버지인 김무력
金武力 등의 이름도 보인다. 신라를 이끌던 핵
심 인물들이 왜 창녕비 건립 현장에 모였을까?
당연히 진흥왕이 불러모은 것이다. 진흥왕은 왜

아소카 왕이 건립한 석주石柱의
사자주두獅子柱頭 부분.

단양 적성비. 고구려에서 넘어온 복속민 야이차, 대가야의 태자 도설지, 김유신의 할아버지 김무력의 이름이 보인다(시계 방향으로).

그들을 창녕으로 오게 했을까? 진흥왕은 비석 건립 의식을 통해 자신의 통치력과 왕권을 깊이 재확인시키고자 했다. 비석 건립 행사는 강력한 정복군주로서 자신이 펼치는 정책을 귀족 관료들에게 추인받고 널리 알리는 정치 이벤트였다.

진흥왕의 순수비가 어떤 효과를 거두었을지는 짐작하기 어렵지 않다. 왕이 수도에서 먼 변경 지역을 직접 방문한다는 사실 자체가 많은 백성들에게 놀라운 일로 다가왔을 것이다. 통신수단이 고도로 발달한 오늘날에는 국가 최고 통수권자가 그런 통신수단을 적절히 활용하면 직접 현장을 방문하는 것 못지않은 효과를 거둘 수 있다. 어떤 의미에서 오늘날의 최고 통수권자는 그 실제의 몸이 이동하지 않더라도 어느 곳에나 '존재한다'.

## 국호 '신라'의 유래

신라新羅라는 국호는 언제 어떻게 정해졌을까? 신라는 오랜 기간 국가의 공식 명칭을 정하지 않은 상태로, 여러 이름을 함께 사용하는 형편이었다. 국호는 한 나라의 이념과 비전과 정체성을 나타내는 중요한 상징이다. 이를테면 우리나라의 국호 대한민국은 '위대한 한韓민족으로 이루어진 민주 공화국'을 뜻한다. 국호의 공식적인 확정은 국가 체제의 확립과도 불가분의 관계다. 《삼국사기》 지증왕조에 이에 관한 기록이 이렇게 나온다.

> 4년 겨울 10월에 여러 신하들이 왕에게 아뢰었다. "시조께서 나라를 세운 이래 이름을 아직 정하지 못하고 있었습니다. 사라斯羅라 하기도 하고, 사로斯盧라 하기도 하며 혹은 신라新羅라 하기도 했습니다. 신新은 새롭다는 뜻이니, '좋은 사업이 날로 새로워진다'는 뜻이라 하겠습니다. 또한 라羅는 '사방을 망라한다, 아우른다'는 뜻이 되니, 신라를 나라 이름으로 삼는 게 옳다고 생각합니다."

이 기록대로라면, 지증왕이 재위할 때(500년~513년) 신라 사람들은 신라가 주변 국가들을 망라하여 아우르는 중심국가가 되어야 한다는, 즉 신라의 위상과 미래에 관한 분명한 인식을 갖고 있었다. 이러한 인식은 진흥왕 시대에 이르러 구체적인 실천, 즉 사방을 망라하는 중심국가로 발돋움하기 위한 정복 사업으로 나타났다. 진흥왕은 이 밖에도 황초령비와 마운령비에서 자신을 짐朕이라 칭함으로써, 명실상부한 제왕의 지위에 올랐음을 내외에 과시했다. 마운령비의 내용에서, 신라라는 국호에 담긴 이념과 전망을 실제로 실현해가고 있다는 진흥왕 시대 신라 사람들의 자신감과 자부심이 엿보인다.

> 사방의 주변 국가들이 지경地境을 의탁해오니 백성과 땅을 널리 얻게 되었다. 이웃 나라들이 신뢰를 약속해오고 사신이 서로 왕래하니, 신라 조정은 새로운 백성과 옛 백성들을 어루만져 길렀다.

그러나 먼 과거에는 왕의 권력이 백성 한 사람 한 사람에게 속속들이 미친다는 것을 백성들이 실감하기란 쉽지 않았다. 그래서 왕이 직접 순수에 나서거나 왕권을 상징하는 기념물을 건립하는 것이 매우 중요하다. 여기에 왕권을 신성화하는 일종의 상징 조작, 즉 진흥왕의 경우라면 아소카 왕이나 전륜성왕의 이미지를 빌려오는 일이 중요하다. 왕이 직접 순수에 나섬으로써 왕의 현존을 백성들에게 확인시킬 수 있다. 비록 왕의 몸, 즉 신체는 백성들의 눈앞에 현존하지 않더라도, 왕권을 상징하는 기념물이 왕의 신체를 대신할 수 있다. 이렇게 만들어진 왕권의 신성한 이미지를 통해 백성들은 늘 왕과 함께하게 된다.

진흥왕의 순수와 순수비 건립은 백성들의 일체감과 소속감을 강화시키고 충성심을 이끌어내는 효과를 꾸준히 거두었을 것이다. 요컨대 순수비가 있는 바로 그 자리에 진흥왕이 '늘 있었던' 것이다. 진흥왕은 비교적 젊은 나이인 마흔세 살에 세상을 떠났지만, 재위 37년간 신라의 전성기를 이룩했으며 정복을 통해 국력을 확장하고 포용과 교화를 통해 삼국 통일의 비전과 가능성을 보여주었다. 그 비전과 가능성은 100여 년 후 신라의 삼국 통일로 실현되었다.

08 신라 탑 속
백제 금강경의 비밀

백제의 금제금강경이 발견된 익산의 왕궁리 5층석탑은
통일신라의 탑이다. 석탑 아래에는 훨씬 큰 목탑이 있었고,
왕궁리에는 백제의 궁전이 있었다는 단서가 밝혀지는데.
잡초만 무성한 들판으로, 기억에서 지워졌던
백제 말기의 역사와 잃어버린 왕궁을 찾아 떠난다.

## 금으로 만든 종이에 진리를 새기다

전북 익산시 왕궁면 왕궁리. 이름부터 예사롭지 않다. 왕궁면의 왕궁리
라. 정말 왕궁王宮이라도 있었던 곳일까? 이곳에는 국보 289호로 지정된
왕궁리 5층석탑이 있다. 1965년에 학계가 처음 주목한 이 석탑에는 서로
다른 두 시대의 특징이 모두 나타나 있다. 돌과 돌을 이어 붙여 탑을 떠
받치도록 한 기단 부분의 짜임새는 통일신라의 석탑 양식이다. 지붕돌이
기단부보다 더 넓으면서 얇고 날렵하며, 끝 면이 살짝 하늘로 향하는 것
은 백제 탑 양식이다. 요컨대 왕궁리 5층석탑은 백제 탑 양식의 일부를
이어받은 통일신라 시대 탑이다.

1965년 세월이 흐르면서 점점 기울어가는 왕궁리 석탑을 복원하기
위해 해체 작업을 하다가 놀라운 유물이 발견되었다. 석탑 기단부에서
나온 주춧돌 중앙에 세 개의 사리공舍利孔이 한자의 품品자 모양으로 뚫
려 있었다. 그곳에는 사리 유물이 있었고, 지름 3센티미터의 청동방울과
유리와 옥으로 만든 구슬들이 쏟아져 나왔다. 구슬은 대부분 지름이 0.3

194

센티미터 정도로, 큰 것이 0.5센티미터인 작은 것들이었다. 연꽃 모양 대좌 위에 조각된 통일신라 시대 청동여래입상도 사리공에서 나왔다.

그러나 가장 놀라운 유물은 석탑의 1층 지붕돌 윗면 동쪽 사리공과 서쪽 사리공에서 나왔다. 두 사리공에는 각각 순금사리함과 금동외함이 담겨 있었다. 동쪽 사리공에서 나온 금제사리함의 정교하고 화려한 문양은 발굴단을 사로잡기에 충분했다. 그러나 그게 전부가 아니었다. 녹색 유리사리병이 금제사리함에서 연이어 나온 것이다. 아름다운 색상과 빼어난 균형미를 자랑하는 녹색 유리사리병은 우리나라 사리병 가운데 최고 걸작품으로 평가받는다.

한편 서쪽 사리공에서 나온 금동외함은 대체로 단순한 모양이지만, 뚜껑을 여는 순간 그때까지 발견된 바 없는 귀한 유물이 모습을 드러냈다. 오랜 세월의 흔적이 역력한 금제금강경金制金剛經이었다.

불교 경전인 《금강경金剛經》을 경판에 새긴

전라북도 익산 왕궁면 왕궁리 5층석탑(국보 289호). 왕궁리 5층석탑 기단부 주춧돌의 품品자 사리공(왼쪽). 이곳에서는 청동방울과 유리구슬 그리고 통일신라 시대 청동여래입상이 나왔다. 석탑 1층 지붕돌의 사리공(가운데)과 그 안에 각각 사리함이 들어 있는 모습(오른쪽).

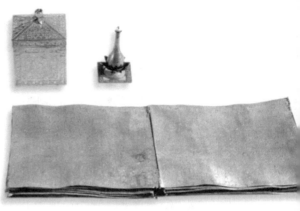

왕궁리 5층석탑에서 발견된 유물(국보 123호, 국립전주박물관 소장). (시계 방향으로) 금제사리함 높이 9.8cm, 유리사리병 높이 7.7cm, 금제금강경 19장 각 14.8×13.7cm, 금동외함.

금제금강경을 비롯한 왕궁리 5층석탑의 사리공 출토 유물들은 국보 123호로 지정되었다. 순금으로 만든 경판 유물로는 전 세계를 통틀어 유일한 것으로, 열아홉 장의 순금 경판에 아래위로 순금 경첩을 달아 한 권으로 연결하고, 그것을 다시 두 줄의 금띠로 묶어 만들었다. 꼭 금으로 만든 책처럼 보인다. 순금 경판 한 장의 두께는 불과 0.15밀리미터. 금으로 만든 종이라 해도 지나친 말이 아니다. 금판에 새긴 글씨도 붓으로 쓴 것처럼 자연스럽다. 가로세로 17행에 맞추어 참된 지혜의 완성을 이야기하는 내용이 새겨져 있다.

이 금제금강경은 과연 어느 시대 것일까? 백제 석탑 양식을 일부 계승한 통일신라 시대 석탑에서 나온 것이니 금제금강경도 당연히 통일신라의 것이라 봐야 할까? 발굴 당시에는 모두 그렇게 판단했다. 의문을 풀기 위해 경남 양산의 통도사通度寺로 가보자. 부처님의 진신 사리를 모시고 있는 통도사에는 불교 문화재를 소장하고 연구하는 박물관이 있다. 이곳에서 왕궁리 석탑 사리장엄구舍利莊嚴具의 제작 시기를 분석해왔다.

왕궁리 석탑에서 나온 금제사리함의 높이는 약 9.8센티미터. 이 작은 내합에는 작은 문양들이 촘촘히 조각되어 있다.

문양으로 제작 시기를 알 수 있을까? 사리함 바탕면에는 물고기알 모양의 어란문魚卵紋이 새겨져 있다. 사리함의 어란문은 입자가 굵고 또렷하며 성글다. 신라의 사리함에 새겨진 어란문과 분명히 다르다. 이를테면 경주 나원리羅原里 5층석탑에서 나온 신라 사리함 어란문은 입자가 작고 촘촘하며 서로 겹쳐져 있다. 경주 불국사 석가탑釋迦塔에서 나온 사리함도 마찬가지다. 왕궁리 석탑 사리함에 새겨진 어란문의 특징은 주로 6~7세기, 즉 백제의 사비 시대에 해당하는 유물에 집중해 나타난다.

금제사리함의 뚜껑에 자리한 연꽃무늬는 중심에 배치된 반원을 다른 네 개의 반원이 둘러싸고, 그 위로 가지가 뻗쳐 올라가는 모양이다. 이런 연꽃무늬도 백제 유물에서 주로 나타난다. 공주 송산리의 무령왕릉 내부를 장식하고 있는 수만 장의 벽돌에는 일정한 꽃 문양이 찍혀 있는데, 벽돌의 꽃무늬를 반으로 자르면 왕궁리 석탑 금제사리함의 연꽃

왕궁리 금제사리함의 어란문(위). 물고기알무늬가 유난히 굵고 촘촘하다. 사리함 뚜껑 아랫부분의 연꽃무늬(가운데), 무령왕릉 안쪽의 연꽃무늬 벽돌(아래)과 비슷하다.

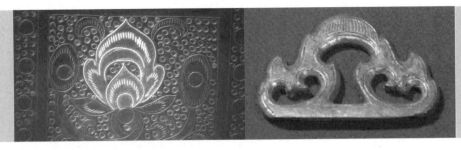

금제사리함에 새겨진 연화서운문(왼쪽)과 연화서운문으로 도안된 나주 관산리 출토 큰 칼의 손잡이 장식(오른쪽). 연꽃과 구름을 함께 담은 이 문양은 백제 사비 시대를 특징 짓는 무늬다.

무늬와 비슷한 모양이다. 다만 위로 뻗어 올라간 가지의 굵기와 선명도는 금제사리함에서 좀더 발전된 형태다. 사리함에 주로 새겨진 문양은 구름과 연꽃을 함께 도안한 연화서운문蓮花瑞雲紋이다. 바로 백제 사비 시대를 대표하는 문양이다.

금제사리함의 문양들은 부여 능산리 고분에서 나온 투각透刻 장식이나 관棺 장식 나주 복암리에서 나온 큰 칼의 손잡이 장식, 백제 무왕武王의 능으로 알려져 있는 익산 석왕동 쌍릉雙陵에서 나온 나무널 장식 등 백제 사비 시대 유물들과 비슷하다. 적어도 문양들의 특징과 시기로 볼 때, 왕궁리 석탑에서 나온 금제사리함은 사비 시대 백제의 것이다. 그렇다면 내합에 들어 있던 금제금강경도 사비 시대에 만들어졌을까? 중국 둔황敦煌 유적에서 발견된 《금강경》 사경본寫經本과 왕궁리 석탑 금제금강경을 비교, 분석해보면 흥미로운 공통점을 찾을 수 있다.

822년 이전에 제작된 둔황 사경본에는 《금강경》 원문의 62자가 빠져 있다. 그런데 왕궁리 석탑 금제금강경에도 같은 62자가 빠져 있다. 금제금강경도 822년 이전에 만들어졌다는 추정이 가능하다. 그렇다면 좀더 정확한 금제금강경의 제작시기도 알아낼 수 있을까? 그 실마리는 금제금강경의 글씨체에 있다. 금제금강경의 글씨체를 자세히 들여다보면 중

금제금강경의 제작 연대를 추정케 해주는 '득' 자. 삼수변은 7세기 이전에 주로 쓰였고 8세기부터는 두인변이 쓰인다. 그 밖에도 여러 글씨체가 9세기에 제작된 중국 《금강경》(오른쪽)과 많이 다르다.

국 불경의 글씨체가 정형화되기 전의 모습을 찾을 수 있다. 특정 시대를 반영하지 않는 글씨체가 그 시대에 나타난다는 것은 그 글이 위작偽作일 수도 있다는 말이다. 바꿔 말하면 특정 글씨체는 시대에 따라서 다르게 나타나며, 따라서 글씨체를 통해 글이 작성된 시기를 추정해볼 수 있다.

금제금강경의 경우 '득' 자의 변이 삼수변, 즉 淂으로 되어 있는 것이다. 이에 비해 9세기 이후에 만들어진 당나라 불경에는 得으로 되어 있다. 그리고 8세기에 만들어진 당나라 불경에는 得과 淂이 모두 쓰이고 있다. 아닐 비非자의 경우 금제금강경에서는 밑면을 힘차게 위로 쳐올린 모양이다. 그 밖에도 역亦자, 취就자 등이 모두 7세기 이전 중국 불경의 글씨체와 같다. 7세기 초반과 8세기를 거쳐 9세기에 이르면서 당나라 사경의 글씨체는 정형을 갖추어간다. 금제금강경은 정형화되기 이전 단계, 즉 7세기 이전 글씨체를 담고 있다. 그렇다면 글씨체로 볼 때 왕궁리 석탑 금제금강경은 백제 무왕 시대 초기의 것이라고 할 수 있다. 금제금강경이 백제 때 만들어진 것은 왕궁리 유적에서 나온 금실 유물로도 확인된다. 0.25밀리미터 굵기 금실의 꼬임새가 금제금강경의 금판을 연결한 금실과 같다.

그렇다면 백제 사람들은 금제금강경을 어떻게 만들었을까? 한 귀금

왕궁리 5층석탑 금제금강경과 6세기 중국 《육조사경》의 글자체 비교. 아직 정형화가 덜 된 모습이다.

속 세공소에서 같은 두께의 금판을 만들어 금제금강경과 똑같이 만들어 보았다. 두께 0.15밀리미터의 금판을 만들기 위해 왕궁리 석탑 금제금강 경 한 장의 무게와 같은 양의 순금을 사용했다. 정밀 기계 작업으로 같은 두께의 금판을 만들고, 금판 뒷면에서 상아로 만든 딱딱한 붓으로《금강 경》글자를 거꾸로 새겨넣었다. 금판에 목필로 새기는 일은 불가능하고, 철필로 새기면 금판이 찢어진다. 상아는 그 재질이 특성상 금판에 글씨 를 새기는 데 적합할 뿐 아니라 불교에서 지혜를 상징하는 코끼리의 몸 에서 나온 것이기도 하다. 금판에 글자를 거꾸로 새기려면 매우 숙련된 솜씨가 필요하다. 금의 속성을 정확하게 알고 금을 다룰 줄 알아야 하고, 글씨, 즉 서예에도 조예가 여간 깊지 않으면 안 된다. 또한 글자를 새기는 재료, 서사 재료도 능숙하게 다룰 줄 알아야 한다.


## 백제 불경을 안치한 신라의 탑

이렇게 재현해본 금제금강경은 금판 뒷면에 글자를 거꾸로 각필했기 때 문에, 살아 있는 듯한 입체감을 느낄 수 있다. 왕궁리 석탑의 금제금강경

## 다른 나라의 여인과 혼인한 왕

백제 무왕은 신라 진평왕의 딸 선화공주와 혼인한 것으로 유명하다. 그러나 《삼국유사》를 편찬한 일연이 마한의 한 세력인 건마국乾馬國 무강왕武康王과 사로국 공주 선화의 연애담을 백제 무왕과 신라 진평왕의 딸의 이야기로 재구성하여 기술했다는 주장도 있다. 《삼국유사》의 기록을 그대로 따른다면, 무왕은 다른 나라의 여인과 혼인했다.

무왕 외에도 백제의 책계왕(責稽王, 재위 286년~298년)과 동성왕(東城王, 재위 479년~501년)은 다른 나라 여인과 혼인했다. 고이왕의 맏아들로 9대 백제 왕인 책계왕은 대방 태수의 딸 보과寶菓와 혼인했다. 고이왕과 대방 태수는 고구려를 함께 견제하기 위해 아들과 딸을 혼인시켜 혼인동맹을 맺었던 것이다. 즉위 후 책계왕은 고구려가 대방을 침공했을 때 군사를 보내 고구려를 공격했고, 오늘날의 서울 아차산과 송파구 풍납동 일대에 성을 쌓아 고구려의 침공에 대비하기도 했다.

한편 24대 동성왕은 493년에 신라의 이찬伊飡 비지比智의 딸을 비로 맞아들여 혼인동맹을 맺고, 고구려가 신라를 침공하자 구원병을 보냈으며 고구려가 백제를 침공했을 때 신라에 구원병을 요청하기도 했다. 책계왕이나 동성왕의 경우에서 볼 수 있듯이, 왕이 다른 나라 여인과 혼인하는 일은 왕 개인의 일이 아니라 국가 차원의 전략적 선택이었다. 혼인동맹을 통해 공동의 적에 대처하거나 국제 질서의 균형을 도모한 것이다.

무왕, 책계왕, 동성왕 외에 18대 전지왕腆支王 역시 다른 나라의 여인, 정확히는 왜倭의 여인과 혼인했을 가능성이 크다. 아신왕阿莘王은 맏아들인 태자 직지(直支, 나중의 전지왕)를 왜에 보내 왜와 우호를 돈독히 하려 했다. 광개토대왕 앞에 무릎을 꿇고 굴복했던 치욕을 씻고자 백제—가야—왜로 이어지는 연합을 구축하려 한 것이다. 아신왕이 세상을 떠나자 직지가 귀국했는데, 이때 팔수부인八須夫人과 함께 왔다(물론 팔수부인이 백제계 도래인 집안 사람일 가능성도 없지 않다). 팔수부인과 전지왕의 맏아들이 왕위를 이었으니 바로 구이신왕久爾辛王이다.

금제금강경을 재현하는 모습. 정밀 기계 작업으로 종잇장처럼 얇은 금판을 만들어 같은 크기의 사각형으로 자르고, 상아로 된 붓으로 뒷면에 거꾸로 글씨를 새긴다. 앞면의 글씨가 도드라져 생생한 입체감을 준다.

은 고도로 숙련된 백제 장인이 상아로 각필한 것이다. 금제금강경이 백제 때 만들어진 것으로 밝혀졌으니 모든 의문이 다 풀렸을까? 아니다. 이미 말했듯이 왕궁리 5층석탑은 통일신라 시대 석탑이다. 더구나 석탑 기단부 주춧돌에 들어 있던 금동여래입상도 통일신라의 불상이다. 그런데 지붕돌에는 백제의 금제금강경이 들어 있다. 이상하지 않은가? 백제의 금제금강경이 통일신라의 석탑에 들어 있다니.

의문을 풀기 위한 첫 단서가 왕궁리 석탑 해체 과정에서 나왔다. 석탑 기단 부분을 해체하자 통일신라 석탑에서는 발견된 적이 없는 목탑의 주춧돌이 나온 것이다. 돌기둥 네 개로 둘러싸여 있는 주춧돌의 모양과 品品자형 사리공은 전형적인 목탑 사리공 양식이다. 지금까지 우리나라 석탑의 기단 안쪽에서 이런 구조물이 발견된 적은 없다. 그렇다면 비록 석탑 내부이기는 하지만 석탑과 관계없는 구조물, 석탑보다 앞선 시대의 구조물이라고 봄이 타당하다.

그러나 주춧돌 사리공에서 발견된 청동여래입상이 통일신라 시대 불상으로 밝혀지면서 주춧돌을 둘러싼 의문은 미스터리로 남을 수밖에 없었다. 그런데 지난 1993년, 왕궁리 석탑 주변에서 주춧돌의 의문을 풀어줄 새로운 유적이 드러났다. 거대한 규모의 목탑지가 발굴된 것이다. 한

백제 목탑(왼쪽)의 주춧돌 위에 세워진 신라 석탑(오른쪽).

변의 길이가 17미터에 이르는 목탑 자리는 화강토花崗土와 진흙을 한 층 한 층 시루떡처럼 정교하게 쌓은 판축 기법板築技法으로 조성되어 있었 다. 왕궁리 석탑이 세워지기 전에 그 자리에 목탑이 있었다는 증거다. 목 탑지의 판축층에서 백제 사비 시대의 연꽃무늬 수막새가 출토되어 그 자 리에 백제의 목탑이 있었음이 확인되었다. 판축층에 목탑이 자리하고 있 었고, 5층석탑은 목탑이 파괴된 후에 세워진 것이다.

백제 목탑의 특징을 보여주는 유적은 왕궁리에서 가까운 미륵사 터에도 있다. 목탑 높이가 60여 미터에 이르렀을 것으로 추정되는 미륵사 목탑지의 한 변은 19.2미터에 달하며, 발굴 당시 목탑지는 47단의 정교한 판축층으로 이뤄진 것으로 확인되었다. 32단의 판축층으로 만들어진 왕궁리 목탑지와 제작 기법 및 규모가 비슷하다. 백제 목탑지와 수막새의 발견으로 그동안 의문으로 남아 있던 주춧돌의 미스터리가 비로소 풀렸다. 품자형 사리공이 뚫린 주춧돌은 바로 거대한 백제 목탑을 떠받치던 주춧돌이었다. 이중의 사리함에 넣은 금제금강경은 원래 백제 목탑의 주춧돌에 들어 있었지만, 통일신라 시대에 이르러 목탑이 유실되자 주춧돌을 그대로 이용해 석탑을 세웠다. 그때 금제금강경이 담긴 사리함을 1층 지붕돌 윗면에 넣은 것이다.

금제금강경은 적어도 지금으로써는 우리나라에서 가장 오래된 법사리法舍利, 즉 불경을 모신 사리다. 익산 왕궁리에 금제금강경을 모신 거대한 백제 목탑이 있었다면, 그에 버금가는 큰 사찰이 있었을 것이다. 더구나 순금으로 만든 《금강경》을 모신 사찰이라면 그 규모와 중요성이 어떠했을지 짐작하기 어렵지 않다. 금은 부와 권력의 상징이지 않던가. 그렇다면 금제금강경을 만들고 큰 절을 세운 인물은 누구였을까?

궁금증을 풀어줄 실마리는 뜻밖의 곳에서 찾을 수 있었다. 일본 교토의 소렌엔靑蓮院은 일본 천태종의 좌장인 행현 스님이 세운 것으로 알려진 유서 깊은 절이다. 이곳 수장고에는 창건 이래 전해 내려오는 귀한 옛 문서들이 보관되어 있다. 그 가운데 중국 육조 시대에 편찬된 《관세음응험기觀世音

왕궁리 5층석탑 주춧돌에서 나온 청동여래입상(국보 123-4호). 통일신라 시대의 유물이다.

18세기에 제작된 〈호남읍지〉에는 왕궁면이 제석면(사각형 표시 부분)이라고 씌어 있다.

應驗記》가 있다. 1970년에 발견된 것으로, 관세음 신앙과 관련된 영적·신비적 체험과 현상을 모아 기록한 이 문헌에는 우리 측 문헌에는 나오지 않는 흥미로운 기록이 나온다.

> 백제 무광왕武廣王이 지모밀지枳慕密地에 천도하여 새로운 정사를 지었는데, 정관貞觀 13년(무왕 40년, 639년) 11월 하늘에서 뇌성벼락이 치며 비가 내려 제석정사帝釋精寺의 불당, 칠급부도七級浮圖 및 낭방廊房 등이 모두 불타버렸다. 탑 아래 초석 속에 종종칠보種種七寶와 불사리를 넣은 병, 금강반야경金剛般若經을 넣은 칠함 등을 넣어두었는데, 초석을 열고 보니 모두 불타버리고 불사리병과 금강반야경을 넣어둔 칠함만이 그대로 있었다. 그러나 병은 그 안이 잘 보이지 않고 뚜껑 역시 움직이지 않았으며 사리도 모두 없어진 듯했다. 그런데 대왕이 법사를 청하여 참회하자 이번에는 병이 열렸다. 불사리 여섯 개가 모두 병 안에 있었으며 밖에서도 잘 보였다. 이에 대왕과 여러 궁인들은 신앙을 더욱 돈독하게 하고 다시 탑을 쌓아 이를 보관하게 했다.

이 기록에서 무광왕은 무왕武王을 가리킨다. 《관세음응험기》에 나와 있는 제석사帝釋寺는 실제로 존재했을까? 왕궁리 석탑에서 동쪽으로 1.4킬로미터 떨어져 있는 왕궁리 궁평宮坪 마을에서 그 단서가 확인되었다. 18세기에 제작된 〈호남읍지〉를 보면 궁평 마을이 속한 익산 왕궁면은 제석면이라 불렸다. 궁평 마을 뒷산은 지금도 제석사지帝釋寺地로 불린다. 이곳이 《관세음응험기》가 말하는 제석사 터였음을 확실히 뒷받침해주는 유물이 있다. 이곳에서 무더기로 나온 백제 기와 조각들 가운데 제석사帝釋寺라고 새겨진 기와가 나왔고, 불탄 흔적이 남아 있는 사천왕상四天王像도 발견되었다.

《관세음응험기》가 전하는 사리장엄구, 즉 불사리병과 금강반야경에 관한 묘사는 왕궁리 석탑에서 나온 녹색 사리병 및 금제금강경과 너무도 비슷하다. 제석사 터에는 두 동강 난 거대한 돌이 앞뒤로 놓여 있다. 그 돌에는 사람의 힘으로 파낸 사리공 흔적이 역력하다. 《관세음응험기》가 전하는 제석사에 세워져 있던 탑의 주춧돌이 아닐까? 이른바 칠급부도가 7층목탑이었을 가능성이 있다. 사리공의 넓이와 깊이를 측정한 결과 금제금강경이 들어 있던 왕궁리 석탑 사리공의 크기와 비슷하다. 제석사 주춧돌을 결합시키면 그 중심에 직사각형의 사리공이 생기고, 왕궁리 석탑에서 나온 사리함 두 개를 안치시키기 딱 알맞다. 이로써 《관세음응험기》가 전하는 제석사 주춧돌의 사리장엄구가 왕궁리 석탑의 녹색사리병과 금제금강경이라는 추정이 확인된 셈이다.

무왕의 지시로 만든 금제금강경이 제석사가 불타자 지금의 왕궁리 유적지로 옮겨진 것이다. 그 시기는 언제였을까? 《관세음응험기》에 따르면 제석정사가 불탄 시기는 639년이다. 그후 어느 시점에 익산 왕궁리에 거대한 목탑을 세우고 금제금강경을 그 목탑 안에 봉안했을 것이다. 이제 모든 의문이 풀렸을까? 아니다. 왜 하필이면 백제 수도 부여와 멀

리 떨어진 익산 왕궁리에 거대한 목탑을 세
웠을까? 도대체 익산 왕궁리가 어떤 곳이기
에, 무왕의 명으로 만든 걸작품 금제금강경
을 모시는 자리로 선택했을까?

## 잃어버린 왕궁

4만여 평에 달하는 왕궁리 유적에서는 이곳
이 예사롭지 않은 곳임을 말해주는 유물과
유적이 발견되고 있다. 유적지 동쪽 낮은 구
릉 지대에서 발굴된 성벽은 옛 모습을 상당
히 잘 간직하고 있다. 이곳이 백제 왕성과 관
련된 특별한 성벽임을 암시해준 것은 기와
무지다. 성벽을 따라 무더기로 파묻혀 있던
백제의 기와 무지는, 왕궁리 유적의 성벽이
경복궁 담장처럼 기와로 고급스럽게 치장한
왕성의 벽이었다는 증거다. 성벽은 동서 방
향으로 234미터, 남북으로 492미터에 달하는
직사각형으로, 남북과 동서의 비율이 2대 1
정도 되는 셈이다. 이는 남북쪽으로 길게, 정

사리공 흔적이 역력한 제석사지
주춧돌(위, 가운데)과 복원도(아
래). 두 개의 내합이 들어가기
똑 알맞은 크기다.

교하게 계획된 직사각형 모양인 고대 왕궁의 구조 그대로다.

　성벽 구조는 사각형 석재를 촘촘히 쌓아올려 외관을 치장했으며, 속
에는 막돌을 채워넣었다. 성벽이라기보다는 폭이 3미터 정도 되는 담장
성격이 강하다. 성 내부도 치밀하게 설계된 흔적이 역력하다. 경사진 지
형을 평평하게 만들어 건물을 짓기 위해 L자 형태로 땅을 깎아내고, 돌을

왕궁리 유적지 조감 사진. 약 13만m²의 규모와 남북으로 긴 직사각형 구조가 왕성이었음을 추정하게 한다.

쌓아 계단식으로 건물지를 조성한 석축 부지가 확인되었다. 동서를 가로질러 쌓은 석축은 모두 네 개 층으로 조성되어 있고, 계단식 석축 대지에 세워진 건물들은 무척이나 웅장하게 보였을 것이다.

성 내부에서는 부속건물 터들도 발견됐다. 네 번째 축대 서북쪽에서 배수로와 이어진 깊이 3.4미터의 대형 구덩이 세 곳이 발견되었다. 우리나라에서 처음으로 발견된 백제의 화장실이었다. 일정 높이로 오물이 차면 그것이 배수로를 통해 내려가면서 정화되도록 되어 있다. 당시로서는 매우 과학적이고 기능적인 화장실이었다. 화장실에서는 누군가 빠뜨린 짚신과 함께 50여 점의 막대기가 무더기로 출토되었다. 발굴 당시만 해도 그 용도를 짐작조차 못했던 막대기는 볼일을 보고 뒤처리를 하는 일종의 화장지로 밝혀졌다. 지나치게 세게 문지르면 좀 아플 수도 있었겠지만, 경우에 따라서는 재활용도 할 수 있지 않았을까? 이 백제 화장실은 8세기 일본 유적에서 발견되는 화장실 시설과 같은 모습이기도 하다. 화장실의 한류韓流, 아니 백제류百濟流였다고 해야 할까.

208

왕궁리 백제 성벽 유적과 기와 무지. 기와로 치장한 성벽은 이곳이 왕성이었다는 증거다.
모두 네 개 층으로 조성된 계단식 석축. 건물을 웅장하고 돋보이게 만들었다.

　　500여 점에 달하는 토기류도 왕궁리 유적이 어떤 곳인지 말해준다.
굴뚝 장식품으로 쓰던 화려한 연가煙家, 불을 밝히던 최고급 이형異形 등
잔, 그리고 가장자리에 테가 달린 토기는 백제 최고위층이 사용하던 유
물이다. 발굴 직후 학계의 관심을 집중시킨 연꽃무늬 청자는 우리나라에
서는 처음으로 나온 것일 뿐더러, 원산지인 중국에서도 드물게 출토된
것이다. 금, 은, 유리 등을 녹일 때 사용하는 도가니도 수십 점이나 찾아
냈다. 이는 귀금속 전문 공방이 성 안에 있었다는 증거다. 이를 증명하듯
다양한 형태의 금제품도 공방 터로 추정되는 유적지에서 무더기로 나왔
다. 화려한 금구슬의 지름은 최대 크기가 0.3센티미터로, 이런 최고급 금
제품은 왕궁리 유적이 백제의 왕궁이라는 또다른 증거다. 귀금속 공예품
을 제작하는 전문 공방을 둘 수 있는 권력자가 누구이겠는가?

　　왕궁이라는 결정적인 증거는 기와에서도 발견되었다. 백제 수도의 행
정 구역 이름이 새겨진 기와가 나온 것이다. 상부, 하부, 중부, 전부, 후부
등이 새겨진 이른바 5부명 기와 말고도 백제의 왕이 거처하는 공간 혹은

왕궁리 유적의 화장실 터(왼쪽 위)와 8세기 일본 화장실 유적의 복원 모형(오른쪽 위).
왕궁리 화장실 터에서 발견된 짚신(왼쪽 아래)과 뒤처리용 막대기(오른쪽 아래).

중앙정부가 있는 도시를 뜻하는 수부首府라는 문자가 새겨진 기와가 발견되었다. 수부명 기와가 출토된 곳은 사비의 왕성 유적인 부소산성과 익산 왕궁리밖에 없다.

왕궁리에 백제 왕궁이 건설된 것은 언제였는가. 기와를 겹겹이 쌓아올린 와적 기단에서 그 실마리가 풀렸다. 와적 기단은 백제가 사비로 천도하고 난 다음에만 나타나는 기술이다. 그런데 익산 왕궁리 유적에서 와적 기단이 나타난다는 것은, 왕궁리 유적이 조성된 시기가 사비 시대, 좀더 상세히 말하자면 무왕 시대로 보는 게 타당하다. 익산 왕궁리 유적에서 나온 유물들의 시기가 대체로 백제 무왕 시대에 해당하며, 《관세음응험기》의 기록도 이를 뒷받침한다. "백제 무광왕이 지모밀지에 천도하여 새로운 정사를 지었는데……." 지모밀지는 익산 왕궁리 지역의 옛 이름 지마마지只馬知를 조금 다르게 말한 것이다.

무왕은 왜 익산에 왕궁을 지었을까? 《삼국사기》에는 무왕이 법왕法

王의 아들이라고 기록되어 있지만,《삼국유사》를 보면 무왕은 백제의 숨겨진 왕족으로 익산에서 자란 것으로 추정된다. "무왕의 어머니가 과부가 되어 부여 남쪽 연못가에 집을 짓고 살았는데, 그 연못의 용과 정을 통해 아들을 낳고 이름을 서동 薯童이라 했다." 무왕의 성장과 관련된 설화가 많은 익산은 무왕의 정치 기반이었을 것이다.

5부명 기와(위)와 수부명 기와(아래).

## 미완의 르네상스

익산 경영에 남다른 의지를 가지고 있었던 무왕의 행보는 미륵사 창건으로도 확인된다.《삼국유사》의 관련 기록은 이렇다.

> 무왕이 부인과 함께 사자사師子寺에 이르러 향을 올리려고 용화산 밑의 큰 못가에 이르니, 미륵삼존이 못가에 나타났다. 이에 가마를 멈추고 경건하게 배례하고, 그때 부인이 왕에게 이곳에 큰 절을 세우기를 원한다고 말하니 왕이 허락했다. 절 이름을 미륵사彌勒寺라 했다.

무왕이 익산에 천도한 까닭은 국제 정세에서도 찾을 수 있다. 백제 성왕은 551년 신라 진흥왕과 연합하여 고구려에게 빼앗겼던 한강 유역을 되찾았다. 그러나 진흥왕은 2년 뒤 백

백제 화장실 복원도.

전 달린 토기, 이형 등잔.
금제품을 만들던 도가니, 금단추. 최고 권력자만이 이런 귀금속 전문 공방을 둘 수 있었을 것이다.

제를 배신하고 백제 몫의 한강 유역을 차지했다. 신라의 배신에 화가 난
성왕마저 554년 신라를 공격하다가 전사했다. 신라를 원수로 여겨야 마
땅하지만 백제는 고구려 외에 신라까지 적으로 삼기는 힘들었다. 유명한
서동, 즉 무왕과 신라 선화공주善花公主의 혼인은 이런 상황에서 백제에
게 어쩔 수 없는 선택이었을 것이다. 신라 진평왕眞平王에게 금을 선물하
면서까지 혼인을 성사시킨 것일까? 《삼국유사》는 "서동이 금을 모아 산
처럼 쌓아놓고는 용화산 사자사 지명법사知命法師의 신통력을 빌려 하루
사이에 신라 왕실로 옮겨놓았다"고 전한다.

그런 정세 속에서 즉위한 무왕에게 최대의 현안은 힘을 길러 신라를
응징하는 것이었다. 실제로 무왕만큼 신라를 집요하게 공격한 왕은 없었
다. 무려 열두 차례나 신라를 공격했고, 격전지는 대부분 익산과 가까운

곳이다. 신라와 대립 관계를 유지하면서 끊임없이 영토확보 전쟁을 벌이는 것은, 결국 백제가 한강 유역을 회복하고자 했다는 뜻이다. 잃어버린 옛 영토를 회복하고 백제의 영광을 되찾으려는 노력, 익산 천도는 백제 중흥을 향한 무왕의 선택이었다.

우리가 익히 알고 있는 백제의 수도 공주와 부여에서도 아직 백제 왕궁의 실체는 확인되지 않았다. 그 때문에 익산 왕궁성의 가치는 더욱 높다. 기와로 장식한 화려한 담장, 정원과 공방 시설, 화장실에 이르는 왕궁 부속건물들까지. 발굴 성과로 본다면 익산 왕궁성은 분명히 한 시기 백제의 수도였다. 그렇다면 무왕이 이곳에 왕궁을 지을 때, 금제금강경을 봉안한 목탑을 왕실 사찰과 함께 지은 것일까? 이런 의문을 품고 보면 탑의 위치가 이상하다. 탑이 왕궁 정문 바로 뒤에 자리하고 다른 건물들을 가로막고 있는 것이다. 왕실의 번영을 기원하는 궁내 사찰이라고 하더라도 왕궁 깊숙한 곳에 자리하는 게 보통이 아니던가? 무슨 이유로 금제금강경을 봉안한 탑과 절은 왕궁의 정면에 들어섰을까?

왕궁성에서 발굴된 주요 건물지는 대부분 5층석탑 너머에 집중되어 있다. 석탑 주변에서 발견된 백제 목탑지와 일직선으로 북쪽에서 금당지金堂址와 강당지講堂址로 추정되는 건물 터가 드러났다. 또한 왕궁사王宮寺라는 명문이 새겨진 기와가 함께 나와 절집의 이름까지 확인되었다. 그동안 밝혀진 건물지들의 자리는 전형적인 백제의 사찰 건물 배치 양식을 따르고 있다. 왕궁성에 절집이 들어선 것은 언제일까? 백제 목탑지 주변에서 왕궁 건물로 추정되는 건물지가 발굴됨으로써 이 질문의 답이 나왔다. 발굴지의 층위로 볼 때 탑 자리에 본래 다른 건물이 있었는데, 그 건물을 부수고 그 자리에 탑을 세운 것이다. 또한 목탑 자리에도 무왕 때 조성한 왕궁 배수로를 파괴하고 들어선 흔적이 역력하다. 어느 시점에 익산 왕궁은 왕궁 역할을 다하고 절집으로 바뀐 것이다.

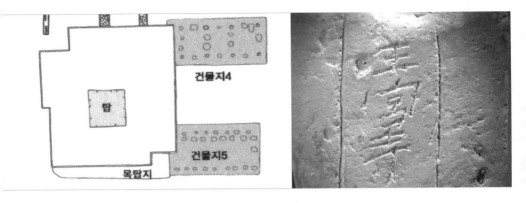

왕궁성의 건물 터 위에 조성된 목탑지(왼쪽)과 왕궁사 기와(오른쪽).

《삼국사기》에 따르면 무왕은 630년 2월 사비궁을 수리했다. "무왕 31년(630년) 2월에 사비성을 고치고 왕이 웅진성으로 옮겼다." 사비로 돌아간 이후 굳이 익산 왕궁성을 파괴한 이유는 무엇일까? 그 이유는 당시 복잡하던 백제의 정치 상황에서 찾아볼 수 있다. 의자왕을 지지하는 새로운 정치 세력과 무왕을 지지했던 정치 세력의 갈등이 있었고, 의자왕이 즉위한 이후 사비 지역을 중심으로 권력을 장악한 세력들이 익산 세력을 축출했다고 추정해봄직하다. 그러나 사비 세력과 익산 세력의 정치 갈등에도 불구하고 무왕은 왕비와 함께 정치적 고향인 익산에 묻혔다. 사비 시대의 다른 왕은 모두 부여의 능산리 고분에 안장되었지만 무왕만은 익산에 잠들었다.

무왕의 아들 의자왕義慈王은 태자 시절 어버이에게 극진히 효도하고 형제간에 우애도 깊어 해동증자海東曾子라고 불린 인물이다. 그런 의자왕이기에 돌아가신 아버지 무왕을 당연히 익산에 모셨을 것이다. 아버지가 자라난 곳이자 정치 기반이었으며 백제 중흥을 향한 꿈이 서려 있는 곳이 바로 익산이기 때문이다. 의자왕이 아버지의 뜻을 익산에서 잇지 못

## 무왕의 외교 전략과 법왕의 사찰 창건

《삼국사기》에 따르면 백제 무왕은 풍모가 영특하고 뜻과 기상이 호기로웠다. 554년 관산성전투에서 성왕이 전사하고 대패한 이후 국운이 침체된 백제를 중흥한 무왕은 오늘날의 전라북도 무주 지역과 경상남도 서부에 전선을 형성하여 신라를 압박했고, 수와 동맹하여 고구려를 견제하고자 했다. 이 대목에서 무왕의 외교 전략을 눈여겨볼 필요가 있다.

무왕은 607년 사신을 수에 보내 고구려를 공격하겠다는 뜻을 밝히고, 611년에는 수가 고구려를 공격하려는 것을 알고 다시 사신을 보내 협공을 협의하기까지 했으며, 고구려와 맞닿은 국경 지대에 병력을 배치했다. 그러나 실제로는 고구려를 공격할 뜻이 없었으니, 고구려를 견제하기는 하되 수가 고구려에 패하는 상황도 감안한 외교 전략을 펼친 셈이다. 무왕으로서는 대 고구려 전선을 새롭게 펼쳐 부담을 지기보다는, 진작부터 펼쳐놓은 대 신라 전선에 집중하는 편이 좋다고 판단했을 법하다. 당이 들어선 다음에도 무왕은 고구려를 견제하기 위해 당과 밀접한 관계를 맺었다.

한편 무왕의 아버지로 알려져 있는 법왕은 재위 기간이 불과 2년(599년~600년)밖에 되지 않아 특별한 치적이 없는 왕으로 일컬어지곤 한다. 법왕은 고기를 잡고 사냥하는 도구를 모아서 태워버리게 하여 살생을 금지했고, 민가에서 기르는 매를 모두 방생하게 했으며, 왕흥사王興寺와 금산사金山寺를 창건했고, 오늘날의 계룡산, 월출산, 지리산, 오서산 등에 일종의 호국護國 사찰을 두는 등, 불교 이념의 구현에 애썼다.

그렇다면 법왕은 2년 동안 절만 짓다가 세상을 떠난 무기력한 왕이었을까? 법왕의 사찰 창건에는 불교 이념을 진작시켜 왕권을 강화하려는 의도가 깔려 있었을 가능성이 있다. 백제 경계 안의 중요한 산악에 호국 사찰을 둔 것도, 각 지역에 기반을 둔 귀족 세력들의 전통 신앙을 견제하려는 뜻이 아니었을까? 무왕은 선왕인 법왕의 그런 노력을 바탕 삼아 백제 중흥 프로젝트를 추진한 것이 아닐까?

왕궁사 터의 모습. 일직선으로 배치된 것이 전형적인 백제 사찰 양식을 따르고 있다.
목탑을 중심으로 한 왕궁사 배치 복원도.

하고 부여로 돌아가면서, 이제 궁궐로 쓰지 않는 건물을 헐어 그 터에 절을 짓고 탑을 쌓은 것이 아닐까? 아버지를 기리는 각별한 의미가 있는 절이자 탑이었을 것이다. 비록 부여로 돌아가기는 하지만 백제 중흥의 뜻만은 잇겠다는 의지의 표현으로 볼 수도 있다. 또 정치 갈등을 어느 정도 해소하는 효과도 거두었을 것이다.

오늘날 잡풀로 우거진 들판에 서 있는 왕궁리 5층석탑 그리고 그 안에서 발견된 금제금강경은 문헌 기록에는 나와 있지 않은 백제의 역사를 말해주고 있다. 익산은 약해진 나라를 일으켜 세우려는 무왕의 야망이 숨 쉬는 백제의 수도였으며, 익산 왕궁성은 무왕이 추진했던 백제 중흥 프로젝트의 거점이었다. 1400년 세월이 흐르는 동안 왕궁성이 사라지고 금제금강경을 봉안했던 백제의 절과 목탑은 사라졌지만, 그때 그 정신이 담겨진 금제금강경만은 왕궁리 석탑에 고이 간직되어온 것이다.

# 09 최초의 한류,
## 구다라 열풍

일본 최대의 관문이자 국제항인 오사카의
도시 개발은 고대 백제인에 의해 비롯되었다.
백제 문화는 고대 일본의 식·의·주 생활에
깊이 파고 들어 그들의 삶을 송두리째 변화시켰다.
이 구다라 바람이야말로 진정 한류의 시초가 아닐까.

## 왜 일본은 백제를 '구다라'라고 읽을까?

가깝고도 먼 나라 일본. 정말 그렇다. 일본은 지도상으로는 우리나라와 매우 가깝다. 그러나 조선을 강제로 병합하여 식민 지배를 하면서, 우리 민족에게 말할 수 없이 큰 고통을 안겨준 일본은 너무도 먼 나라다. 멀리는 한반도 해안 지역을 약탈했던 왜구들도 떠오르고, 임진왜란과 정유재란 때 수많은 조선 백성들을 죽이고 잡아가며 약탈을 자행한 일도 떠오른다. 어디 그뿐인가? 독도가 자기네 땅이라고 우기고, 자신들이 과거에 저지른 못된 짓은 역사 교과서에 실으려 하지 않으며, 책임 있는 자리에 있는 정치인들이 역사에 관한 '망할 놈의 발언', 망언을 지껄이는 나라이기도 하다.

그래서 아직도 많은 우리나라 사람들이 '일본인' 혹은 '일본 사람'이라는 말 못지않게 '일본놈', 심지어 '왜놈'이라는 말을 자주 입에 올리는 게 아닐까? 말하다 보니 괜히(?) 화가 치민다. 그래서 한번 세게 말해본다. "이런 일본놈들!" 죄는 미워해도 사람은 미워하지 말라고 했으니, 일

일본에서 가장 오래된 수예 작품 유물 〈천수국수장〉(7세기 초)에 묘사되어 있는 고대 일본인의 복식. 옷깃을 한쪽으로 여미고, 치마에 주름을 잡은 화려한 색깔의 궁정 의상은 백제 옷의 영향을 크게 받았으리라 여겨진다.

본 사람들을 미워하지는 말아야 할 것 같다(고 억지로 생각해본다). 그러나 어느 영화 대사처럼 "죄가 무슨 죄가 있나? 죄 지은 놈이 나쁘지."

　그런데 요 몇 년 새 그 일본놈들, 아니 일본 사람들이 우리나라의 인기 배우나 드라마, 가수나 노래에 열광하고 있다. 우리 대한민국의 대중문화가 이룬 큰 물결, 이른바 한류韓流가 사뭇 거세다. 이에 따라 일본 사람들이 우리나라 사람에 대해 느끼는 감정도 여러 면에서 좋아졌다고 한다. 예전보다 친밀하게 느끼는 것이다. 누구의 말인지 기억나지는 않지만 '문화는 흐른다'고 했다. 우리가 생선초밥을 즐겨 먹고, 일본인들이 김치를 즐겨 먹는다. 그렇다. 문화는 고인 물이 아니라 늘 흐르고 있는 물과 같다. 물론 그것이 흐르는 방향은 시대에 따라, 상황에 따라 달라진다. 또한 문화의 흐름은 사람의 흐름과 함께하기 마련이다. 이른바 문화 교류란 사람도 오가고 문물도 오가는 것이다.

20세기 초에는 이 흐름이 일본에서 한반도로 움직였다. 이를테면 우리가 오늘날 사용하는 중요한 번역어나 개념어는 대부분 일본 사람들이 만들어낸 것이다. 우리는 일본 사람들이 만든 번역어와 개념어를 통해 서양 사상과 문물을 이해했다. 물론 제국주의 침탈과 식민 지배라는 고통스런 현실에서 이루어진 흐름이었으니 떨떠름하기는 하다. 그러나 역사를 돌이킬 수도 없는 일이고, 어쩌겠는가? 그때는 그랬다. 억울하면 일본을 가득 채우고도 남을 정도로 우리 문화를 풍부하게 가꾸는 수밖에.

그런데 시간을 훨씬 많이 거슬러 올라가면 원조 한류라고 부를 법한 흐름과 만나게 된다. 바로 고대 백제에서 일본으로 거세게 흘렀던 문화의 물결이다. 이 최초의 한류에 관해 자세하게 알아보기 위해 일본 여행을 떠나보자. 일본 사람들은 백제百濟를 '구다라くだら'라고 부른다. 일본어를 배운 사람이라면 발음이 좀 이상하다고 느낄 법하다. 백제라는 한자를 일본식으로 읽으면 '하쿠사이'가 된다. 고구려는 코우쿠리, 신라는 시라기라고 본래 발음과 비슷하게 부르면서, 백제는 왜 구다라라고 부를까? 구다라가 도대체 무슨 뜻일까?

여행의 첫 방문지는 일본 오사카大阪. 이 일대는 구다라, 아니 백제의 유물과 유적이 많이 남아 있는 곳이기도 하다. 백제를 구다라라고 부른 이유를 찾아보기 위해 오사카 시내의 한 서점을 찾았다. 일본의 역사용어들을 풀이해놓은 《일본국사 사전》에서 구다라라는 단어를 찾았다. 이런! 맥이 탁 풀려버린다. "고전에는 많은 경우 백제라 쓰고 구다라라고 읽는다. 이유는 아직 알려져 있지 않다." 사전이 왜 이래? 이런 것을 뜻풀이라고 해놓다니. 차라리 그냥 '잘 모름.' 이렇게 써놓을 것이지.

그래서 길 가는 일본 사람들을 무작정 붙잡고 물어봤다. 그 중 한 사

람은 이렇게 말했다. "구다라나이 くだらない라는 표현이 있는데, 그대로 '백제가 없다'는 뜻이 되겠지요. 그런데 '구다라나이'는 '시시하다'는 뜻입니다. 백제 것이 아닌 것은 좋지 않다, 시시하다, 이런 뜻이 아닐까요? 고대 일본인들이 백제에서 들어온 것, 백제식 물건을 얼마나 좋아했으면 그런 표현이 생겼겠습니까? 백제의 선

백제라는 한자와 '구다라'라는 영문이 씌어 있는 일본의 표지판. 오사카에는 유난히 百濟라는 한자가 들어가는 지명과 장소가 많다.

진 문물을 동경했던 고대 일본인들의 태도를 엿볼 수 있는 표현입니다."

제법 그럴 듯하다. 기분도 좋아진다. 자부심도 솟는다. 다른 사람에게 '구다라나이'에 관해 물었다. 뜻밖의 대답이 돌아왔다. "아! '구다라나이'라는 표현을 두고 그렇게 말하는 사람도 있지요. 하지만 그게 그렇지 않아요. 이를테면 에도 시대에 나다灘 지역에서 만든 술 가운데 가장 좋은 술을 에도로 보냈는데 그것을 구다리모노下り物라고 불렀답니다. 에도 시대 초기에는 일찍이 산업과 상업이 발달했던 오사카와 도쿄 지역에서 '내려온 물자下り物'에 의존할 수밖에 없었죠. 그러니까 구다리모노는 나다에서 나는 좋은 술만 가리킨 게 아니라, 대체로 오사카와 교토 지역에서 에도 지역으로 들어온 좋은 물건을 가리키는 말이었다고 볼 수 있지요. '고도의 기술로 만든 진짜나 고급품' 정도를 뜻한다고 할까요? 그러니까 '구다라나이'는 별로 좋지 않은 것, 시시한 것이 되겠지요."

기분도 좋고 자부심도 솟는다 했더니 이럴 수가. 어떤 우리나라 사람은 충남 공주가 백제 시대에는 곰나루(熊津)로 불렸고, 지금도 공주 사람들은 곰나루를 구드래로 부르기도 하니, 구드래라는 말에서 구다라가 나

일본 나라현 가시하라시와 공주 정지산의 대벽건물 유적. 벽제를 만들기 위한 기둥 구멍의 흔적이 선명하다.

온 것 같다고 말해주었다. 교토대학 명예교수 우에다 마사아키는 구다라가 '큰 나라'를 뜻하는 말이라고 한다. 그렇다면 백제 사람들이 백제를 '큰 나라'라고 훈독, 즉 뜻으로 읽었기 때문에 일본 사람들도 '구다라'라고 읽었다는 이야기가 된다. 그럴 듯하다. '크다'에서 '크'가 '쿠'가 되고 '쿠'가 '구'가 되고, 다라는 우리말 '땅'을 이두식으로 표기한 달達, 다례多禮, 다라多羅 등에서 유래했다고 볼 수 있겠다.

　　그러나 이렇게 어원을 따져가는 게 타당한 것인지, 믿을 수 있는 것인지 좀처럼 확신이 서지 않는다. 고대어의 어원을 따지는 일은 가당치도 않은 말을 억지로 끌어다 조리에 닿도록 하는 견강부회牽强附會의 위험에서 완전히 자유롭지는 못하다. 그렇다면 구다라라는 말의 비밀을 조금도 풀지 못한 채 제 자리에 서 있는 꼴이 되어버리고 만 것일까? 여기까지 온 게 억울하다. 그러니 옛 일본 사람들의 마음속에 있던 백제, 아니 구다라가 일단 '큰 나라'였다고 치자. 혹시 알겠는가. 마음속뿐 아니라 실제 그들의 생활 속에서도 '큰 나라'로 자리했을지 말이다. 일본에 오기를 참 잘했다는 생각이 든다. 옛 문헌만 들여다보는 것보다는, 일본인의 역사 속에, 삶 속에 자리잡았던 구다라를 직접 확인할 수 있을 테니 말이다.

## 바다 건너온 생활의 혁명

유적 발굴 작업이 한창인 일본 나라현奈良縣의 가시하라시橿原市 유적을 방문했다. 이곳에서는 6~7세기 고대 일본의 보통 주거 형태와는 모양이 다른 집터가 발견되었다. 사각형으로 도랑을 파고 그 도랑에 크고 작은 구멍을 뚫어 기둥을 세운 형태가 독특한 집이다. 일본에서는 찾아볼 수 없는 독특한 건축방식이라 10여 년 전만 해도 그 기원을 알지 못했다. 그런데 지난 1996년 백제의 두 번째 수도였던 공주 정지산艇止山에서 형태가 똑같은 집터가 나타났다. 네모꼴 도랑에 촘촘히 구멍을 낸 뒤 그 구멍에 굵고 가는 기둥을 세우고, 기둥 사이에 흙을 발라 벽체를 완성하는 건물, 이른바 대벽건물大壁建物이다.

한반도에서는 유일하게 백제 지역에서만 나타나는 건물양식이다. 그렇다면 가시하라시 유적의 집터는 백제에서 일본으로 전해진 건축방식에 따라 지은 대벽건물이 있던 자리일 것이다. 그런데 대벽건물에 아무나 살 수 있었던 것은 아니다. 대벽건물은 대체로 마을에서 중심지를 차지하고 있기 때문이다. 그렇다면 대벽건물에 살던 사람들은 신분이 높은 사람들이었을 것이다. 가시하라시 집터 유적에서는 건물 안쪽에 군데군데 박혀 있는 돌들, 바

대벽건물을 짓는 과정.

시가현 오츠시의 대벽건물 터와 온돌 유적. 오츠시에서는 세 곳의 온돌 유적이 발견되었다.

로 온돌도 발굴되었다. 백제에서 건축 기술과 함께 난방 기술도 들어온 것이다. 온돌의 흔적은 시가현滋賀縣 오츠시大津市 유적에도 있다. 발굴 작업이 이미 끝나 건물 터를 눈으로 직접 확인할 수는 없지만, 대벽건물과 함께 온돌이 발견되었다.

그렇다면 일본에 대벽건물과 온돌은 어떻게 전해진 것일까? 물론 여기에는 사람의 흐름이 있었다. 일본 사람들이 말하는 도래인渡來人, 한반도를 비롯해 대륙에서 일본으로 이주한 사람, 문자 그대로 '물 건너온 사람'들 가운데 백제에서 건너온 사람들이 처음 백제식 건물을 짓고 살았을 것이다. 그리고 도래인이 아닌 일본 원주민들도 백제식 건물을 따라 짓기 시작했을 것이다. 지금은 우리나라 제품이 워낙 좋아져서 자주 쓰는 말은 아니지만, 한 20년 전만 해도 외제 상품을 '물 건너온 것'이라 일컬으며 선망의 눈으로 바라보곤 했다. 고대 일본인들도 마찬가지였을 것이다. '물 건너온' 사람들이 '물 건너온' 새로운 기술로 짓고 사는 멋지고 편리한 집, 그런 집에 살고 싶어했을 고대 일본인들.

6세기에 이르면 대벽건물이 점차 일본 서부 일대로 퍼져나간다. 대벽건물이 최신식 주거 형태로 인기를 끈 것이다. 대벽건물과 비슷한 시기에 일본에 전해져 좀더 빠른 속도로 유행한 것이 부뚜막과 시루다. 부뚜막과 시루는 일본 서부뿐 아니라 전역에서 나타나고 있다. 일본의 부뚜막과 시루는 5세기에는 한반도의 토기 제작 기술로 만들어졌지만 6세기

고구려

신라

백제

왜

한국과 일본의 대벽건물 분포. 백제 지역과 야마토 지역에서만 나타난다.

부터는 일본의 독자 기술로 제작되기 시작했다. 이는 한 문화자산을 단순히 받아들이는 것에서 한 발자국 더 나아가 완전히 수용했다는 뜻이다. 백제에서 '물 건너온' 주거 문화, 주방 문화, 음식 문화가 일본 문화의 요소로 제자리를 잡은 것이다.

움집에 살던 일본인들이 번듯한 대벽건물에서 살게 되었다. 바닥에 쪼그리고 앉아 화로에서 음식을 해먹다가 부뚜막에 서서 편리하게 음식을 만들게 되었다. 굽거나 끓이는 조리법만 알던 일본인들이 시루로 쪄서 먹는 법을 알게 되었다. 백제 문화가 백제 사람들과 함께 바다를 건너온 덕분, 요컨대 문화와 사람이 흐른 덕분이다. 그

일본에서 발견된 6세기 시루와 부뚜막 유물.

런 고대 일본 사람들의 밥상은 어떠했을까?

일본 나라의 후지와라교藤原京 유적에서 발견된 화장실 터에서는 흥미로운 유물이 나왔다. 바로 기생충 알이다. 기생충 알도 유물이냐고 할지도 모르지만, 옛 사람들의 생활상을 엿볼 수 있게 해주는 것이라면 기생충 알보다 더한 것도 유물이라고 할 수 있다. 이 기생충 알을 통해 고대 일본인들이 잉어, 붕어, 은어 같은 생선과 각종 야채를 날로 먹다가 기생충에 감염되거나 예전에 비해 인구가 집중되면서 물을 통한 기생충 감염도 있었음을 알 수 있었다.

## 옷의 신, 패션의 세례를 내리다

주거 문화와 주방 문화 및 음식 문화만 백제식이 유행한 것일까? 유행하면 빠질 수 없는 것이 옷 아니던가. 유행을 뜻하는 영어 단어 패션fashion은 (주로 여성의) 의복을 뜻하는 말로도 쓰인다. 일본 고대국가의 수도였던 아스카明日香의 시골 마을을 찾았다. 이 마을에는 작은 신사神社가 있는데, 이 신사에는 옷의 신이 모셔져 있다. 역시 별의별 신을 다 모시는 일본 사람들답다. 물론 의식주衣食住라는 말에서도 볼 수 있듯이 입는 문제는 사람살이에서 매우 중요하다. 그러니 옷의 신을 모시는 것을 너무 이상하게 생각할 것도 없을 법하다.

이 신사에서 모시는 옷의 신이란 다름 아니라 백제에서 건너온 부부다. 백제에서 건너온 의복 기술자를 옷의 신으로 모시는 것이다. 이 마을 일대에는 백제에서 건너온 의복 기술자들이 모여 살았다고 한다. 아마도 이 지역에서 백제식 옷을 처음 만든 사람을 신으로 받드나 보다. 그렇다면 백제 기술자들이 전해준 백제식 옷은 어떤 모양이었을까? 일본의 백제식 옷을 추정해볼 근거가 될 만한 자료는 거의 남아 있지 않다.

다만 622년 쇼토쿠聖德 태자가 세상을 떠난 뒤 그의 명복을 빌기 위해 수놓은 휘장 〈천수국수장天壽國繡帳〉, 명칭을 모두 말하면 〈천수국만다라수장天壽國曼陀羅繡帳〉이 남아 있다. 〈천수국수장〉은 지금까지 남아 있는 일본 유물 가운데 가장 오래된 수예 작품으로, 백제인과 고구려인의 지도로 만들어졌다고 한다. 교토 다치바나 여자대학 이노쿠마 가네가쓰猪熊兼勝 교수는

아스카의 시골 마을에 자리한 구레쯔히코 신사. 백제에서 일본에 건너가 베를 짜고 옷 만드는 기술을 처음으로 전수한 의복 기술자 부부를 모시고 있다.

〈천수국수장〉에 묘사된 인물들이 입고 있는 옷이 백제의 영향을 받은 백제식 옷이라고 주장한다.

대략 5세기 후반부터 많은 백제인들이 일본으로 건너왔다. 그들 도래인이 가지고 온 새로운 문물과 기술은 일본 사람들의 가슴을 설레게 하는 데 충분했을 것이다. 새로운 문화를 가장 먼저 받아들일 수 있는 사람들은 역시 지배 계층이었다. 의복이라면 고대 일본의 왕실 의복, 정확히 말하면 일본의 궁정 사람들이나 최고위층 사람들이 입는 옷이 바로 백제식 옷이었을 것이다. 물론 백제 옷과 완전히 똑같지는 않았을 가능성이 크지만, 그 원류는 백제 옷이었다고 할 수 있다. 옷깃을 한 쪽으로 여미고 치마에 주름을 잡기도 했고, 화려한 색으로 염색한 의상, 고대 일본인들이 그때까지 꿈에서나 그려보았음직한 새로운 패션이었다.

백제의 의복 기술이 전해지기 전 일본의 옷은 어땠을까? 중국의 난징 시립박물관에 있는 〈양직공도梁職貢圖〉를 보자(30쪽 참조). 그림 속 백제 사신은 무릎까지 오는 도포를 걸치고 가죽신까지 갖춰 신고 있다. 제법 멋진 품새다. 그러나 일본 사신은 천을 허리에 두르고 끈을 묶었으며 신

일본 고대 베틀의 발달 과정. (왼쪽부터) 야요이 시대의 원시 베틀, 마와 같은 식물계 섬유를 짜던 지기地機, 비단 직조용 고기高機.
히라카타시에서 발견된 유물은 길이를 보면 비단 짜는 베틀 부품이라 짐작된다. 백제의 발달된 직조 기술이 일본에 전해졌음을 보여준다.

발은 아예 신지도 않았다. 한눈에 봐도 대충 걸친 초라한 꼴이다. 아무 사람이나 외국에 사신으로 보내지는 않았을 것이다. 더구나 외국에 사신으로 나가자면 행색을 제대로 갖추는 것이 당연할 것이다. 그런데도 이렇게 대충 걸치다니, 당시 일본 사람들의 의생활이 어떠했을지 짐작이 간다.

아니나 다를까, 중국의 역사책은 당시 일본의 옷을 이렇게 묘사하고 있다. "천을 그대로 몸에 둘러 걸친 가사의袈裟依와 천에 구멍을 내 목을 끼워넣는 관두의貫頭衣를 입었다." 주로 가죽같이 가공되지 않은 재료를 재봉도 않은 채 그냥 허리에 끈을 묶는다든지 해서 걸쳐 입는 형편이었던 것이다. 이런 상황의 일본에 제대로 된 옷의 형태를 전해준 것은 역시 백제 사람들이었다.

오사카 동쪽 히라카타시枚方市. 백제에서 온 기술자들이 모여 살았다는 곳이다. 그런데 이곳에서 발견된 베틀의 일부가 오사카 문화재센터에 보관되어 있다. 아직도 실 자국이 선명하게 남아 있는 베틀은 백제에서 온 기술자들이 쓰던 것이다. 방사성탄소연대 측정 결과 베틀이 쓰인 시기는 461년~533년 사이다. 475년에 백제 사람이 재봉 기술을 전했다는

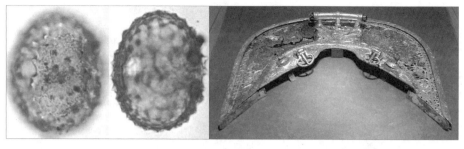

후지노키 고분에서 나온 잇꽃 씨와 금동마구. 무덤 주인이 백제계 도래인이며 염색 기술을 가져왔음을 보여준다.

《일본서기》의 기록과 일치하는 때다. 베틀 부품의 길이를 보면 어떤 종류의 직물을 제작한 베틀인지도 알 수 있는데, 히라카타에서 발견된 베틀은 비단을 짜던 베틀로 가장 정교하고 발달된 형태의 것이다. 백제 옷의 전래가 문헌 자료뿐 아니고 실물 베틀을 통해 밝혀졌으니 동아시아 복식사 연구에서 매우 중요한 유물이 아닐 수 없다.

이 밖에도 옷을 만드는 데 필요한 기술은 모두 백제에서 일본으로 전해졌다고 해도 지나친 말이 아니다. 나라의 후지노키藤の木 고분에서는 염료 기술의 흔적이 발견되었다. 후지노키 고분에서 쏟아져 나온 화려한 금동마구金銅馬具들은 이 고분이 한반도 도래인과 밀접한 관계가 있음을 알려주는데, 바로 이 고분의 관 안에서 꽃씨가 나왔다. 국화과의 이년초인 잇꽃이다. 여름에 줄기 끝이나 가지 끝에 피는 주황색 꽃은 한방 약재로, 씨는 기름을 짜는 데 쓰며, 꽃부리는 붉은 물감의 원료로 쓴다. 잇꽃은 주로 옷감을 물들이는 데 이용되었는데, 일본의 고분 퇴적물에서 발견되는 경우도 종종 있지만 본래 일본에는 없었던 식물이다. 베틀과 함께 일본에 전해진 것이다.

이미 말한 〈양직공도〉의 백제 사신 그림이 말고는 아쉽게도 일본에 전해진 백제 옷에 관한 사료는 거의 남아 있지 않다. 나라의 아스카에 있

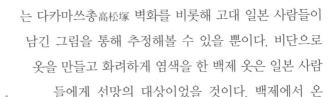

는 다카마쓰총高松塚 벽화를 비롯해 고대 일본 사람들이 남긴 그림을 통해 추정해볼 수 있을 뿐이다. 비단으로 옷을 만들고 화려하게 염색을 한 백제 옷은 일본 사람들에게 선망의 대상이었을 것이다. 백제에서 온 의복 기술자를 신사에 모시고 참배할 정도로 일본인들에게 백제의 의복 기술과 옷은 혁명 그 자체였다. 백제풍의 옷을 입은 사람은 최고의 멋쟁이로 부러움의 눈길을 한 몸에 받지 않았을까?

## 세계를 만나는 창

이제 주거, 주방, 음식, 의복까지 두루두루 살펴봤으니 그만 돌아갈까? 그러나 이게 전부가 아니다. 사람의 말을 잘 따라한다는 앵무새, 애완용으로도 제법 많이 키우는 앵무새도 백제가 일본에 전해주었

금동대향로(국보 287호)에 묘사된 여러 가지 동물들. (왼쪽부터) 사람이 부리는 코끼리, 사자, 악어.

230

다고 한다. 《일본서기》를 보면 스이코 왕推古王 시대인 599년 "백제에서 앵무새 한 마리, 노새 한 마리, 양 두 마리를 보내왔다"고 하며, 657년에는 "백제에서 낙타 한 마리, 당나귀 두 마리가 왔다"고 기록되어 있다. 별의별 것을 다 보냈다는 생각도 들지만, 지금 사는 우리야 동물원에 가면 쉽게 볼 수 있어도 그 옛날 일본 사람들에게는 무척이나 진귀한 동물이 아니었을까?

그런데 앵무새나 낙타는 한반도에도 살지 않는 동물이다. 열대 지방에 사는 앵무새와 사막이나 초원 지대에 사는 낙타를 어떻게 백제가 일본에 전해주었을까? 백제도 어딘가 다른 곳에서, 그러니까 아주 먼 곳에서 앵무새와 낙타를 들여왔을 것이다. 이쯤에서 일본 여행을 그만두려 했지만 새로운 궁금증이 생겼으니 좀더 여행을 해보자. 고대 일본에서 낙타를 비롯한 동물을 기른 흔적이 남아 있다고 해서 가봤다. 아스카의 여러 왕궁 가운데 하나인 이타부기궁板蓋宮 터에 연못이 있던 자리로 추정되는 곳으로 덴무 왕天武王이 축조한 왕궁 정원인 백금후원이다. 일본 학자들은 낙타와 앵무새 같은 희귀한 동물들을 이곳에서 키웠을 거라고 생각한다.

그렇다면 백제는 어떻게 한반도에 살지도 않는 동물들을 일본에 전해주었을까? 백제를 대표하는 유물 가운데 하나인 〈금동대향로〉(국보 287호)에는 동식물을 비롯해 백제 사람들의 모습까지 다양한 그림이 새겨져 있다. 그 가운데 동물은 마흔두 종류나 그려져 있다. 백제에 서식하지 않던 동물들도 여럿 보이는데, 그 표현방식의 생생함이 놀라울 정도다. 코끼리 등에 사람이 타고 있는 부분의 경우, 코끼리를 일상생활에서 사용하고 있는 것을 직접 보고 그렸지, 상상력만 동원해서는 이렇게 묘사하기 힘들다. 〈금동대향로〉에서 또 하나 주목할 것은 악어다. 이것도 백제 사람들이 동남아 지역을 오가면서 그 지역에 서식하는 악어를 직접 보았기 때문에 이렇게 묘사할 수 있었을 것이다.

성왕 4년인 526년 백제 승려 겸익謙益이 인도로 출발했다. 그는 뱃길로 인도에 도착하여 계율을 연구한 뒤 530년 배달다삼장倍達多三藏이라는 인도 승려와 함께 산스크리트로 된 율문律文을 갖고 돌아와 백제 불교의 계율을 정립했다. 겸익이 여행한 경로는 항해로뿐 아니라, 조선술과 항해술이 뒷받침해야 갈 수 있는 먼 뱃길이었다. 백제의 교역 범위를 알수 있는 기록은 《일본서기》에도 있다. "백제가 부남국扶南國 노비 두 명을 보냈다"는 기록인데, 부남국은 메콩 강 하류 지역, 오늘날 캄보디아 지역에 있던 나라다. 또 《일본서기》에는 백제가 554년에 북부 인도에서 생산되는 직물인 탑등을 보내왔다는 기록도 있다. 탑등은 양털을 주재료로 문양을 넣어 짠 섬세한 페르시아 직물이다. 백제는 이렇듯 세계 여러 지역과 교역한 결과물을 일본에 전해주었다.

일본의 나라 문화재연구소에 그것을 입증해주는 유물이 보관되어 있다. 아스카사飛鳥寺에서 출토된 화려한 유리구슬이다. 6세기만 해도 일본에는 유리 제조 기술이 없었다. 그래서 모든 유리는 외국에서 들여와야 했다. 고대 일본에 들어온 유리의 성분을 분석해보면, 멀리 인도가 원산지인 것도 있다. 유리를 자르는 기술의 기원이 인도라는 사실은 최근 조사에서 밝혀진 바다. 유리 교역은 광범위한 바닷길을 통해 이루어졌던 것이다.

아스카사에서 출토된 유리와 똑같은 것이 백제 무령왕릉에서도 나왔다. 혹시 중국을 통해 들어온 것은 아닐까? 그러나 이 유리구슬은 중국에서는 많이 볼 수 있는 유물이 아니다. 인도—태평양 구슬이라 부르는, 당시 동남아시아 지역에서 널리 교역되던 유리제품이다. 해상 실크로드, 일명 바닷길이 삼국 시대에 한반도까지 이어져 있었음이 유리구슬을 통해 밝혀진 것이다. 백제는 중국의 남조南朝, 인도, 동남아시아 등에 걸친

일본 아스카사 출토 유리구슬(왼쪽)과 무령왕릉 출토 유리구슬(오른쪽). 성분을 분석해보니 같은 것으로 밝혀진 이 구슬들은 6세기에 동남아시아 지역에서 널리 교역되던 물품이다.

교역망에 참여하고 있었고, 일본은 그 덕을 본 셈이다. 금동말안장이며 기와, 《천자문千字文》, 그 밖에 많은 문물과 지식이 모두 백제에서 일본으로 전해졌다. 그래서인지 오늘날 한반도보다 일본에서 오히려 더 생생한 백제 유적을 만날 수 있다.


## 오래된 첨단 기술, 사야마이케

다시 오사카다. 이곳에는 일본에 들어온 백제인들이 남겨놓은 놀라운 유적이 있다. 오사카 시내에서 30킬로미터 떨어진 곳에 있는 사야마이케狹山池라는 거대한 저수지가 바로 그것이다. 홍수방지용 댐이자 농업용수를 공급하는 이 저수지는 오사카 일대 사람들에게는 생명수와도 같다. 저수지 바로 옆에는 그곳의 역사와 토목 관련 전시물을 보여주는 사야마이케 박물관이 있는데, 일본을 대표하는 건축가 안도 타다오安藤忠雄가 설계한 곳으로도 유명하니, 백제인의 자취도 느껴보고 건물도 감상하니 일석이조다.

사야마이케는 지금으로부터 1400여 년 전인 616년에 축조되었다. 고대 일본이 야심차게 추진한 경제·산업 기반시설 구축 사업인 셈이다. 흐르는 강에 제방을 쌓아 저수지를 만드는 공사는 엄청난 시간과 인력이 필요한 대규모 토목 공사다. 처음 건설할 때 길이 300미터의 제방으로 강을 막아 저수지를 만들었는데, 당시 일본에는 그렇게 수준 높은 토목 기술이 없었다. 더구나 오사카 지역은 대부분 지반이 약해 제방을 쌓기도 힘들고 쌓았다 해도 붕괴되기 쉽다. 그렇다면 어떻게 이 어려운 대공사를 해낸 것일까?

눈치 빠른 사람이 아니어도 이미 짐작했을 것이다. 어려운 지반 조건을 극복해낸 것은 바로 백제가 2세기부터 활용하던 특수 토목 기술인 부엽공법敷葉工法 덕분이었다. 부엽공법이란 흙을 한층 쌓고 그 위에 나뭇가지와 낙엽 쌓기를 반복하는 공법이다. 주로 저지대나 습지에 쓰이는 기법으로, 흙의 강도를 높여 제방의 붕괴를 막는 특수 공법이다. 시야마이케 박물관의 한쪽은 옛 제방을 절개해 전시하고 있는데, 절개 단면 군데군데 나뭇잎이며 잔나뭇가지들이 선명하게 드러나 있다. 부엽공법은 백제 지역에서 흔히 볼 수 있다. 한강에서 가까운 풍납토성에서도 이 공법을 활용한 흔적이 보이며, 부여(사비)의 수도성인 나성羅城을 쌓을 때도 부엽공법을 이용했다. 백마강을 끼고 있는 저지대에 튼튼한 성벽을 쌓기 위해 부엽공법을 썼던 것이다. 성벽의 단면을 보면 지금도 나뭇가지가 묻혔던 흔적을 볼 수 있다.

제방 외에도 당시 백제의 뛰어난 기술 수준을 보여주는 것이 또 있다. 바로 저수지에 저장한 물을 근처 마을로 보내주는 지하수로다. 제방을 쌓아 저수지를 만든 뒤, 그 바닥에 수로를 설치한 것이다. 지하수로를 통해 물이 공급되자 오사카 일대는 농경지로 탈바꿈했다. 물론 수로로 운반된 물은 식수로도 쓰였을 것이다. 백제의 기술 덕분에 오사카는 고대 일본 경제의 기반이 되는 핵심 도시로 새롭게 태어났다. 616년에 조성된

사야마이케 저수지의 둑을 쌓는 과정. 둑을 쌓을 부분에 돌을 쌓고 흙을 다져넣는다. 그 위에 나뭇가지와 낙엽 등을 쌓고 다시 흙을 덮는 백제 특유의 토목 기술인 부엽공법으로 저수지를 만들었다. 부엽공법은 당시로는 최첨단 특수 기술이었다.
오사카 사야마이케의 단면과 부여 나성의 단면. 흙의 강도를 높이기 위해 섞은 섬유질, 즉 나뭇가지의 잔해가 보인다.

이 수로가 지금까지 1400년에 걸쳐 오사카 일대에 도움을 주고 있으니, 그 옛날 백제인이 아니었다면 오사카가 오늘날처럼 번성할 수는 없지 않았을까?

　5세기 이후 일본으로 대거 이동한 백제인들은 일본 고대국가 탄생지 아스카가 있는 오사카 일대에 모여 살았다. 이것은 단순한 기술과 문화 전수 이상의 의미를 지닌다. 일본의 고대국가 형성에 백제가 중대한 구

사야마야케 박물관에 전시된 지하수로의 모형. 저수지 제방 바닥에 설치된 지하수로를 통해 사야마이케에 저장된 물이 오사카 전역에 농업용수와 식수로 공급된다.

실을 했기 때문이다. 지금도 일본 고대 도시의 중심부에는 백제인의 흔적이 곳곳에 남아 있다.

## 백제는 '큰 나라' 다

동양 최대의 불상을 갖고 있는 도다이사東大寺는 건축에서 큰 불상에 금을 입히는 작업까지 백제인들의 기술력이 동원된 곳이다. 일본 최초의 절로 알려져 있는 아스카사 역시 백제의 지원을 받아 지어졌다. 일본의 소가씨蘇我氏 세력이 사찰을 지으려 하자 백제는 불사리와 함께 승려, 사찰 건축 전문가인 사공寺工, 기와 전문가인 와박사瓦博士, 그림 전문가인 화사畵師 등 새로운 기술과 지식을 지닌 사람들을 보냈다.

아스카사의 완공을 앞두고 사리함을 안치하는 행사와 관련해 흥미로운 일화가 있다. 당시의 실권자 소가 우마코蘇我馬子를 비롯한 100여 명의 인사들이 모두 백제 옷을 입고 행사를 거행하니 보는 사람들이 한결같이 기뻐했다는 것이다. 소가씨 가문에 속한 소가 우마코는 일본의 왕을 세 번이나 갈아치운 당대 최고의 권력자였다. 626년에 만들어진 그의 무덤 이시부타이石舞台 고분은 천장석의 무게가 77톤에 달한다.

그런데 일본의 아스카 시대 정치·종교·문화 등을 좌지우지했던 소가씨 세력은 백제계로 알려져 있다. 고구려의 침공으로 백제의 한성이 함락되던 475년, 소가씨로 추정되는 백제인에 관한 기록이 남아 있다. 목협만치木協滿致라는 인물이 남쪽으로 내려갔다는 기록인데, 여기에서 남쪽은 일본을 뜻한다. 비슷한 시기 《일본서기》의 기록에 목만치木滿致와 소가 마치蘇我滿智라는 이름이 나온다. 소가씨 일족이 도래인이라는 설은 일본 학계에서도 점차 유력해지고 있다. 소가씨의 시조인 소가 마치가 백제계라는 주장이다.

백제계인 소가씨가 어떻게 최고 권력을 장악할 수 있었을까? 소가씨는 국가의 창고를 관리했다. 여기에서 관리란 창고의 출납 상황을 정리하거나 보안을 책임졌다는 수준에 머문 일이 아니다. 사실상 국가의 재부財富를 장악하고 관리했다는 뜻이다.

소가씨가 관장한 것으로 추정되는 창고 터가 나니와 궁難波宮 터 옆에 있는데, 창고 하나의 크기가 90제곱미터에 달하는 큰 규모다. 바로 이런 창고가 소가씨의 정치 기반이었다. 이게 무슨 말인가? 백제에서 앞선 문물이 들어와 집결되는 창고를 소가씨가 틀어쥐고 있었던 것이다. 백제계로서 소가씨는 백제와 일본 사이의 경제·정치·문화적 파이프라인과 핫라인 구실을 했다. 소가 마치가 일본 역사에 등장할 때도 재정과 호적을 관리하는 관료로 등장한다. 재정 및 호적 관리 기술이라는 소프트웨어를

# 일본 왕실과 백제

2001년 12월 23일, 일본의 아키히토 왕明仁王은 68세 생일을 앞두고 가진 기자회견에서 한국에 관한 질문을 받고, 한일 관계의 중요성을 이야기하면서 이렇게 말했다. "나 자신과 관련해서는 옛 간무 왕桓武王의 생모가 백제 무령왕의 자손이라고 《속일본기續日本紀》에 기록되어 있어 한국과 인연 있다고 생각한다." 간무 왕은 781년~806년에 재위한 일본의 50대 왕으로, 재위 중인 일왕이 일본 왕실과 백제의 혈연을 직접 언급한 것은 이 일이 처음이다.

아키히토는 이렇게 덧붙였다. "백제 무령왕은 일본과 관계가 깊다. 당시 오경박사五經博士가 대대로 일본에 초빙되었으며, 무령왕의 아들 성명왕聖明王은 일본에 불교를 전해주었다고 한다." 간무 왕의 조상이 백제 왕실 사람이라는 것은 일본 측 역사서에 분명히 기록되어 있고 일본 학자들도 인정해왔기 때문에, 아키히토의 언급이 새삼스러울 것은 없다.

일본 왕실이 백제 왕실과 혈연이 있다는 주장은 제법 오래 전부터 여러모로 제기되었다. 구체적으로 어떤 왕이 백제의 어떤 왕과 혈연이라는 주장, 심지어 백제 왕이 일본 왕이 되었다는 주장 등 사실상 일본 왕실이 백제 왕실과 한 가족이나 다름없다는 식의 주장들이 많았다. 그러나 적어도 《일본서기》의 기록만 본다면 백제와 일본의 관계는 문화적 교류(물론 백제가 일방적으로 문화를 전해주는 관계) 이상이 못 되었다. 물론 《일본서기》 자체가 일왕의 권력을 정당화하고 미화하려고 편찬되었기 때문에, 그것에만 의존해서는 고대 한일 관계사, 특히 일본 왕실과 백제 왕실의 관계를 제대로 밝히기 힘들다.

815년에 편찬된 일본 왕실 및 최고 귀족들의 족보 《신찬성씨록新撰姓氏錄》에는 "대원진인大原眞人은 비다쓰 왕敏達王의 손孫인 백제 왕의 손"이라는 대목이 나온다. 비다쓰 왕의 자손이 백제인이라면 비다쓰 왕은 물론이거니와 그 직계 전체가 백제인이라는 뜻이다. 일본 역사서 《부상략기扶桑略記》에는 비다쓰 왕이 즉위한 뒤 구다라대정百濟大井에 궁을 지었다는 것, 즉 구다라대정궁百濟大井宮을 지었다는 기록이 나온다. 구다라대사와 구다라대궁을 지은 죠메이 왕은 비다쓰 왕의 친손자이기도 하다.

그 밖에도 몇 가지 주장을 살펴보면 이렇다. 일본 역사학자 미즈노 유水野祐는 1978년에 내놓은 저서 《일본 고대국가 형성》에서 15대 오우진 왕應神王

과 16대 닌토쿠 왕仁德王 부자가 백제인의 후손이라고 지적했다.《일본서기》에는 오우진 왕이 백제 옷을 입었다는 기록이 나오고, 오우진과 닌토쿠 왕은 고대 일본의 가와우치河內 왕조를 세웠다.

6세기 백제 무령왕의 동생이 26대 게이타이 왕繼體王이 된 이후 백제 왕족의 후손들이 7세기 말까지 왕이 되었다. 심지어 백제 성왕이 540년 고구려를 공격하다 실패하자 일본으로 건너가 29대 킨메이 왕欽明王이 되었다는 주장도 있다. 33대 스이코 여왕推古女王은 백제 왕족의 순수한 혈통을 이은 일본 최초의 정식 여왕이다(스이코 여왕은 30대 비다쓰 왕의 아내다).《신찬성씨록》에 실려 있는 1182개에 달하는 씨족은 대부분 한반도와 관련이 있다.

그러나 이런 주장들을 접하고 혹시 가슴 벅차할 독자가 있다면, 일단 가슴을 진정시키기를. 아키히토도 밝혔듯이 일본 왕실에 백제인들의 피가 섞인 것은 분명하지만, 그렇다고 일본 왕실이 곧 '한국인'이라고 비약해서는 곤란하다. 그런 비약까지는 아니더라도, 일본 왕실에 백제인들의 피가 섞여 있고 일왕의 조상 가운데 백제 사람이 있다는 사실을 우리가 '가슴 벅차게 자랑스러워해야 할 까닭'은 또 무엇일까? 그 자체가 그냥 자랑스럽지 않느냐고? 그야 개인의 기분이니 뭐라 할 말은 없다.

참고로 우리나라의 국립보건연구원 생명의학부 조인호 박사와 생명공학 벤처회사 디엔에이링크 이종은 박사 연구팀은, 미국 연구팀과 함께 한국인의 단일염기다형성SNP을 분석하여 외국인들과 비교한 결과를 국제 학술지《지노믹스》2005년 8월호에 실었다. 이에 따르면 지금까지 유전적으로 매우 유사한 민족으로 추정되었던 한국인, 일본인, 중국인 사이에도 미세한 차이가 존재하는 것이 확인됐다. 한국인과 일본인 차이는 5.86퍼센트로 가장 낮았고, 한국인과 중국인은 8.3퍼센트 차이가 났다. 중국인과 일본인은 8.61퍼센트의 차이가 발견되었으니, 한국인과 일본인은 유전적으로 볼 때 가장 가까운 사람들인 셈이다.

백제계 도래인인 소가씨 일족은 백제에서 일본으로 들어오는 선진 문물을 관리해 일본의 최고 권력을 장악했다. 나니와 궁터 옆에서 발견된 대형 창고 유적.

백제에서 가져온 셈이다.

1999년 나라에서 대규모 발굴이 이루어졌다. 지금은 연못가로 바뀌어 있는 곳에서 고대 일본과 백제의 관계를 보여주는 중요한 유적을 찾은 것이다. 바로 아스카 시대의 대규모 절터, 구다라대사百濟大寺 터다. 《일본서기》에 따르면 639년 죠메이 왕舒明王은 구다라대궁百濟大宮과 구다라대사를 짓고, 구다라대궁을 거처로 삼았다. 그는 구다라대사에 9층탑을 세우도록 명했는데, 남아 있는 기단 너비로 볼 때 높이가 80미터가 넘을 것으로 추정된다. 죠메이 왕이 세상을 떠나자 빈소도 구다라대궁 북쪽에 구다라대빈百濟大殯이라는 이름으로 마련했고 장례 절차도 백제식을 따랐다 한다.

고대 일본을 들썩였던 구다라 열풍은 문물의 전래 차원을 넘어 정신 세계에도 세차게 불었다. 이제 여행을 떠날 때 품었던 구다라라는 말에 대한 의문이 어느 정도 풀린 것 같다. '큰 나라' 백제. 일본인들이 동경하

백제의 문물이 들어왔던 나니와 항구 상상도.

면서 '큰 나라'로 불렸을 법도 하다. 오늘날의 한류와 차원을 달리하는 거대한 문화의 물결, 바다 건너 일본을 향하는 사람과 문물과 기술의 흐름이 있었던 것이다. 그러나 일본 여행을 마치면서 이런 생각도 든다. 백제가 고대 일본의 문화적 고향 구실을 했다는 데 자부심을 느끼는 게 무슨 의미가 있을까? 일본 사람들에게 고맙다는 말이라도 들어야 할까?

물론 자부심을 느껴도 좋을 것이다. 자부심은 그저 자부심 그 자체만으로 기분 좋지 아니한가. 여기에 고맙다는 말을 일본 사람에게 들으면 더욱 좋을 것이다. 그러나 자부심을 마음 한 구석 깊이 간직하면서 지금 여기의 우리, 그리고 앞날의 우리에 대해 더욱 깊이 생각해봐야 하지 않을까? 그 우리란 우리나라만의 우리가 아니라, 그 옛날부터 사람과 문물을 끊임없이 교류했던 일본까지 포함하는 더 큰 우리가 되어야 하지 않을까? 우리는 무엇을 가지고 어떻게 그들과 교류하여, 더 큰 우리를 만들어나갈 수 있을까? 진화생물학자이자 문명사가인 재레드 다이아몬드가 《총, 균, 쇠》 개정증보판에서 한 말을 새삼 떠올려본다.

규모는 알 수 없지만 한국인의 이주가 현대 일본인에게 막대한 영향을 미쳤다. 한국과 일본은 성장기를 함께 보낸 쌍둥이와도 같다. 동아시아 정치의 미래는 양국이 고대에 쌓은 것과 같은 유대를 성공적으로 재발견할 수 있는지에 달려 있다 해도 과언이 아니다.

# 10 수나라 백만 대군이
# 고구려에 패한 까닭

5년에 걸친 철저한 준비, 동원된 군사만 무려 백만 명,
보급 부대 2백만 명, 군량을 실은 배의 행렬 천 리…….
이런 수나라의 대군을 상대로 맞아 고구려가
네 번 모두 승리를 거둔 것은 거의 기적이다.
세계 전쟁사에 길이 남을 미스터리를 파헤친다.

## 싹트는 위험, 감도는 전운

긴 창은 하늘을 찌르고, 둥근 칼은 햇빛에 번쩍이며
산에서는 노루와 사슴을
마을에서는 소와 양을 잡아먹으며
관군이 전장에 도착했구나.
칼 들고 적을 치러 나선다지만
요동 땅에서 개죽음당할 것을 깨달아야 할지니.
머리 베이고 온몸 상할 것을.

요즘 말로 하면 반전가反戰歌라 할 수 있는, 수隋나라 때의 〈무향요동랑
사가無向遼東浪死歌〉라는 노래다. 수나라가 고구려를 침략할 때 특히 많
은 전쟁 물자를 징발한 산둥山東 일대에서 널리 불리던 노래로, 산둥의
추평鄒平 출신 농민 왕박이 지은 것으로 알려져 있다. 왕박은 그 지역의

만리장성. 이민족의 침입을 막기 위한 방어 시설이자 중국과 북방을 나누는 중화제국 질서의 상징이기도 하다.

많은 농민들과 함께 고향 마을을 떠나 장백산長白山으로 들어가 도적이 된 사람이다. 전쟁 물자 조달을 위한 가혹한 수탈에 견디다 못해 농민들이 도적이 되어버렸다. 고구려와 일대 결전을 앞두고 수나라 백성들이 그 결과를 어느 정도 예측했던 것일까?

이 노래는 가혹한 수탈에 못 이겨 농민이 도적이 될 정도로 체제가 불안정해진 수나라 말기의 모습을 보여주고 있지만, 적어도 초기의 수나라는 여러 세기에 걸친 대혼란의 시대를 끝내고 중원을 통일한 강성한 나라였다. 589년 양쯔 강을 건넌 수의 군대가 동진東陳의 대군을 격파하고 그 수도 건강建康을 함락함으로써 남북조 시대가 막을 내리고 272년 만에 통일제국 시대의 막이 다시 올랐던 것이다. 수를 견제하기 위해 양쯔 강 남쪽의 동진과 교류하고 있던 고구려로서는 수의 중원 통일이 크나큰 충격으로 다가왔을 법하다. 통일제국 수의 창검이 향할 곳은 이제 고구려라는 위기감에 휩싸였을 것이다. 중국 측 기록이지만, 평원왕平原王은 곧바로 전쟁 대비에 나섰고 그 근심이 얼마나 깊었던지 병을 얻어

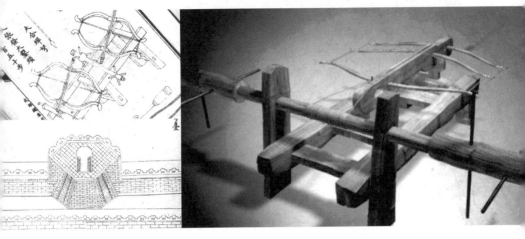

《무경총요》에 실린 쇠뇌(왼쪽 위)와 기계식 쇠뇌를 발사하는 받침대인 노대(왼쪽 아래)의 설계도. 대형 쇠뇌 복원도(오른쪽).

세상을 떠났다.

그 뒤를 이은 영양왕慶陽王은 우선 말갈족을 동원해 전쟁 준비를 하면서 거란契丹이 수와 밀착하지 못하도록 단속했다. 고구려의 영향권에 있는 이민족들을 단속하고 규합하면서 장차 다가올 전쟁에 대비한 것이다. 또한 영양왕은 수의 침공에 대비해 수의 무기 기술자까지 매수했다. 성을 지키는 수비전에는 반드시 쇠뇌가 필요했다. 활보다 먼 거리를 쏠 수 있는 데다가 과녁을 꿰뚫는 힘까지 좋은 무기이기 때문이다. 개인용 무기인 소형 쇠뇌와 거대한 기계식 쇠뇌가 모두 필요했고, 특히 중요한 성에는 대형 쇠뇌를 발사하는 노대弩臺를 설치하는 게 보통이었다. 그래서 고구려는 쇠뇌를 잘 만드는 기술자를 끌어왔던 것이다.

요즘 식으로 말하면 무기 기술 유출에 해당하는 이 사건을 수 문제文帝는 묵과할 수 없었다. 그는 영양왕에게 친서를 보내 고구려가 수나라에 귀의하지 않으면 멸망시키겠다는 뜻을 전했다.

246

수나라와 고구려의 접경 지대. 영양왕은 전략적 요충지 영주를 공격해 전쟁 의지를 표명했다.

지금 만약 짐이 그대를 내쫓는다면 아무나 그 자리에 둘 수 없는 문제가 있고, 또 관리를 모두 바꾸고 그곳 민심을 안정시켜야 한다. 그대가 마음을 고쳐먹고 귀의하기만 하면 즉시 신하로 받아줄 것인데, 왜 쓸데없이 고생하고 있는가? 요수遼水가 넓다 하나 양쯔 강보다 넓겠는가? 고구려의 인구가 많다 해도 동진보다 많겠는가?

수 문제는 고구려 영양왕이 신하로서 수의 조정에 들어와 항복하기를 바랐지만, 영양왕은 누구도 예상치 못한 방식으로 수 문제에게 도전했다. 영양왕 9년인 598년 정월, 말갈족 군사를 중심으로 한 고구려군 1만 명이 오늘날의 랴오닝성 차오양시에 있던 수의 영주營州를 기습 공격한 것이다. 그러나 영양왕은 큰 싸움을 벌이지는 않고 군사를 퇴각시켰다. 이 선제공격은 '항복하지 않으면 침략하겠다'는 수 문제의 뜻에 대해 '우리는 각오가 되어 있으니 할 테면 얼마든지 해봐라'라는 영양왕의 대답이었다.

사실 그 직전인 영양왕 8년까지만 해도 고구려와 수는 서로 사신을 왕래하는 외교 관계를 지속했지만, 이것은 두 나라가 긴장 관계 속에서 벌인 일종의 탐색전이었을 따름이다. 수의 공격이 사실상 임박했다고 판단한 영양왕의 의도는 선제공격을 통해 기선을 잡고자 한 것일 테지만, 이 공격이 수나라의 침공을 이끈 도화선이 된 것도 분명하다. 이제 전쟁을 피하지 않겠다는 고구려의 의지를 확인한 수 문제가 그 의지에 답할 차례였다.

고구려의 선제공격 이후 다섯 달이 채 안 된 6월, 수 문제가 보낸 30만 대군이 고구려로 진격했다. 중원 통일의 위업을 달성한 수 문제로서는 기습 공격을 감행한 고구려를 응징하는 것은 너무도 당연한 일이었다. 수 문제의 넷째 아들 한왕漢王 양량楊諒이 만리장성의 임유관(臨楡關, 오늘날 산하이관)을 넘어 동쪽으로 향했고, 동진의 수군 대장 출신인 주라후周羅喉가 수군 총관이 되어 강남 수군 선단을 이끌고 서해를 건너 고구려의 평양성으로 향했다. 이 전쟁은 과연 어떻게 끝났을까? 6월에 시작한 수나라의 원정은 9월 들어서 끝났다.

6월 들어 장마철이 시작되면 요하가 범람하여 병사와 말의 이동이 여의치 않게 된다는 것을 영양왕이 예측했던 것일까? 과연 양량이 이끄는 수나라 군사들은 비 때문에 빠르게 행군하지 못하고 군량미 운반에도 어려움을 겪은 데다가, 전염병까지 창궐하여 지휘관인 양량 자신마저 병에 걸렸다. 한여름에 멀고 고된 길을 떠나 장마까지 맞이한 수나라 군사들의 고충이 짐작이 간다. 주라후가 이끄는 수군 선단도 폭풍을 만나 서해에 대거 수장되고 말았다. 양량으로서는 군사를 돌리는 것 말고는 어찌할 도리가 없었을 것이다. 30만 대군이 기세등등하게 진격했다면 전투가 있었을 법하지만, 상세한 전투 관련 기록은 어디에도 남아 있지 않다.

중국 역사서 《자치통감資治通鑑》의 기록에 따르면 당시 고구려 원정에 나선 수나라 병사들 가운데 "죽은 자가 열 명에 여덟아홉 명이었다死者十八九."이 기록대로라면 단순히 계산할 때 30만 병력 가운데 25만 정도가 죽은 것이다. 고구려로서는 수의 수군 주력부대가 큰 피해를 본 것이 큰 소득이었다. 이미 언급했듯이 주라후는 양쯔 강을 천혜의 방어선으로 삼던 남조 국가 동진의 수군을 이끌던 인물이다. 그가 이끄는 수나라 수군도 배 부리는 기술과 수전水戰에 능한 강남 출신 병사들이 주축을 이루었을 것이다.

영양왕이 주도면밀한 전략가라는 점은 그가 화친의 사절을 보내 수 문제의 체면을 살려주었다는 사실에서 잘 볼 수 있다. 영양왕은 비록 전쟁에는 이겼지만 먼저 화해를 제의하여 수 문제의 체면을 적당히 세워주고, 화친 국면을 틈타 고구려의 군사력을 더욱 강화하고, 이와 함께 수의 영향권에 있는 돌궐突厥에 접근하여 고구려에 유리한 국제 환경을 조성하고자 했다. 속마음이야 어떠했든 수 문제는 고구려의 관계 정상화 제의에 응했고, 그가 세상을 떠날 때까지(604년) 두 나라 사이에는 긴장 속의 평화가 유지되었다.

## 다가오는 전쟁의 바람

604년 수 문제가 세상을 떠나고 둘째 아들 양광楊廣이 황제가 되었으니 이 이가 바로 수 양제煬帝다. 수 양제는 권력욕이 남달라 계략을 써서 형인 황태자 양용楊勇을 실각시키고 황태자가 된 인물이었다. 권신인 양소楊素와 결탁하여 황제가 되었는데, 아버지 수 문제를 살해하고 그 비妃까지 범했

수의 2대 황제 양제(569년~618년).

610년 정월 수의 동도東都인 낙양에서 여러 나라 사신이 수 양제에게 조배朝拜를 올리는 모습을 묘사한 그림. 중국 황제가 세계 질서의 중심임을 널리 확인시키는 대규모 의례였다.

다는 이야기도 전해온다. 아버지 수 문제가 병석에 눕자 자신이 황제가 될 수 있다는 생각에 기뻐했고, 이를 안 수 문제가 황태자인 자신을 폐하려 하자 부하 장수를 시켜 아버지를 살해했다는 것이다. 수 양제는 진왕晉王으로 있을 때 남조인 동진을 공격하는 데 크게 활약하기도 했으니, 제 나름대로 전쟁에 관한 노하우를 갖추고 있노라 자부했을 법하다.

수 양제는 등극하자마자 바로 고구려 침공을 위한 밑작업에 착수했다. 등극한 이듬해 거란을 공격한 것이다. 당시 거란은 고구려에 사실상 복속되어 있는 형편이었다. 605년 장수 위운기韋雲起가 이끄는 수의 군대는 돌궐 기병을 2만 명을 앞세워 거란을 습격, 거란인 4만 명을 포로로 잡았으며 그 중 남자는 모두 죽여버렸다. 당시 위운기는 돌궐 기병 2만 명을 차오양에 가서 고구려와 교역하려는 상인 집단으로 위장시켜 거란을 속였다.

그런 위장 전술에 거란인들이 속아넘어갔다는 사실, 즉 2만 명이나 되는 거대한 상인 집단을 이상하게 생각하지 않았다는 사실에서, 당시 고구려의 교역 시장이 있던 영주를 중심으로 이루어지던 고구려와 북방 지역 사이의 교역이 얼마나 큰 규모로 행해지고 있었는지 짐작할 수 있다. 수나라는 고구려가 대 북방 교역에서 경제적 이익을 취하지 못하도록 막고, 거란족을 고구려의 영향권에서 이탈시키기 위해 잔혹한 정벌을 감행했던 것이다. 북방을 제압한 수 양제는 남으로 방향을 돌려 베트남의 임읍국林邑國, 오키나와의 유구국琉球國 그리고 말레이 반도의 마자가국까지 정벌했다.

610년 정월 수의 동쪽 수도인 낙양(洛陽, 지금의 뤄양)인 동도에서 여러 나라 사신들이 수나라 황제에게 조배朝拜를 올렸는데 채색기를 든 사람의 숫자만 1만 8000명이었다고 하니, 주변 지역을 복속시켜 가면서 대제국의 위용을 자랑하던 수의 기세를 짐작할 수 있다. 바야흐로 수를 중심으로 동아시아 질서가 구축될 참이었지만, 고구려는 대담하게도 그러한 국제 질서를 거부하고 있었다. 수 양제는 고구려를 놓아두면 주변의 다른 이민족들에게도 영향을 미쳐 수나라 중심의 국제 질서가 흔들리게 되리라 염려했을 것이다.

새로운 국제 질서 구축의 유일한 걸림돌인 고구려를 침공하는 것이 피할 수 없는 선택처럼 다가오고 있을 즈음, 역사상 보기 드물게 극적인 장면이 북방의 초원 지대에서 벌어졌다. 수 양제는 돌궐의 내몽골 지역을 다스리는 동돌궐 왕 계민 칸啓民可汗을 황후와 함께 방문하여 계민 칸과 그 수하들에게 많은 선물을 내렸다. 그런데 당시 동돌궐에는 고구려 사신이 와 있었다. 계민 칸은 이를 숨기지 못하고 수 양제에게 고백했다. 고구려가 돌궐에 몰래 사신을 보낸 것이 드러나고 만 것이다. 사실 계민 칸은 수 문제의 도움으로 동돌궐의 수장이 될 수 있었고 수 문제는 황실 여인 의성공주義成公主를 계민 칸에게 시집 보내기까지 했으니, 사실상 속국이라고 해도 지나친 말이 아니었다.

수 양제가 크게 놀라면서 화가 났을 것은 묻지 않아도 뻔한 일이다. 이대로 놓아두었다가는 고구려가 북방의 여러 세력들과 연합하여 수에 대항하는 최악의 상황이 벌어지지 말라는 법이 없기 때문이다. 이 사건을 두고 신하 배구裵矩가 수 양제에게 계책을 말했다.

> 고구려는 본래 기자箕子의 봉지였고 한나라와 진나라가 군현으로 삼았사옵니다. 선제께서 정벌하려 군사를 냈지만 양량 등이 불초하여 공을 세우지 못했사옵니다. 폐하께서 어찌 그 땅을 취하지 않으시고 문명의 고장을 오랑캐의 땅으로 두시옵나이까. 지금 그 사신이 계민 칸을 방문하러 와 있다 하니, 온 나라를 들어 입조케 하옵소서.

수 양제는 배구의 말을 따라 고구려 사신에게 다음과 같은 뜻을 전하게 했다.

> 짐은 내년에 탁군으로 갈 것이니, 너는 돌아가 너의 왕에게 마땅히 빨리 와서 짐을 찾아 신하의 예를 갖추라고 말하라. 의심하거나 두려워하지 말지니, 내 살려주고 길러주기를 돌궐과 같이 할 것이다. 만일 입조하여 신하의 예를 갖추지 않으면 장차 계민 칸을 거느리고 너희 나라로 갈 것이다.

영양왕이 직접 수의 궁정에 입조하지 않으면 대군을 이끌고 침략하겠다는 협박이었다. 수 양제의 협박에도 영양왕은 수의 신하 되기를 거부했다. 이미 15년 전 수 문제의 입조 요구도 거부한 그였으니, 말 그대로

지금도 중국 내륙 물자 수송에서 중요한 구실을 하는 대운하. 수 양제 시대에 건설되었다.
산둥성 내주 해변에서 고구려를 공격하기 위해 건조된 수나라 전선戰船의 상상도.

정면승부를 택한 것이다. 고구려는 과연 수나라와 전쟁을 벌여 승산이
있다고 판단했을까?

사실 30만 대군이 괴멸하는 뼈 아픈 경험을 한 수도 고구려 침공에
대해 분명한 자신감을 갖고 있지는 못했다. 통일제국을 이룩하고 멀리
베트남, 말레이 반도 그리고 돌궐까지 제압한 수나라지만 고구려가 결코
만만한 상대가 아니라는 점은 알고 있었다. 수 양제는 강도江都, 즉 오늘
날의 난징에서 낙양에 이르는 대운하 통제거通濟渠를 건설했고, 608년에
는 허베이河北 지방의 인력 100만여 명을 동원하여 낙양에서 탁군, 즉 오
늘날의 베이징 일대에 이르는 대운하 영제거永濟渠를 건설했다. 통제거와
영제거를 통해 수도 장안, 동도 낙양, 남도 건강, 북도 탁군이 물길로 연
결되어 각지의 물자를 대량으로 탁군까지 운반할 수 있게 되었다. 탁군
은 그 위치상 고구려 침공의 전초지 구실을 할 수 있었다.

또한 산둥의 라이저우萊州 해변에서는 대규모로 전함을 건조하게 했
다. 배 건조의 책임자이자 유주 총관 원홍사元弘嗣가 어찌나 가혹하게 배
건조를 감독했는지, 물속에서 주야로 일을 하던 사람들의 허리 아래 피
부가 진창이 나 구더기가 들끓었다. 백성들은 이 고통스런 노역을 피하

기 위해 제 몸을 제가 자르고 '복스러운 손, 복스러운 발'이라 일컬을 지경이었다. 배 건조와 항해, 수중전에 능한 강남 사람들을 독려하기 위해 수 양제는 강도 태수의 지위를 서울시장이라 할 수 있는 장안의 경조윤京兆尹과 같은 급으로 높여주기도 했다. 611년 2월에는 강도의 양자진揚子津에서 백관을 모아놓고 연회를 베풀며 하사품을 내리고 고구려 침공 의지를 내비쳤다. 그리고 611년 겨울 양제는 황제가 타는 크고 화려한 용선龍船을 타고 대운하를 거쳐 탁군에 도착, 강도 출신 내호아來護兒를 수군 총사령관에 임명했다.

수의 이런 움직임을 간파한 백제는 사신을 보내 고구려 침공에 협력하겠다는 약속을 했고, 양제는 그런 백제에 사신을 보내 무왕과 상의하도록 했다. 그러나 백제는 고구려와 내통하여 수의 군사 관련 정보를 고구려에 전해주었고, 나중에 수나라 군대가 요하(遼河, 랴오허)를 건널 때도 군대를 고구려 국경에 보내 수나라를 돕는 척 꾸미기만 했다.

## 난공불락의 요새, 요동성

드디어 612년, 즉 수나라 연호로 대업大業 8년, 고구려 영양왕 23년 정월에 수 양제는 병부상서 단문진段文振을 좌후위左侯衛 대장군으로 임명하는 것을 시작으로 여러 장수들에게 소임을 맡긴 뒤 여러 길로 나누어 고구려를 향한 총 진격에 돌입했다. 고구려 침공에 대해 불만이 없는 것은 아니었다. 611년 산동 지방의 기근을 틈타 봉기한 반란 세력 지도자 두건덕竇建德 같은 이는 "또다시 고구려를 치려고 하니 반드시 천하가 크게 어지러워질 것"이라고 예견했고, 신하들 사이에서도 전쟁 결과를 낙관하지 못하는 분위기가 있었지만 수 양제는 아랑곳하지 않았다. 그의 말을 들어보자.

수나라 수군의 출발지인 산둥성 덩저우의 봉래성. 고구려의 비사성이나 평양성 지역으로 향할 수 있는 요충지다.

고구려가 중국의 배신자들을 꾀어 그칠 줄 모르고, 변방에 척후병을 늘어놓아 관문이 늘 고요치 못해 사람들이 생업마저 폐하게 되었도다. 앞서 정벌에서 요행히 죽음을 당하지 않았으나 그 은혜는 생각지 않고, 거란의 무리와 함께 우리 해변 수비군을 죽이고 말갈의 무리와 요서를 침범하였다. 이래도 참기만 한다면 세상만사를 참아야 할 것이다. 지금 발해를 덮어 우레와 같이 진동하고 부여를 거쳐 번개와 같이 칠 것이다.

우문술宇文述이 지휘하는 좌군 12군, 우중문于仲文이 지휘하는 우군 12군, 수 양제의 친위군 6군, 모두 합쳐서 113만 3800명의 병력이 탁군에 집결했다. 이들이 출발할 때 늘어선 길이만 해도 거의 1천 리에 달했고, 하루에 한 군단씩 출발시켰는데 모두 다 떠나는 데 40일이 걸렸다. 수군 총사령관 내호아는 강남 일대의 수군 병력을 이끌고 산둥 반도의 봉래성에 도착했다. 이곳에서 먀오다오 열도廟島列島를 따라 북쪽으로 항해하면 곧바로 고구려의 비사성卑沙城이 있는 요동반도에 도착하게 된다. 군량미를 비롯한 군수 물자를 운반하는 인력은 113만 3800명의 두 배에 이르

요하

통정진●

● 영주
탁군

● 신성
● 개모성
● 백암성
● 요동성　압록강

● 안시성　● 오골성
● 건안성

● 비사성

● 평양성

● 봉래성

612년 수나라의 백만 대군이 탁군에서 요동성을 향해 출발했다. 산동 반도의 봉래성에서는 수나라 수군 선단이 요동반도의 비사성을 목표로 떠났다.

렀다고 하니, 연인원으로 치면 300만에 달하는 인력이 전쟁에 동원된 셈이다. 세계 역사상 비슷한 경우를 찾아보기 힘든 대규모 원정이었다. 엄청난 물자와 병력을 동원하여 고구려를 일거에 제압하려는 수 양제의 뜻을 엿볼 수 있다.

당시 고구려의 인구는 얼마나 되었을까? 고구려가 멸망할 때 그 인구가 69만 가구였다고 하니, 한 집에 다섯 명의 가족이 있다고 셈하면 대략 350만 명의 인구였을 것이다. 수나라는 고구려 전체 인구와 맞먹는 인력을 동원해 침공한 것이다. 첫 전투는 요동 평야를 가로지르는 요하에서 일어났다. 요하는 고구려의 1차 방어선이었다. 수나라 입장에서는 요하를 건너면 고구려의 여러 성들과 만나게 되고, 그 성들을 하나씩 점령하면서 수도 평양성을 향해 계속 진군해야 하는 것이다. 수나라 군사들이 요하를 건너기 위해 부교浮橋를 설치했지만, 부교가 짧아 강 건너편에 닿지 못했다. 결국 수나라 군사들은 강으로 뛰어들어 건너편 언덕으로 오르기 시작했다.

강 건너에서 기다리고 있던 고구려 군이 이 기회를 놓칠 리 없었다. 수나라 군사들이 강기슭에 오르기 전에 공격하니 수나라 군사들은 크게 패하고 선봉장이라고 할 수 있는 1군 사령관 맥철장 麥鐵杖이 전사하는 피해까지 입었다. 그러나 수나라는 압도적인 병력의 우위를 바탕 삼아 부교를 완성하여 요하를 건

수나라 군이 요하를 건너기 위해 설치한 부교 상상도. 배 위에 다리를 놓아 많은 수의 군대가 강을 건널 수 있게 했다.

넜고, 고구려군을 대파하여 1만 명을 죽이는 전과를 올렸다. 고구려로서는 성 바깥에서 싸우면 수나라의 엄청난 군세를 당하기 힘들다는 게 분명해진 셈이다. 이에 고구려 병사들은 요동성으로 물러나 성문을 굳게 닫고 성을 지켰다.

오늘날 중국의 랴오양시遼陽市인 요동성은 고구려의 요동 지역 중심성이었다. 요동성은 흙으로 쌓은 토성으로 추정되는데 오늘날의 랴오양시에는 당시의 흔적이 남아 있지 않다. 그러나 시내를 가로지르는 물길을 바탕으로 요동성의 위치를 짐작해볼 수는 있다. 성을 에워싼 물길이 바로 해자垓字의 흔적이기 때문이다. 고구려는 성 주변에 해자를 파서 물을 채우고, 태자하太子河를 자연 해자로 삼아 요동성을 방어했다. 수양제는 요동성에서 서쪽으로 몇 리 떨어진 곳에 임시 거주성이자 사령부 구실을 하는 육합성六合城을 짓고 전투를 직접 지휘했다. "모든 군사의 움직임은 반드시 내 허락을 얻고 하라. 제 멋대로 움직이지 말라"는 명령과 함께.

고구려 국내성이었던 오늘날 지안시의 위성사진(왼쪽)과 국내성의 해자였던 물길이 그대로 흐르고 있는 지금의 시내 모습(오른쪽 위). 국내성을 하늘에서 내려다보면 이런 모습(오른쪽 아래)이었을 것이다.

요동성전투는 치열했지만 성과는 없었다. 2월에 수 양제가 요하에 도착하고 넉 달이 지난 6월이 되도록 수나라는 승기를 잡지 못했다. 100만 대군이 단 하나의 고구려 성도 함락시키지 못하고 요동성에 붙잡혀 있으니 수 양제의 심정이 어떠했을까? 신하들에게 이렇게 말했을 정도이니 그 타는 목이 짐작이 간다.

> 그대들은 지위가 높고 좋은 가문만을 믿고 내가 어리석은 자라고 생각하는가? 그대들이 내가 오는 것을 좋아하지 아니한 것은 아마 이 낭패를 볼까 염려한 까닭이었을 것이다. 내가 지금 여기 온 것은 바로 그대들의 소행을 보아 목을 베려 함이다. 그대들이 지금 죽음을 두려워하여 진력치 아니하니 내가 그대들을 죽이지 못할 줄로 여기는가?

요동 평원과 압록강 사이에 있는 봉황산鳳凰山에는 산성이 있다. 이

오골성으로 추정되는 봉황산 산성과 성벽. 옥수수 낱알처럼 돌을 다듬어 쌓았다. 성벽 안쪽에도 촘촘하게 깊이 돌을 박아두어 성벽 바깥이 손상되어도 성이 무너지지 않도록 했다.

봉황산 산성이 요동 평원에서 적을 막고 있는 성들을 지원하는 배후성 구실을 했던 오골성烏骨成으로 추정된다. 보통 고구려 산성이라면 그러하듯이 험준한 봉황산의 지세를 활용하여 쌓았기 때문에 적이 접근하는 것 자체가 매우 힘들다. 전시에는 주변 마을 사람들이 식량과 물자를 모두 지니고 성 안으로 들어왔을 것이다. 오골성에는 10만 병력이 주둔할 수 있었고 물이 풍부하여 장기 농성도 가능했다.

특히 성벽의 돌은 모두 사람의 손으로 쪼아낸 것으로, 옥수수 낱알 모양으로 일정한 돌이 성벽 깊이 박혀 있다. 자연석이 아니라 다듬은 돌을 사용하는 것은 고구려 성벽의 특징이다. 바깥쪽 돌이 빠져나가도 그 안쪽에 성돌을 눌러주는 또다른 돌들이 워낙 촘촘하게 박혀 있어 성벽이 무너지지 않도록 되어 있다. 고구려군은 적군이 접근하는 것 자체가 힘들고, 좀처럼 무너지지도 않는 명실상부 철옹성 안에서 농성전을 벌일 수 있었다. 배후성이 이 정도였으니 요동 지역의 중심성이었던 요동성은 오골성 못지 않게, 어쩌면 그보다 훨씬 더 견고한 방어 체계를 갖추고 있지 않았을까.


## 살수에서 큰 승리를 거두다

지지부진하기만 한 전세에 다급해진 수나라는 고구려의 성들을 함락시키지도 못한 상태에서 9군을 재편성해 고구려 깊숙이 진격했다. 대장군 우문술과 우중문 등이 지휘하는 수나라 군사들은 빠른 속도로 압록강 서쪽 기슭에 모여들었다. 장마철이 되기 전에 고구려의 수도 평양성으로 진격하여 함락하고자 한 것이다. 공격하지 않은 고구려 성들은 수 양제가 거느린 대군이 병력을 나누어 포위하거나 무너뜨리면 된다고 판단했을 것이다.

그러나 문제는 식량이었다. 고구려는 식량이나 생활 도구 등을 모두 성 안으로 들여놓고, 지상에 있는 집 등 나머지 건물은 말끔히 없애는 이른바 청야淸野 전술을 구사했기 때문에, 수나라 군사들은 식량을 자체 보급으로 해결할 수밖에 없었다. 그런데 먼 길을 빠르게 이동하자니 제 먹을 식량을 제가 짊어져야 하는 수나라 군사들의 고통은 이루 말할 수 없이 컸다. 무거운 식량 보따리를 버리거나 땅에 파묻어버리는 군사들이 부지기수였다. 결국 압록강변에 도착한 수나라 군사들은 싸우기도 전에 굶어죽을지도 모르는 상황에 처했다. 그렇다고 후방 보급부대의 지원을 기대하기도 힘든 상황이었다. 점령하지 않고 남겨둔 고구려 성이 많다 보니, 보급선이 안정되지 못했던 것이다.

이때 고구려 영양왕은 을지문덕乙支文德을 수나라 진중으로 보내 거짓 항복하고 수나라 진영의 허와 실을 탐색하게 했다. 우중문은 을지문덕을 체포하려 했지만 위무사로 진중에 파견된 상서우승尙書右丞 유사룡

요하

통정진●

●영주

●신성

탁군

●개모성

●백암성

●요동성     압록강

●안시성 ●오골성

●건안성

●비사성

●평양성

●봉래성

요동성에서 발이 묶인 채 지지부진하기만 한 전세에 다급해진 수나라는 결국 요동성을 함락하지도 못한 상태에서 9군을 재편성해 고구려 깊숙이 평양성을 향해 진격했다.

劉士龍이 말린 끝에 을지문덕을 그냥 놓아 보내주었다. 우중문은 곧 후회하고 을지문덕에게 사람을 보내 다시 할 말이 있으니 수나라 진중으로 오라 했지만 을지문덕은 그대로 압록강을 건너갔다. 설상가상으로 우문술은 군량 문제를 들어 군사를 되돌릴 것을 주장했다. 우중문은 날랜 기병을 보내 을지문덕을 추격하면 큰 공을 세울 수 있다고 주장했지만 우문술은 반대했다. 우중문은 그런 우문술을 질타했다.

장군이 10만의 무리를 이끌고 작은 도적 하나를 깨뜨리지 못한다면 무슨 얼굴로 황제를 뵙겠소? 군중의 일은 한 사람이 결정해야 일사불란하게 영이 서는 법인데, 이렇게 각자가 마음이 다르니 어떻게 승리를 거둘 수 있겠소?

결국 수나라 30만 대군은 압록강을 건넜다. 우중문의 판단이 적중한 것일까? 우문술은 하루에 일곱 차례를 싸워 모두 이겼다. 고구려군은 병력의 열세 때문인지 싸우다가 매번 달아나는 것이었다. 우문술은 '그러면 그렇지' 하는 심정으로 계속 진군하여 오늘날의 청천강淸川江, 즉 살수薩水를 건너 평양성 30리 바깥에 진을 치기에 이르렀다. 그러나 고구려군의 계속되는 패배와 도주는 수나라 군대의 군량이 떨어진 것을 파악한 을지문덕의 작전이었다. 굶주린 기색이 완연한 수나라 군사들을 더욱 지치게 하면서, 일부러 고구려 영토 깊숙이 유인한 것이다.

을지문덕은 우문술에게 사신을 보내, 만일 철군한다면 영양왕을 받들고 나아가 수 양제에게 항복의 예를 갖추겠다는 거짓말을 하게 했다. 이때 을지문덕은 시詩 한 수를 우문술에게 보냈다.

(그대의) 신통한 책략은 하늘의 이치를 꿰뚫었고      神策究天文
오묘한 전술은 땅의 이치를 통달했구려.          妙算窮地理
싸움마다 거듭 이겨서 그 공이 이미 높았으니      戰勝功旣高
이제 만족할 줄 알고 바라건대 그만둠이 어떠할고.  知足願云止

군량이 부족한 상황에서 을지문덕의 유인책에 말려들기까지 한 우문술을 조롱한 것이다. 우문술은 분했지만 어찌할 도리가 없었다. 자칫하면 굶주린 군사들이 고구려군의 반격으로 괴멸할지도 모르는 상황이었다. 더구나 불과 30리 앞에 있는 평양성은 워낙 견고하여 쉽게 함락하기도 힘들다고 판단했을 것이다.

결국 우문술은 철군하기 시작했지만 고구려군이 그냥 보고 있을 리 만무했다. 빠르게 기습하고 빠져나가는 고구려군에 시달린 끝에 7월이 되어 살수에 도착할 수 있었다. 수나라 군사들의 절반 정도가 살수를 건

## 을지문덕의 뛰어난 전략·전술

《삼국사기》는 살수대첩 승리의 원인을 을지문덕의 뛰어난 전략·전술로 평가했다. 신채호는 을지문덕을 우리 역사 4000년에서 가장 위대한 인물로 평가했다. 성실하고 강인하며 모험 정신까지 강한 위대한 인물로 칭송한 것이다. 을지문덕의 빛나는 승리를 칭송하는 경우는 이뿐이 아니다. 14세기 조준趙浚이 명나라 사신과 평안남도 안주읍성 서북쪽에 서있는 백상루에 올라 〈백상루부시百祥樓賦詩〉를 지어 노래하니, 명나라 사신의 얼굴이 붉어졌다고 한다.

> 살수의 푸른 물결 굽이쳐 흐르는데
> 수나라 백만 대군은 물고기 밥이 되었구나.
> 어부와 나무꾼의 이야깃거리가 되어 있으니
> 나그네 웃음거리에도 못 미치는구나.

고조선에서 고려에 이르는 역사를 다룬 《동사東史》를 엮은 18세기 조선 선비 이종휘李種徽는 살수대첩을 이렇게 노래했다.

> 을지문덕이 수나라를 무찌르고 돌아왔으니
> 세계 만국의 간담이 서늘하였으리라.
> 청천강 위의 달을 바라보며
> 길손은 정자에 기대 옛 문득 옛 생각에 잠긴다.

을지문덕이 구사한 전술에 대해 많은 학자들은 멀리 원정 온 적군이 차지하여 이용할 만한 군량이나 물자를 모두 성안으로 거두어들이는 청야 전술, 짐짓 패하여 달아나는 체하여 아군에게 유리한 곳으로 적군을 끌어들이는 유인 전술, 곳곳에 매복해 있다가 적군을 기습 공격하는 매복 전술, 전면전을 펼치기보다는 빠르게 공격하고 퇴각했다가 다시 공격하는 게릴라 전술, 거짓 항복 등으로 적을 안심시킨 뒤 기습 공격하는 일종의 기만 전술 등으로 파악한다. 을지문덕과 고구려군은 이런 다양한 전술을 구사하여 병력이 현저히 우세한 수나라 대군을 물리칠 수 있었다.

대규모 병력이 진군할 때 펼치는 기본 대형이자 진법인 방진方陣. 수나라 군대가 살수에서 대파 당한 데는 유연성이 떨어지는 방진을 채택한 영향도 있었다.

널 때쯤, 고구려군이 뒤를 공격해 왔다. 후미를 맡고 있던 우둔위右屯衛 장군 신세웅辛世雄이 전사하고 일거에 무너지기 시작했다. 살 길을 찾아 무기도 버리고 죽어라 내 달리는 수나라 군사들! 어찌나 급했던지 하루 낮 하루 밤 사이에 수백 리를 달려 압록강에 도착했다.

수나라의 9군이 요하에 도착했을 때 병력은 30만 5000명이었지만, 압록강과 살수를 건너 평양성

30리 바깥 지점까지 진군했다가 요동성으로 돌아온 병력은 2700명에 불과했다. 무기, 각종 장비, 군량 등도 모두 잃어버렸음은 물론이다. 처참한 패배에 수 양제의 분노는 극에 달했지만, 어찌할 도리가 없었다. 우문술을 비롯한 패장들을 쇠사슬로 묶어 7월 25일 수나라로 돌아가야 했다.


## 그것은 기적이 아니었다

송나라 때인 1044년에 완성된 병서 《무경총요武經總要》에는 반제적격半濟敵擊, 즉 적군이 물을 반쯤 건널 때가 바로 확실한 공격 기회라는 말이 나온다. 을지문덕이 살수에서 구사한 전술은 중국 병서에도 기록될 만큼 전쟁의 모범이 된 전술이었던 셈이다. 학자들은 당시 수의 인구를 4000만 정도로 추산한다. 백만 대군의 고구려 원정은 수나라로서도 국가의 역량을 총집중한 원정이었다. 분을 참지 못한 수 양제는 바로 이듬해 또다시 고구려 침공을 시도했다. 신하들이 고구려 원정을 막으려 했지만

고구려군의 기습 공격로. 고구려군은 거란족의 영토였던 적봉 지역에서 남하해 수나라 군대의 양곡 수송로를 차단했다.

양제는 굽히지 않았다. 요동성에 발이 묶여버린 전철을 밟지 않기 위해 대규모 공성攻城 장비부터 준비하게 했다.

성을 공격하는 데 사용하는 기본 장비라고 할 사다리차 운제雲梯, 군사들이 성의 높이만큼 높이 올라간 상태에서 성을 내려다보며 공격하기 위한 장비인 소차巢車와 팔륜누차八輪樓車 등을 만들게 했다. 무기를 모두 갖춘 수의 대군은 다시 요동성으로 몰려왔다. 그러나 20여 일이 지나도록 별다른 전과를 올리지 못했다. 더구나 전열은 내부에서 무너지기 시작했다. 후방의 군량 수송 책임자 양현감楊玄感이 반란을 일으킨 것이다.

주상이 무도하여 백성을 사랑하지 않고 천하를 소란케 하여 요동에서 죽은 자가 무수하다. 지금 그대들과 함께 병사를 일으켜 도탄에 빠진 백성을 구하려 하노라.

양현감과 가까운 사이였던 병부시랑 곡사정斛斯政은 고구려로 망명하고 말았다. 병부시랑은 오늘날로 친다면 국방차관 격이다. 결국 수 양제는 613년 6월 26일 모든 장비를 둔 채 밤에 몰래 퇴각했다. 고구려군은 적의 속임수일지 모른다 하여 성 밖으로 나가지 않다가 이틀 뒤에 추격을 시작하여 요하에서 수천 명의 적을 살상했다.

당시 수나라의 가장 큰 문제는 군량미 수송이었다. 오늘날의 베이징 지역인 탁군에서 요동 벌판까지 무려 2000릿길이나 되는 보급로를 가야 했다. 고구려가 이 치명적인 약점을 그냥 보고만 있었을까? 《삼국사기》에는 기병분견 단절양도, 즉 기습 부대를 나누어 보내 양곡 수송로를 자른다는 표현이 나온다. 그렇게 하면 적의 식량이 부족해져 싸우지 않고도 이길 수 있다는 것이다. 어디를 잘라야 할까? 만약 고구려 군대가 츠평赤峰 지역에 주둔하고 있다면 그곳에서 남쪽으로 내려와 수나라의 양

병사들이 성벽과 같은 높이에서 공격할 수 있게 해주는 장비인 운제와 소차.

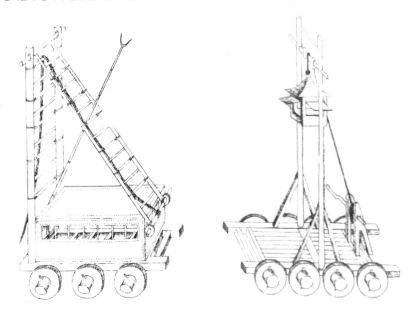

266

## 고구려와 수·당 전쟁의 성격

중국사회과학원 직속 변강사지연구중심邊疆史地研究中心은 2002년 초부터 이른바 동북공정을 추진해왔다. 동북공정의 정식 명칭은 동북변강사여현상계열연구공정東北邊疆史與現狀系列研究工程으로, 풀이하자면 중국 동북 지방의 역사, 지리 등 제반 주제에 관한 학문 연구 프로젝트다. 이 동북공정에서 고구려의 역사는 중국 역사의 일부이며, 고구려의 성격은 중국의 지방정권이다. 고대 중국 변방의 소수민족이 세운 국가가 고구려라는 것이다.

중국 측의 이런 주장에 대한 우리 학계의 반론은 첫째, 고구려는 현도군, 낙랑군, 대방군 등 한나라가 설치한 한사군을 축출하면서 성장했고, 둘째, 종족으로 볼 때 고구려는 예맥족, 특히 그 가운데 부여족을 중심으로 하고 있으며, 셋째, 중국 역대 왕조와 고구려가 맺은 책봉과 조공 관계는 동아시아 국제 질서의 한 관행에 지나지 않고, 넷째, 고구려와 수·당의 전쟁의 성격은 내전內戰이 아니라 분명한 국제 전쟁이라는 것 등이다.

수나라가 중국을 통일하기 전까지 동아시아 국제 질서는 어느 한 나라가 동아시아 전역의 패권을 장악하고 있는 게 아니라, 일종의 다극多極 체제였다. 중국을 통일한 수는 이러한 다극 체제를 무너뜨리고자 했으며, 이로 인해 수와 고구려 사이의 충돌은 불가피했다. 당나라와 고구려의 전쟁도 이와 같은 맥락에서 이해할 수 있으며, 이는 중국이 전통적인 황제국가 이념, 즉 천하를 다스리는 최고의 통치자는 황제 한 사람밖에 없으며 중국 주변 국가들은 황제의 지배 아래 있어야 한다는 이념을 실현하려 한 것으로도 이해할 수 있다.

광개토대왕과 장수왕 이후 고구려는 사실상 북방 유목 세력과 한반도 남부 세력들의 맹주 구실을 하면서, 고구려 중심의 동아시아 질서를 구축하려는 뜻을 보여주었다. 이러한 고구려의 전략이 효력을 발휘할 경우, 자칫하면 중국은 고구려를 중심으로 한 주변 세력들에 포위되어버린다. 고구려를 중국의 지방 정권으로 간주하는 동북공정의 입장은 바로 이런 측면에서 보아도 설득력이 없다. 계속 동북공정을 주장한다면 오늘날 중국이 과거의 황제국가 이념을 고집하는 꼴이라고 해도 지나친 말이 아닐 것이다.

장쑤성 양저우에 있는 수 양제의 무덤. '요동에서 일을 벌이다 천하를 잃었다'는 글귀가 보인다.

곡 수송로를 끊어버릴 수 있었을 것이다.

오늘날 중국의 내몽골자치주 츠펑시赤峰市를 지나 서쪽으로 가면 몽골 초원 지대가 나타난다. 과연 내몽골 지역에 고구려군이 주둔했을까? 츠펑 일대에는 일찍부터 거란족과 거란족의 일파인 해족奚族이 살고 있었다. 츠펑에 고구려 군사 기지가 있었다는 주장은 오래 전부터 제기되었지만 그 가능성은 작게 평가되었다. 그러나 《자치통감》에는 고구려가 적봉(츠펑의 우리식 발음)이라는 곳에 군사 기지를 두었다가, 고구려가 멸망하기 직전에 당나라에 빼앗겼다고 씌어 있다. 적봉이라는 도시 이름은 붉은 바위산인 홍산紅山에서 유래한 것이다.

그런데 중국의 역사서 《구당서舊唐書》 대가전待價傳에는 토호진수吐護眞水라는 곳에서 고구려군이 당나라 군과 전투를 벌였다고 되어 있다. 토호진수가 만일 츠펑 근처라면 고구려군이 그곳에 주둔했음이 분명해지는 셈이다. 고구려군이 전투를 벌였다는 토호진수는 츠펑 근처를 흐르는 노합하老哈河였으니, 고구려는 수나라 때는 물론 당나라 때에도 내몽골에서 군사 활동을 벌였던 것이다.

어떻게 그럴 수 있었을까? 츠펑 지역에 고구려군이 주둔하자면 거란족의 협조가 필요했다. 거란족의 주력은 수나라의 침공 이후 고구려의 영향에서 벗어났지만, 일부 세력은 여전히 고구려의 영향권에 있었다. 그리고 수나라 때는 물론 당 태종 때도 요서 지역에는 중국의 군현郡縣이 설치되어 있지 않았다. 요서 내몽골 지역의 군사 기반을 바탕 삼아 고구려는 수의 보급로를 위협하고 차단했을 것이다. 《삼국유사》는 고구려와 수의 전쟁에 얽힌 일화를 이렇게 전한다.

전쟁에 지친 고구려가 먼저 수 양제에게 화해의 친서를 보냈다. 그런데 사신 중에 한 사람이 몰래 작은 쇠뇌를 숨기고 들어가 수 양제의 가슴을 겨냥해 쇠뇌를 발사했다. 그러나 미수에 그치고 말았다. 이에 수 양제가 신하들에게 말했다. "짐이 천하의 주인으로 친히 소국을 정벌했으나 이익이 없었다. 이제 만대의 웃음거리가 되었구나." 이에 우상 양명이 아뢰었다. "신이 죽어 고구려에 다시 태어나 그 나라를 멸망시키고 폐하의 은혜에 보답하겠사옵니다."

수나라도 고구려도 모든 것을 건 힘든 전쟁이었다. 연이은 고구려 원정의 실패로 국운이 기운 수는 결국 멸망하고 말았다. 양제의 마지막도 순탄치 않았다. 장쑤성 양저우揚州에 있는 그의 무덤은 통일제국 황제의 무덤치고는 작고 초라하다. 그는 만년에 전란을 외면하고 풍치가 아름다운 강도江都, 즉 양저우에서 사치스런 생활을 즐기다가 618년 신하의 손에 죽었다. 죽기 직전 마지막으로 신하에게 스스로 약을 먹고 자결할 수 있게 해달라고 청했지만, 신하 우문술의 아들인 우문화급宇文化及은 양제에게 스스로 죽을 권리조차 주지 않았다. 결국 그는 목 졸려 살해당하고 말았다.

수 양제의 무덤 앞에는 후세 사람들이 그를 평하여 적어놓은 "요동에서 일을 벌이다 천하를 잃었다"라는 글이 적혀 있다. 대운하를 건설해 후대에 남겨준 것은 그가 세운 공이지만 고구려를 공격하기 위해 요동으로 간 것은 그의 치명적인 과오였다. 그러나 고구려는 거듭되는 큰 전쟁에도 불구하고 건재했다. 분명 우리가 알지 못하는 또다른 힘이 고구려에는 있었을 것이다. 《삼국사기》의 저자 김부식은 고구려의 승리를 이렇게 격찬했다.

> 수 양제가 요동에서 전쟁을 벌이면서 많은 군사를 동원한 것은 예전에 없던 엄청난 규모였다. 고구려는 한쪽에 치우친 작은 나라로서 능히 방어하여 나라를 지켰을 뿐 아니라 그들의 군사를 거의 섬멸하기까지 했다.

수나라의 너무 길고 취약한 보급로, 완벽한 축성술에 바탕을 둔 고구려의 탁월한 수성守城 능력, 을지문덕의 뛰어난 전략, 여기에 영양왕 이하 고구려인들이 보인 결사항전의 의지 등이 합쳐진 결과라 하겠다.

# 11 당 태종, 안시성에서 무릎 꿇다

수에 맞서 승리했지만 고구려의 시련은 끝나지 않았다.
30여 년간 치밀하게 준비한 당 태종의 침공이 시작된다.
동아시아 중심국가가 되기 위한 피할 수 없는 대결,
두 나라 중 하나가 없어져야 끝날 엄청난 전쟁이 벌어진다.
위기의 고구려, 연개소문의 선택은 무엇인가.

## 평화와 갈등의 외줄 타기

양쯔 강 북쪽 장쑤성江蘇省 옌청鹽城에는 장쑤성 보호문물로 지정된 몽롱탑朦朧塔이 있다. 몽롱탑은 우물 위에 세워졌다. 그 우물에는 당 태종唐 太宗이 숨었다는 전설이 전한다. 당 태종은 왜 우물에 숨어야 했을까? 고구려의 연개소문淵蓋蘇文에게 쫓기고 있었기 때문이다. 왜 이름이 몽롱탑인가? 우물 안에 숨은 당 태종이 몽롱하게 잘 보이지 않아 연개소문에게 발각되지 않았기 때문이다. 이 지역 사람들은 그 전설을 이렇게 전한다.

동쪽의 연개소문이 전쟁을 일으켜 중원을 공격했다. 그가 중원을 공격할 때 당나라 황제 이세민李世民이 그를 추격했지만, 이곳까지 추격하다가 연개소문에게 도리어 쫓기게 되었다. 그래서 여기 우물 아래 지하로 숨어들었고, 우물 위를 거미가 가렸다. 연개소문이 와서 보니 거미줄이 있기에 그냥 가버렸다. 그래서 이세민은 살아날 수 있었고, 그 우물 자리에 탑을 세웠으니 이름이 몽롱탑이다.

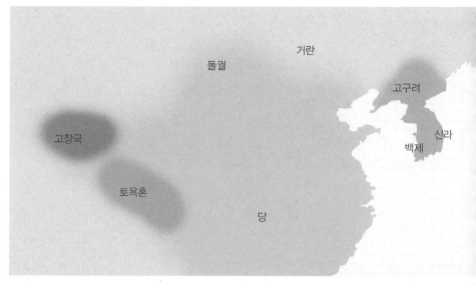

7세기 초 당나라와 주변국의 주변 형세.

당나라의 창업자 고조 이연(565년~635년).

　이 지역 사람들은 실제로 고구려 연개소문이 이곳까지 왔다고 믿고 있다. 연개소문에 관한 전설은 중국 산둥성山東省과 장쑤성 곳곳에 남아 있다. 고구려군이 당과 전쟁을 하면서 후방인 이 지역을 수군水軍으로 공격했을 가능성도 없지 않다. 그러나 구체적인 기록이 없기에 지금으로서는 전설에 머물 수밖에 없는 얘기다. 그러나 전설이라 하더라도, 중국 사람들이 오죽 연개소문과 고구려를 두려워했으면 그런 전설이 생겨났겠는가? 당 태종은 공식 역사 기록에서는 성군이자 용맹스런 군사 지휘자로 기록되어 있지만, 중국의 민간 전설에서는 고구려 군대에 쫓기는 모습으로 등장하곤 한다.

　고구려는 수나라를 패퇴시켰고 수나라는 고구려와 벌인 전쟁에서 패하는 바람에 국운이 기울어 멸망하고 말았다. 그러나 고구려의 시련은 수나라의 침공으로 끝나지 않았다. 수나라에 뒤이어 등장한 통일제국 당나라가 치밀한 준비 끝에 고구려를 침공한 것이다. 고구려와 당나라, 두 나라 중에 하나가 없어져야 끝이 날 엄청난 전쟁이 또 벌어진 것이다. 전쟁을 일으킨 당 태종이 누구인가? 형을 죽이고 아버지를 내쫓고 황제 자리를 차지했으니, 권력을 추구하는 데는 수 양제 못지않게 집요하고 냉혹한 인물인 셈이다. 그런 그는 황제가 된 뒤 주변 국가들을 차례로 제압해갔다.

그러나 당의 초대 황제인 고조高祖 이연李淵은 수나라 멸망의 뼈저린 교훈을 잘 알고 있었다. 그는 고구려를 적대시하고 정벌하는 무모한 정책 대신 화해를 추구했다. 고구려도 새롭게 등장한 당에 사신을 보내면서 화해하고자 했다. 수나라에 맞서 전쟁을 승리로 이끈 영양왕은 세상을 떠나고, 평양성전투에서 수나라 수군을 전멸시킨 전쟁 영웅 고건무高建武가 영류왕榮留王으로 등극해 있었다. 당은 먼저 고구려에 평화를 이끌어내는 제안을 했다. 전쟁 포로를 교환하자는 제의였다. 당이 고구려에 보낸 화해 조서는 고압적인 문구를 담고 있지 않았다. 고구려에 대한 태도는 눈에 띄게 부드러워졌다. 《삼국사기》에 실려 있는 조서를 보자.

수나라 말에 전쟁이 이어져 전쟁터에서 각기 백성을 잃었고, 부모 형제가 서로 헤어져 여러 해가 지났으며 부부가 만나지 못해 원통함을 못 이기고 있다. 지금은 두 나라가 서로 화목하여 도리에 어긋남이 없게 되었다. 이곳 당나라에 있는 고구려 사람들을 모아 보낼 것이니 그곳에 있는 당나라 사람들을 돌려보내, 서로 백성을 위해 어질고 용서하는 도리를 넓히도록 하자.

이에 622년 영류왕은 수나라와 전쟁할 때 포로로
잡혀 고구려에 억류되어 있던 1만여 명을 당으로 돌려
보냈다. 당 고조가 크게 기뻐했음은 물론이다. 영류왕
도 한 발 더 나아가 당나라와 화해를 모색했다. 628년
에는 사신을 보내 당 태종이 돌궐왕 힐리 칸頡利可汗을
사로잡은 것을 축하하면서 고구려 지도인 〈봉역도封域
圖〉를 선물했다. 640년 당 태종은 광주사마廣州司馬 장
손사長孫師를 보내 수나라 군사들이 묻혀 있는 곳에서
위령제를 지내게 하고, 수를 이긴 것을 기념해 고구려

당나라의 2대 황제 태종
이세민(600년~649년).

가 세운 전승기념비, 즉 경관京觀을 허물어버렸다. 영류왕은 당 태종의
그런 조치를 사실상 용인했다. 같은 해에 세자 환권桓權을 장안으로 보내
입조하게 했으니 고구려의 강경파가 보기에 영류왕은 굴욕 외교와 화친
정책 사이에서 아슬아슬하게 외줄을 타고 있는 형편이었다.

　당 태종은 641년 직방낭중職方郞中 진대덕陳大德을 고구려에 사신으로
보냈다. 진대덕은 고구려 산천 곳곳을 유람했다. 직방낭중은 병부兵部에
소속된 관리로, 주로 군사 지도를 관리하는 일을 하는 관직, 요즘 말로
하면 정보수집 및 관리를 하는 관직이었다. 사실상 고구려 정세를 염탐
하러 온 스파이였던 것이다. 그는 고구려의 주요 성읍을 방문하여 그곳
의 수비 책임자들에게 뇌물을 주면서 고구려의 군가 기밀에 해당하는 정
보를 수집했다. 이는 당 태종이 얼마나 치밀한 군사 전략가였는지 잘 보
여준다.

　군사 전략 및 전술 측면에서 당은 수와 크게 달라진 모습을 보여주었
다. 635년 당은 티베트 고원 지역에 있는 토욕혼吐谷渾 세력이 당나라 서
쪽을 위협한다 하여 이정李靖을 서해도행군대총관西海道行軍大總管으로
삼아 침공했다. 이정은 달아나는 토욕혼의 뒤를 쫓아 2000리를 질주하여

토욕혼의 왕을 사로잡았다. 빠른 기병으로 먼 거리를 질주하여 적을 격파하는 전술은 유목민들이 즐겨 구사하는 전술이었다. 유목민의 전술을 사용하여 유목민을 제압했던 것이다.

초기에는 수나라 군대와 비슷했던 당의 군대가 이렇게 변한 것은 돌궐과 전쟁을 하면서 얻은 경험 때문이었다. 돌궐의 기병과 맞서 싸우면서 전략과 전술에 변화를 시도한 것이다. 본래 중국의 갑옷과 투구는 매우 무거웠고 또한 유연성이 모자랐다. 기병은 머리끝에서 발끝까지 중무장하는 경우가 많았고 말에도 갑옷을 입혔다. 그런 장비는 중국 안에서는 전투에 유리했지만 장거리 출정에서는 그렇지 못했다. 중앙아시아 지역으로 장거리 출정을 하면서 당나라 군은 무거운 갑주를 일부 포기하기 시작했다.

토욕혼을 침공한 이정은 누구인가? 당 태종과 이정이 병법에 관해 대화하는 형식으로 되어 있는 병법서 《이위공문대李衛公問對》의 주인공이다. 《이위공문대》는 중국의 병법을 대표하는 책 가운데 하나로 평가받으며 후대에도 계속 중시되었다. 요컨대 당 태종과 이정은 당나라 최고의 군사 전략가였던 것이다. 640년 당은 비단길에 있는 고창국高昌國을 침공하여 멸망시켰다. 당 태종의 입조 요구를 고창국 왕이 병을 핑계로 거부하자 대군을 동원했던 것이다. 고창국은 설마 당군이 사막을 건너 먼 서역까지 오겠는가 방심하고 있다가 갑자기 들이닥친 대군에 멸망당했다. 당 태종은 오아시스 지역의 나라들마저 차례로 정벌해갔다. 고구려 입장에서 이는 당나라의 후방을 교란해줄 수 있는 세력들이 없어짐을 의미했다.

고구려도 손을 놓고 있지만은 않았다. 영류왕은 계속해서 화친 정책을 펼치면서 631년부터 대당 강경파의 우두머리라고 할 수 있는 연개소문에게 천리장성을 쌓게 했다. 북쪽 부여성에서 발해만 지역에 이르는 천

# 연개소문을 어떻게 볼 것인가?

'권력을 차지하려는 욕망에 불탄 나머지 임금을 시해한 역적이자 독재자.' '당 제국의 침략을 물리치고 자주성을 지켜낸 구국의 영웅.' 역적과 영웅. 연개소문의 두 얼굴이다. 김부식은 《삼국사기》에 연개소문이 "포악하고 잔인하여 사람들이 감히 대적하지 못하였으며, 영류왕을 죽이고 보장왕을 세워서 스스로 막리지가 되어 국사를 전횡하니 당 태종이 이를 정벌했다"고 기록했다. 신채호는 《독사신론讀史新論》에서 연개소문을 "조선 역사 4000년 이래 최고의 영웅"으로 극찬했으며, 《조선상고사》에서는 연개소문이 "구舊제도를 타파하고 정권을 통일했으며 남수서진南守西進 정책을 세웠고, 당 태종을 격파해 중국 대륙을 공격했다"고 높이 평가했다.

　김부식은 유교의 가치관에 바탕을 두어 역사 인물들을 평가하는 데 익숙했기 때문에, 임금을 시해하고 정변을 일으킨 연개소문을 좋게 평가하기 어려웠을 것이다. 더구나 사대事大, 즉 큰 나라에 대해 작은 나라가 '적당히 굽히고 들어가' 실리를 취하는 것이 좋다고 생각했을 것이다. 일제의 식민 침탈이라는 상황에서 민족정기를 바로 세워 나라를 되찾아야 한다는 마음에 불타올랐을 신채호에게는, 대제국의 침략에 맞서 싸운 연개소문이 민족의 영웅으로 다가왔을 법하다.

　영류왕과 귀족들이 당나라에 대해 거의 굴욕적일 정도로 화친 정책을 폈던 것에 비해, 전쟁도 불사하는 연개소문의 태도는 통쾌하고 멋있어 보인다. 그러나 그 통쾌함과 멋의 뒤안길에는 수많은 고구려 군사들과 백성들의 희생이 있었다. 당나라를 중심으로 하는 동아시아 국제 질서, 바꿔 말하면 전통적인 중국 중심의 동아시아 질서를 받아들이고 평화를 유지하느냐, 아니면 독자 질서 구축을 지향하여 당나라와 충돌이 불가피한 상황으로 가느냐. 연개소문은 이런 동아시아 국제 질서의 큰 그림을 염두에 두고 당나라와 일전을 불사한 걸까? 비록 당나라의 침략을 물리치기는 했지만, 나라의 운명을 건 수나라와 거듭 전쟁을 겪었으니 이미 고구려의 국력도 많이 쇠하였을 것이다. 그런 상황에서 고구려 중심의 국제 질서 구축이나 당나라에 대한 자주 노선이 바람직한 국가 전략이었을까?

고창국의 수도였던 고창고성의 폐허. 고창국 왕은 당 태종의 입조 요구를 거절하였다가 멸국지화의 변을 당했다.

당나라 최고의 전략가 이정 (571년~649년).

리장성 축조 공사는 무려 16년간이나 계속되었다. 《삼국유사》는 당시의 힘든 상황을 "시남역여경時男役女耕", 즉 "남자는 모두 성 쌓기에 동원되고 여자가 밭을 갈 수밖에 없었다"고 전한다. 642년 연개소문이 정변을 일으켰다. 당나라와 화해 정책을 추진하던 영류왕과 수많은 귀족 대신들을 살해하고 보장왕寶臧王을 즉위시키면서 스스로 대막리지大莫離支에 올라 실권을 장악했다.

## 당나라 군대는 수나라보다 강했다.

바야흐로 당과 고구려 사이에는 긴장감이 흘렀다. 까닭이야 무엇이든 왕을 살해한 연개소문으로서는 권력의 정당성 문제가 약점이 될 수밖에 없었고, 당 태종으로서는 그런 정당성 문제를 고구려 침공의 빌미로 삼을 수 있었다. 아니나 다를까, 고구려를 토벌하라는 상소에 대해 당 태종은

당나라 군대의 침략에 대비해 고구려 영류왕은 연개소문에게 천리장성을 쌓게 했다.

이런 뜻을 밝혔다.

> 고구려 왕 무(영류왕)는 사신과 조공을 그치지 않았는데 흉악한 신하
> 가 살해했다. 짐의 슬픔이 매우 크다. 상중을 틈타 공격하는 것은 옳지
> 못하고, 우리 당나라의 산둥 지역이 피폐하여 안정되지 못했으니 머
> 뭇거릴 뿐, 나는 병사를 일으키라는 그대의 주장을 따르고 싶구나.

644년 1월 당 태종은 고구려에 사신을 보내 이런 뜻을 전하게 했다.

> 신라는 우리나라에 귀의하여 조공이 끊이지 않는 나라이니, 백제와 함
> 께 군사를 거두지 않고 또 다시 신라를 친다면 내년에는 군사를 일으
> 켜 칠 것이다.

최후통첩과도 같은 당 태종의 뜻에 대한 연개소문의 반응은 어땠을까?

지난번 수나라가 우리를 공격했을 때 신라는 그 틈을 타서 우리 땅 500리를 침략했으니 그 땅을 돌려주지 않는 한 싸움은 그칠 수 없을 것이오.

그해 2월 당 태종은 돌아온 사신의 보고를 받고 사실상 고구려 침공을 결정했다.

연개소문은 무도하게도 임금을 시해하고 대신들의 자리를 도둑질했으며 백성들을 학대하였다. 그런 데다가 감히 내 명을 거부했으니 토벌하지 않을 수 없구나.

그러나 고구려 침공을 만류하는 이들이 있었다. 명필名筆로도 이름이 높았던 저수량褚遂良은 이렇게 간했다.

바다를 건너 작은 오랑캐의 무리를 치시다가 이기면 모르겠지만 만에 하나 차질이 생기기라도 하면 폐하의 신망과 위엄이 손상될까 심히 염려되옵나이다.

또한 수의 고구려 침공 때 참전했던 원로 대신 정원숙鄭元璹을 불러 고구려 침공에 대한 의견을 묻자, 정원숙은 이렇게 답했다. "요동은 길이 멀어 양곡을 수송하기 힘들고, 동이(東夷, 고구려)는 성을 지키는 데 능하여 항복시키기 어렵습니다." 그러나 당 태종은 뜻을 굽히지 않았다. "오늘날과 수나라 때는 다르다. 공은 나를 따르기만 하라." 전쟁을 결정한 당 태종은 당나라가 승리할 수밖에 없는 다섯 가지 까닭을 담은 조칙을 발표했다.

옛날 수 양제는 백성을 잔학하게 대하고 고구려 왕은 그 백성을 어질게 대하였다. 반란이나 꿈꾸는 군대가 안온한 무리를 친 까닭에 성공하지 못했던 것이다. 지금 우리가 반드시 이기는 까닭을 말하자면 큰 나라가 작은 나라를 치고以大擊小, 순리로서 반역을 토벌하며以順討逆, 다스림으로 어지러움을 제압하고以治乘亂, 편안함으로 수고로움을 치는 것이며以逸待勞, 기쁨으로 원망을 대적하는 것이기以悅當怨 때문이다. 어찌 이기지 못하겠는가. 백성에게 포고하노니 의심하고 두려워하지 말라.

644년 11월 당 태종은 형부상서 장량張亮을 평양도행군대총관平壤道行軍大摠管으로 삼아 4만 병력을 전함 500척에 태워 평양으로 향하게 했으며, 요동도행군대총관遼東道行軍大摠管 이세적李世勣은 6만 병력을 이끌고 유주(幽州,류저우)에서 요동으로 진군하게 했다. 645년 1월에 이세적의 부대가 유주에 도착했고, 3월에 유성柳城, 4월에 통정진通定鎭을 지나 요하를 건넜다. 당 태종은 2월에 장안을 출발하여 요동으로 향하고 있었다. 당 태종으로서는 수나라의 전철을 밟지 않는 것이 중요했다. 그래서 군량 보급 문제에 각별히 신경을 썼다. 대군을 모으지 않고 상당히 적은 수의 정예병 위주로 군대를 편성한 것이다.

이세적은 현도성玄菟城과 신성新城을, 영주營州 도독 장검張儉은 돌궐족으로 이루어진 부대를 이끌고 건안성建安城을 공격했다. 장검은 고구려군 수천 명을 죽이는 전과를 올렸고, 이세적과 도종은 힘을 합쳐 개모성蓋牟城을 함락시켜 1만 명의 포로와 양곡 10만 석을 확보했다. 그리고 5월에는 장량이 이끄는 당 수군이 요동반도 끝에 자리한 고구려의 해안 요새 비사성卑沙城을 함락했다. 고구려는 개전 초기에 큰 피해를 입었다. 수나라가 침공했을 때 하나도 함락되지 않았던 고구려 성들이 함락되기 시작했다는 사실. 그렇다. 당나라는 수나라와 달랐다.

고구려로서는 당나라의 병참 기지라고 할 수 있는 오호도烏胡島를 공략하지 못한 게 화근이었다. 당나라 수군은 오호도를 기반으로 비사성을 함락해 보급로를 확보했던 것이다. 강제로 징집된 병력보다는 자발적인 전쟁 참가자로 이루어져 있었던 당나라 군대는 전투 기술이나 사기 면에서도 수 양제의 대군보다 나았다. 더구나 당나라 군대는 적의 측면을 포위하거나 후방에서 갑자기 공격하는 등 기동 작전에 능했다. 수나라처럼 대규모 병력이 밀집 대형을 갖추기보다는, 넓게 흩어져 유연하고 기동성 있게 작전을 펼쳤다. 여기에 당 태종은 강행본姜行本과 구행엄丘行淹에게 성을 공격할 때 쓸 무기를 만드는 책임을 맡겨 장인들을 독려하게 했고, 무기를 만드는 현장에 직접 나가 진행 상황을 점검하고 성능을 시험해보기도 했다. 결론지어 말하자면 당나라 군대는 중국 역사상 가장 뛰어난 전략가와 장군, 새로운 전략 및 전술, 성능 좋은 공성 장비 그리고 전투 경험이 많고 사기도 높으며 훈련이 잘 된 병사들로 이루어진 군대였다.

645년 5월 당 태종은 정예병을 이끌고 요택遼澤을 건넜다. 요택은 오

큰 돌을 날려 성벽을 파괴하거나 성안을 공격하는 무기인 포차. 오늘날의 대포에 해당한다.

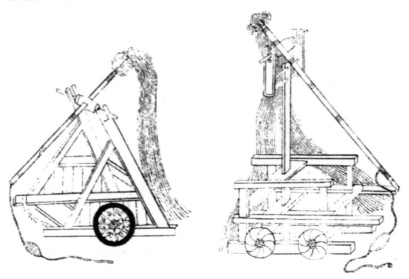

## 고구려 승리의 비결

세계 전쟁사를 보면 보급 문제 때문에 성공을 거두지 못한 원정遠征이 많다. 아무리 전투력이 뛰어난 부대라 해도, 제대로 먹지 못하고 입지 못한다면 이길 수 없는 게 당연하다. 백만 대군이라 한들 며칠을 굶는다면 어떻게 전투에 나설 수 있을 것인가? 이를테면 나폴레옹과 히틀러는 모두 러시아를 침공했지만, 전체적인 전력이 우세함에도 보급 문제를 해결하지 못하여 실패했다는 게 전쟁사 전문가들의 의견이다.

병력이 많을수록, 또 전쟁 기간이 길어질수록 보급 문제는 커질 수밖에 없다. 고구려가 거듭되는 대규모 전쟁에서 수나라와 당나라의 대군을 물리칠 수 있었던 것도, 수나라와 당나라 대군의 보급 문제의 취약점을 잘 이용했기 때문이다. 고구려군은 적군의 대규모 부대와 정면으로 마주쳐 결전을 벌이지 않는다. 대신에 전략적으로 중요한 위치에 있는 여러 성에서 수성전守城戰을 펼친다. 적군이 어느 한 성에 오랜 기간 묶여 있으면, 적군의 보급선을 기습적으로 공격하고 빠진다.

수나라나 당나라 입장에서는 요동 지역에 이르는 긴 보급선을 제대로 유지한다는 게 쉽지 않다. 바닷길도 있지만 고구려 수군의 전력도 만만치 않다. 속전속결로 고구려의 수도를 함락시키기 위해 고구려 영역 깊숙이 빠르게 진군해야 하지만, 그렇다고 전략적으로 중요한 지점에 있는 고구려 성들을 그대로 놓아두기도 힘들다. 자칫하면 보급선이 완전히 끊기고 돌아가는 길마저 차단될 위험이 있기 때문이다.

더구나 당시로서는 세계 최고 수준의 성벽 축조술을 보유하고 있었던 고구려의 성을 함락시킨다는건 여간 힘든 일이 아니었다. 여러 고구려 성들을 하나하나 차례로 함락시키며 진군하기도 힘들도, 그냥 놓아두고 진군하기도 힘든 상황. 고구려를 침공한 군대는 이런 딜레마에 빠질 수밖에 없었다.

645년 5월 당 태종이 몸소 정예병을 이끌고 요택을 건넜다.

늘날의 랴오허 하류 일대로, 요서 지역에서 요동 벌판을 남쪽으로 가로질러 요동성으로 갈 때 거쳐야 하는 곳이다. 지금도 당시 요택이라 불리던 지역에는 갈대 숲 늪지대가 펼쳐져 있다. 당 태종은 요택에 이르렀지만 진흙길이 200리나 되어 말과 사람이 빠지니 좀처럼 통과하기 힘들었다. 결국 흙을 깔고 다리를 만들어 겨우 요택을 건넌 뒤, 병사들이 마음을 굳게 먹도록 강을 건너는 장비를 모두 불태워버렸다.

이제 황제가 직접 이끄는 당의 대군이 요동성을 포위했다. 고구려는 요동 지역의 요충지 요동성을 구원하려고 신성과 국내성의 병력 4만을 보냈다. 당나라 군과 고구려 구원 병력이 정면으로 충돌한 결과 초기에는 당나라 장수 장군예가 도망가는 등 고구려가 승기를 잡는 듯했지만 끝내 패배하고 말았다.

수 양제의 대군이 여러 차례 공격했지만 끝내 무너뜨리지 못한 요동성은 평지성이지만, 태자하의 물길과 해자를 방어막으로 삼을 수 있었다.

이세적이 이끄는 당나라 군은 밤낮으로 휴식 없이 12일 동안 공격을 퍼부었고, 당 태종이 이끄는 병력도 이에 합세했다. 성을 수백 겹으로 둘러싸니 북과 고함 소리가 천지를 뒤흔들었다. 당나라 군은 포차를 벌려놓고 큰 돌을 성 안으로 날려보냈다. 그 위력에 요동성 사람들은 크게 두려워했다.

포차는 사람의 힘으로 돌을 쏘아보내 성벽이나 건물을 파괴하는 투석기다. 서양의 투석기가 기계적인 힘으로 돌을 날리는 데 비해, 중국의 투석기는

포차를 재현하여 작동하는 모습.

사람이 잡아당기게 되어 있다. 사람이 잡아당기는 투석기는 투석기에 연결하는 밧줄의 숫자만 늘리면 아주 크게도 만들 수 있다. 《무경총요》에 따르면 투석기 가운데 가장 큰 것은 250명이 잡아당겨서 60킬로그램의 돌을 100미터 이상 날릴 수 있었다. 그러나 실제로는 수천 명이 잡아당겨서 날리는 거대한 투석기도 있었다. 성벽을 넘어 밤낮으로 날아오는 돌은 요동성 성벽은 물론 성 안의 주요 시설을 파괴했을 것이다.

요동성의 운명이 위태로워지자 고구려의 성민들은 무당에게 미래를 점쳤다. 무당은 "고구려 시조 주몽이 기뻐하시니 성은 반드시 온전하리라"는 예언을 했다. 요동성 사람들은 이 말에 힘을 얻어 분전했지만 불행히도 상황은 당나라에 유리하게 돌아가고 있었다. 당나라 군이 성의 서남쪽에 불을 지르자 마침 불어오는 거센 바람을 타고 성 안이 불에 휩싸였다. 수많은 사상자가 발생했다. 무당의 예언은 빗나갔다. 결국 결사항전한 지 12일 만에 요동성이 함락되어 고구려 병사 1만 명과 남녀 주민 4

중국 하이청시에 있는 영성자산성의 표지판(왼쪽 위). 안시성으로 지목되는 이곳에 중국 당국은 관광객의 출입을 금지하고 있다. 안시성 성벽이 있던 산 능선(왼쪽 아래). 위에서 내려다본 안시성 모습 상상도(오른쪽).

만 명이 포로로 잡혔고, 성 안의 군량 50만 석도 당나라 수중에 넘어가고 말았다.

## 안시성을 지키다, 당을 물리치다

요동성을 손 안에 넣은 당 태종은 백암성白巖城으로 향했다. 백암성은 고구려 성의 특징을 가장 잘 보여주는 성이다. 가공된 돌로 기단을 만든 성벽은 1400년이 지나도 허물어지지 않았다. 이 성의 남쪽 성벽은 태자하의 절벽 위에 세워져 있다. 절벽을 성벽으로 삼고 나머지 삼면에는 높고 튼튼한 인공 성벽을 쌓았다. 어떤 적도 들어오기 힘든 난공불락의 요새였다. 그러나 전투는 제대로 벌어지지도 않았다. 요동성 함락 소식을 들은 성주가 당 태종의 군대가 몰려오자 성민들 몰래 투항해버렸기 때문이다.

요동성 함락에 이은 백암성의 투항으로 고구려의 방어선이 위태로워지기 시작했다. 바다를 건너온 당나라 수군의 공격에 비사성이 함락되고 개모성, 요동성, 백암성이 함락됨으로써 고구려의 피해는 걷잡을 수 없이 커졌다. 이제 당나라 군대의 깃발은 안시성安市城으로 향했다. 안시성은 오늘날 중국 랴오닝성 하이청시海城市 동남쪽 인근에 있는 영성자산성英城子山城으로 추정되는 성이다. 성은 산등성이를 따라 연결되어 있는데 성벽의 전체 길이는 2.5킬로미터에 달한다.

당의 대군이 도착하여 안시성을 포위하자 고구려는 고연수高延壽와 고혜진高惠眞에게 고구려군과 말갈 병사들로 편성된 15만 군사를 이끌고 지원하게 했다. 고구려의 주요 방어선이 되는 성들을 잇달아 무너뜨린 당나라 군대를 당할 길은, 섣불리 나아가 싸우기보다는 당나라 군의 식량이 떨어지고 지칠 때까지 지키면서 때때로 기병을 보내 양식 운송로를 끊고 기습하는 것이었다. 그러나 고연수와 고혜진은 섣불리 출전했다가 당나라 군의 유인책에 말려 삼면에서 공격받아 크게 패해, 패잔병 3만 6800명과 함께 항복하고 말았다. 당나라는 이 전투에서 말 5만 필, 소 5만 두, 갑옷 1만 벌과 수많은 무기를 빼앗았다.

그러나 고구려군 15만이 그렇게 참패했다는 것이 사실일까? 아무리 유인책에 말려들었다고 해도 병력 숫자에서도 뒤지지 않는 고구려 대군이 한꺼번에 괴멸되었을까? 고연수, 고혜진이 싸우지 않고 지키는 것보다는 정면 대결을 택했다면, 당나라 군대와 우열을 가리기 힘든 대혈전을 벌였다고 보는 편이 사실에 더 가깝지 않을까? 요컨대 당나라 군대가 입은 피해도 적지 않았을 것이다. 그렇다면 항복한 고구려 병사들 외에 나머지 10만여 병사들은 어디로 갔을까? 고연수와 고혜진의 패배에 관해서는 여러 가지 의문이 남는다.

고구려 지원 병력을 격파한 당 태종은 이세적과 상의했다.

안시성은 그 지세가 험준하고 군사력도 강하며 성주는 재주와 용기가 뛰어나다고 한다. 건안성建安城은 군사력이 약하고 양식도 적다는데, 그렇다면 건안성을 먼저 공격하는 게 좋지 않겠는가?

이세적은 이렇게 답했다.

건안성은 남쪽에 있고 안시성은 북쪽에 있습니다. 그리고 우리는 군량미를 안시성보다 북쪽에 있는 요동성에 두었는데, 안시성을 그냥 두고 건안성을 공격하다가 고구려군이 우리의 군량미 보급로를 끊는다면 어떻게 되겠습니까? 먼저 안시성을 공격하는 게 좋겠습니다. 안시성만 함락하면 건안성은 쉽게 손에 넣을 수 있습니다.

당 태종은 이세적의 의견을 따르기로 했다.

구원군이 패하고 안시성이 바람 앞의 등불인 상황에서 연개소문은 무엇을 하고 있었을까? 당시 연개소문은 신성新城 주변에서 전쟁을 지휘하고 있었던 듯싶다. 구원군의 패배 이후 연개소문은 말갈을 시켜 설연타薛延陀의 왕 진주칸眞珠可汗에게 재물을 보냈다. 연개소문의 판단으로는, 당나라 대군의 지속적인 포위 공격에 안시성이 무한정 버티기는 힘들었다. 그렇다면 당나라 서북방 변경 세력인 설연타와 협상하여 설연타가 당의 수도 장안으로 진군하게 하는 것이 대안이 될 수 있다. 그러나 진주칸은 별다른 답을 보내오지 않았고, 그 뒤를 이은 다미칸多彌可汗이 당의 허난河南 지역을 공격했지만 큰 성과를 거두지는 못했다.

오늘날 우즈베키스탄 사마르칸트의 아프라시압 궁전의 벽화에는 와

성문을 깨뜨리기 위한 충차의 공격. 안시성 성민들은 성벽이 무너지면 목책을 세워 막았다. 당나라 군은 성벽보다 높은 토산을 쌓아 안시성을 내려다보며 공격하려 했다. 그러나 오히려 고구려군이 토산을 점령해 승리의 기수를 잡았다.

르후만 국왕이 다스리던 650년 무렵의 일이 묘사되어 있다. 큰고리칼을 차고 머리에는 조우관을 쓴 고구려 사신의 모습이 그려져 있는 것이다. 고구려는 당을 견제하기 위해 돌궐, 설연타 그리고 멀리 중앙아시아 지역까지 사신을 파견하여 동맹 세력을 구하고자 했던 것이다. 당이 고구려를 침공한 것도, 고구려가 강성해지면 북방 민족들과 동맹하여 당을 위협하게 될 것이라는 '이유 있는' 우려 때문이었다. 요컨대 고구려는 당의 동아시아 패권 확립에 가장 큰 방해 요인, 요즘 말로 바꾸면 '악惡의 축'이었던 셈이다.

안시성을 겹겹이 포위한 당나라 군은 하루에도 예닐곱 차례씩 맹공을 퍼부었다. 그러나 안시성 사람들은 이에 굴하지 않고 당 태종의 깃발을 보며 성 위에 올라 북을 치며 소리 지르고 놀려댔다. 당 태종은 당연히 크게 노했고, 곁에 있던 이세적은 당 태종에게 "성이 함락되는 날 남자는 모두 구덩이에 넣어 죽여야 한다克城之日 男子皆坑之"고까지 말했다. 이 이야기가 안시성에 전해지자 고구려군과 백성들은 더욱 결연하게 분전했다. 성이 함락되지 않자 당나라군은 충차衝車를 동원해 성벽을 쳐서 무너뜨리고자 했다. 그러나 성벽이 조금이라도 무너질라치면 고구려 군사들은 목책을 세워 막았다.

강하왕 도종은 안시성 동남쪽에 토산을 쌓아올리기 시작했다. 당 태종은 도종이 발을 삐자 친히 침을 놓아줄 정도로 극진히 장병을 독려하여 산 쌓기를 60일 밤낮으로 계속했다. 토산이 완성되면 안시성을 내려다보며 공격할 수 있었다. 그러나 고구려군은 성을 더 높이 쌓아 당나라 군대의 공격을 막아냈다. 도종은 장수 부복애傅伏愛에게 토산 마루에서 병사를 이끌고 고구려군과 대적하게 했는데, 갑자기 토산이 무너지면서 가까운 거리에 있는 성벽을 무너뜨렸다. 이때 부복애는 자리를 비우고 있었고, 고구려군이 무너진 틈으로 쏟아져 나와 토산을 점령해버렸다. 크게 노한 당 태종은 부복애를 참형에 처하고, 맨발로 엎드려 벌 줄 것을 청하는 도종은 전공을 참작하여 죽음만을 면하게 해주었다.

이제 시간은 고구려 편이었다. 요동 지방에는 추위가 빨리 온다. 6월부터 넉 달에 걸쳐 공방전을 벌였으니 때는 바야흐로 9월. 차갑고 매서운 바람이 불어오고 물이 얼어붙기 시작하며 들판은 바짝 말라버린다. 여기에 군량미마저 곧 바닥을 드러낼 참이었다. 군사를 돌이키는 것밖에 선택의 여지가 없었다. 수 양제의 전철을 밟지 않기 위해 몸소 흙을 나르고 부하들의 상처에서 나는 고름을 입으로 빨아주기까지 했던 당 태종. 그러나 당 태종은 패하고 말았다. 비록 고구려의 여러 성들을 함락하기는 했지만 고구려 깊숙이 진군하지도 못했고, 고구려 왕의 항복을 받아내지도 못했으며, 고구려 수도를 점령하지도 못했기 때문이다.

당 태종이 안시성 아래에서 병사들을 점검하고 돌아서서 떠나려 할 때, 안시성의 고구려군은 공격하지 않았다. 오히려 사람이 하나도 없는 듯 조용하기까지 했다. 다만 성주가 홀로 성 위에 나와 송별의 예를 갖추었다. 만감이 교차한 당 태종은 성을 잘 지켜낸 것을 치하하는 뜻에서 비단 100필을 남겨놓고 떠났다.

## 천하후세가 우리 동방을 강국으로 여겨

당나라가 이길 수밖에 없는 필승의 이유를 다섯 가지나 내세우며 떠났던 원정길. 만반의 준비 끝에 승리에 대한 자신감에 부풀어 시작한 원정이 이렇게 끝나자 당 태종의 심정은 참혹하고 암담하기 그지없었을 것이다. 되돌아가는 길도 평탄치 못했다. 고구려군의 추격에 대비해 이세적과 도종에게 4만 병력으로 후방을 막게 한 뒤 길을 재촉했지만, 요하 일대의 진흙탕에 자꾸만 사람과 말의 발이 빠졌고, 매서운 추위에 얼어죽는 병사들마저 늘어났다. 진군해 올 때 강 건너는 장비를 불태워버린 탓에 풀을 베어 길을 메우고 수레를 다리 삼아 200릿길이나 되는 요택 지역을 통과해야 했다. 당 태종 자신도 수레를 밀고 풀 옮기는 일을 하면서 병사들을 격려할 만큼 절박한 상황이었다. 황제이건만 옷도 제대로 갈아입지 못해 해진 누더기를 입고 있는 꼴이었다.

당 태종은 고구려 원정을 깊이 후회했다. 직언을 서슴지 않던 충성스럽고 지혜로운 신하 위징魏徵이라면 이번 원정을 끝까지 말리지 않았을까? 당 태종은 이렇게 탄식했다. "만약 위징이 있었다면 내가 이번 원정을 떠나게 하지 않았을 것이다魏徵若在, 不使我有是行也." 그러나 위징은 이미 643년에 세상을 떠나고 없었다. 가까스로 유성에 도착한 당 태종은 죽은 군사들의 해골을 모아 제단을 만들고 제사를 지내면서 구슬프게 울었다. 당 태종을 따라 눈물을 흘리지 않는 병사가 없었다. 수나라는 고구려와 전쟁을 벌였다가 나라가 망하고 말았으나 당 태종은 패전했음에도 나라만은 보존할 수 있었으니 불행 중 다행이었다 할까.

그런데 중국 역사서 《자치통감》에는 고구려 원정에서 당나라 군이 입은 피해가 너무 적게 기록되어 있다. 말 열 마리 가운데 일고여덟 마리가 죽었다고 되어 있지만, 정작 병사는 불과 2000명 정도가 죽었다는 식이다. 도무지 앞뒤가 맞지 않는다. 사람 목숨을 가지고 이렇게 말해서 그렇지만, 당나라 병사들도 최소한 열에 다섯 정도는 죽었어야 하지 않을까? 당의 병력 손실이 2000명 정도에 지나지 않았다면 당 태종도 고구려 원정이 결코 실패가 아니었다고 주장할 수 있었을 것이다. 그 정도 손실이라면 당 태종이 다시 한번 고구려 원정을 감행하기 충분하지 않은가. 위대한 군주의 반열에 드는 당 태종의 부끄럽고 참담한 패배를 실제 그대로 기록하기 싫었을 것이다.

장안으로 돌아온 당 태종은 패전의 충격에서 쉽게 벗어나지 못했다. 특히 안시성을 그대로 두고 평양으로 곧바로 진격하자고 했던 도종의 의견을 듣지 않은 것을 후회했다. 그래서 '한 번만 더 하면 반드시 성공할 수 있다'고 생각한 것일까? 백전백승의 명장이자 최고의 전략가이기도 했던 자신의 상처받은 자존심을 회복하고 싶었던 것일까? 그러나 역시 당 태종은 탁월한 전략가였다. 대규모 원정보다는 적은 수의 병력을 동원하는 쪽으로 침공의 양상을 바꿨던 것이다.

646년부터 당 태종은 소규모 병력으로 고구려를 침공해 고구려의 힘을 약화시키는 전략을 구사하기 시작했다. 이해 3월에는 우진달牛進達과 이해안李海岸에게 1만 병력을 주어 바닷길을 통해 고구려를 침공하게 했고, 육로로는 이세적에게 불과 3000명의 병력을 주어 침공하게 했다. 이들은 고구려의 한 성을 집중적으로 공격하지 않고 여러 성을 공격하며 괴롭히는 작전을 펼쳤다. 8월에는 전쟁에 쓸 큰 배 수백 척을 건조할 것을 명했다.

계속되는 전쟁으로 국력을 많이 소모한 고구려에게 당 태종이 구사하는 새로운 전략은 무척 괴롭게 다가왔을 것이다. 646년 12월에 보장왕은 왕자 고임무高任武를 사죄사로 보내 화해하려 했지만, 당 태종은 집념을 거두지 않았다. 648년 정월에는 자신의 사위 설만철薛萬徹에게 3만 병력을 주어 바닷길을 통해 고구려를 침공하게 했다. 그리고 4월에는 오호도 주둔군 사령관 고신감古神感이 고구려를 침공하도록 했지만, 큰 전과를 올리지는 못했다. 6월에는 이듬해에 30만 대군을 동원하여 고구려를 침공할 계획을 세우고 큰 배를 더욱 많이 건조하게 했다. 이 지경에 이르자 당 태종이 총애하는 대신이자 병상에 누워 있던 방현령房玄齡이 상소를 올려 고구려 침공을 극구 말렸다.

새나 물고기쯤으로 대해왔던 변방의 하찮은 오랑캐 따위에게는 인의仁義로 대할 필요도 없고 예법을 강요할 필요도 없습니다. 그런 그들을 결딴내려 하면 궁지에 몰린 짐승이 발악을 하듯이 목숨을 걸고 달려들지 않을까 걱정됩니다. 혼자 된 부인과 가엾은 어머니가 관을 실은 수레를 보고 말라버린 뼈를 부여안고 울부짖습니다. 이는 음양陰陽의 질서와 천지天地의 조화로운 기운이 혼란스러워지는 사태로써, 천하에 큰 고통이 아닐 수 없습니다.

본래 전쟁은 흉하고 위험하기 짝이 없는 일이니, 도무지 어찌할 수 없을 때만 부득이하게 벌이는 일입니다. 고구려가 우리 당나라에 대한 신하의 도리를 심각하게 어긴다면 토벌하는 게 마땅합니다. 고구려가 당나라를 침공하여 약탈하고 백성들을 죽인다면 고구려를 멸망시켜 마땅합니다. 고구려가 늘 우리 당나라에 위협이 되어 근심을 안겨준다

면 고구려를 공격하여 항복을 받아내야 마땅합
니다. 이런 세 가지 중에 하나라도 해당된다면
하루에 1만 명의 병사들이 죽는다 해도 고구려
를 공격해야 합니다. 그러나 현재 상황은 어느
것에도 해당되지 않습니다.

중국 시안西安 근방에 있는 당
태종의 묘 소릉. 거대한 고분이
마치 산과 같다.
당 태종을 도와 고구려를 공격
했던 전략가 이세적의 칼.

당 태종은 방현령이 올린 표문을 읽고, 방
현령의 둘째 아들에게 시집보낸 고양공주高陽
公主에게 "이 사람이 위중한데도 나라를 깊이
걱정하고 있구나" 탄식해 말했다. 총애하는 신
하이자 사돈이기도 한 방현령의 간곡한 말이
주효한 것일까? 당 태종은 고구려 원정의 뜻
을 거두었다. 649년 5월 세상을 떠날 때는 고
구려 정벌을 포기하라는 유언까지 남겼다. 중
국 역사상 위대한 황제들 반열에 드는 그였지
만, 고구려 원정은 큰 실책이 아닐 수 없다. 결국 죽음 앞에서야 당 태종
은 고구려에 대한 미련을 접은 셈이다.

조선 정조 때 안정복安鼎福이 집필한 《동사강목東史綱目》은 이렇게
말한다.

평양의 외로운 군사로서 큰 군사를 대적하여 전승을 거두었으니 장하
다. 당 태종이 안시성싸움에서 패하고 그뒤 여러 나라가 우리나라를
침략하였으나 이기지 못하고 모두 섬멸되었으니, 천하후세가 우리 동
방을 강국으로 여겨 감히 함부로 침범하지 못한 것이 아니겠는가?

## 눈알이 빠진 당 태종?

민족주의 사관에 투철한 역사학자 신채호는 《조선상고사朝鮮上古史》에서 당 태종이 안시성전투에서 성주 양만춘楊萬春이 쏜 화살에 맞아 왼쪽 눈이 빠져버렸고 심지어 생포될 위험에 처했으나, 부하 장수 설인귀薛仁貴의 도움으로 겨우 도망쳤다고 기술했다. 당 태종과 당나라 군대가 처했던 급박한 상황을 감안하면 있을 수 있는 일처럼 보인다. 이 장의 첫머리에서 언급한 전설, 즉 연개소문에게 쫓기던 당 태종이 구사일생으로 목숨을 건졌다는 중국 측 전설을 봐도 신채호의 기술이 그럴 듯해 보인다.

그러나 이 이야기는 고려 말의 대학자 이색李穡이 지은 시 〈정관음유림관작貞觀吟楡林關作〉과 역시 고려 이곡李穀의 《가정집稼亭集》에 나오는 기록에 바탕을 둔 것으로 보인다. 이색의 〈정관음유림관작〉을 보면 다음과 같다.

> 어쩌다 큰 군사를 일으켜서
> 말에 제갈 물리고 몸소 동쪽으로 왔단 말인가.
> 요동 벌판 달밤에 백만 대군이 모여
> 무수한 깃발이 계림의 새벽 비에 젖었다.
> 주머니 속 물건 꺼내는 것처럼 쉽게 여겼건만
> 어쩌다 눈알이 화살에 떨어졌는고.

설령 신채호의 기술이 실제 역사와는 거리가 있다 해도, 안시성전투에서 당 태종이 큰 고초를 겪고 위험한 상황에 빠졌음을 짐작하기에는 충분하다. 그렇다면 안시성 성주 양만춘의 전공이야말로 가장 크다 하겠지만, 어찌된 일인지 양만춘에 관한 공식 기록은 남아 있지 않다. 연개소문이 전쟁을 지휘하는 최고 사령관이자 국가의 최고 권력자라면, 양만춘은 최전방의 지휘관이라고 할 수 있다. 그렇다면 공식 역사에는 현장 지휘관의 전공 대신 최고 사령관의 전공만 기록된 것이 아닐까? 조선 말에 김윤식金允植은 사신으로 청나라에 가는 길에 안시성을 지나면서, 연개소문이 공을 독차지했다는 내용의 시를 짓기도 했다.

## 연표

| 연도 | 한국사 | 세계사 |
|---|---|---|
| **4세기** | | |
| 313년 | 고구려, 낙랑군 축출. 이듬해에는 대방군을 멸망. | 304년, 남흉노가 한나라를 점거하면서 중국의 5호16국 시대가 시작됨. |
| 346년 | 백제 근초고왕 즉위. | |
| 369년 | 백제 근초고왕이 마한 세력을 병합하고, 황해도의 치양성 전투에서 고구려 격파. | 313년, 로마 황제 콘스탄티누스 1세, 기독교를 공인함. |
| 371년 | 백제 근초고왕, 고구려 평양성을 공격(고구려 고국원왕 전사·소수림왕 즉위)하고 칠지도를 왜에 하사함. | |
| 372년 | 고구려 태학 설립(이듬해 율령 반포). | 375년, 게르만 민족의 대이동 시작. |
| 382년 | 신라, 고구려를 통해 전진과 외교 관계 수립. | |
| 396년 | 고구려 광개토대왕(391년 즉위), 한강 이북의 백제 58개 성을 함락함. | |
| 400년 | 고구려 광개토대왕, 군사 5만을 보내 신라를 도와 왜를 격파. | |
| **5세기** | | |
| 413년 | 고구려 장수왕 즉위. | |
| 414년 | 고구려, 광개토왕릉비 건립. | |
| 427년 | 고구려 장수왕, 국내성에서 평양으로 천도. | |
| 433년 | 백제, 신라에 사신을 보내 화친함(나제동맹 성립). | |
| 436년 | 고구려, 북위가 북연을 침략하자 북연의 구원 요청에 응해 북연 왕을 구출함. | 439년, 북위, 양쯔 강 이북의 북중국 지역을 통일. |
| 475년 | 고구려 장수왕, 백제 한성을 함락시키고 개로왕을 죽임(백제, 웅진으로 천도). | 452년, 아틸라가 이끄는 훈족, 이탈리아를 침공. |
| 479년 | 대가야 하지왕, 중국 남제로부터 '보국장군본국왕'이라는 작호를 받음. | 476년, 게르만 용병대장 오도아케르, 서로마 제국을 멸망시킴. |
| 494년 | 고구려, 부여 왕의 항복으로 부여 통합. | |
| **6세기** | | |
| 501년 | 백제 동성왕, 신하 백가에게 피살(무령왕 즉위). | |
| 520년 | 신라 법흥왕(514년 즉위), 율령을 반포하고 관리의 공복을 정함. | |
| 522년 | 대가야 이뇌왕, 신라(법흥왕)와 혼인동맹을 맺음.<br>신라 법흥왕, 6부 대표회의 내용을 기록한 비석을 울진 봉평에 세움. | |
| 524년 | 백제 승려 겸익, 뱃길로 인도로 출발(530년 귀국). | |

| 연도 | 한국사 | 세계사 |
|---|---|---|
| 526년 | 신라 이차돈, 불교 공인을 위해 순교함. | 529년, 그리스 아테네의 유서 깊은 아카데미아 폐쇄됨. 몬테카시노에서 베네딕트 수도회가 시작됨. |
| 527년 | 금관가야, 신라에 병합됨. | |
| 532년 | 신라 최초로 건원建元이라는 연호를 사용함. | |
| 536년 | 백제 성왕, 웅진성에서 사비성으로 천도. | |
| 538년 | 백제 성왕과 신라 진흥왕이 연합하여 한강 유역을 차지함. | |
| 551년 | 신라 진흥왕(540년 즉위)이 나제동맹을 깨고 한강 유역을 독차지함. | 540년, 동로마 제국이 사산조 페르시아와 싸워 시리아, 메소포타미아, 아르메니아를 정복함. |
| 553년 | 백제·가야 연합군 대對 신라 관산성에서 전투. 백제 성왕 전사. | |
| 554년 | 백제, 북부 인도에서 생산되는 직물을 일본에 하사함. | |
| 561년 | 신라 진흥왕, 창녕의 가야 세력을 멸망시키고 척경비를 세움. | |
| 562년 | 대가야, 신라에 병합됨. | |
| 598년 | 고구려(영양왕) 수나라의 영주를 기습 공격, 이에 맞서 수나라 30만 대군이 고구려를 공격했다가 석 달 만에 패퇴하여 철수. | 589년, 수나라가 중국을 통일하고 남북조 시대가 막을 내림. |

## 7세기

| 연도 | 한국사 | 세계사 |
|---|---|---|
| 612년 | 고구려, 수 양제의 113만 대군을 맞아 승리(살수대첩). | 616년, 일본, 백제계 도래인들이 오사카에 시야마이케 저수지 건설. |
| 613년 | 고구려, 수 양제의 2차 침공 맞음. 수나라 내부에서 양현감의 반란이 일어나 철수. | |
| 614년 | 고구려, 수 양제의 4차 침공을 또다시 승리로 이끔. | 618년, 중국의 수 양제 살해당하고, 이연(당 고조)이 당을 건국. |
| 626년 | 고구려 영류왕, 수나라 포로들을 당나라에 돌려보냄. | |
| 628년 | 고구려 영류왕, 당 태종에게 고구려 지도인 〈봉역도〉 선물. | 622년, 마호메트가 메카에서 메디나로 이슬람교의 중심을 옮김(이슬람력 원년). |
| 631년 | 고구려, 연개소문의 지휘로 천리장성 축조 시작(16년 뒤에 완공). | |
| 641년 | 백제, 무왕이 죽고 의자왕이 즉위함. | 641년, 당 태종, 사신 진대덕을 고구려로 보내 정보를 수집케 함. |
| 642년 | 고구려, 연개소문이 정권을 장악함. | |
| 644년 | 11월 고구려로 당나라 대군 진격 시작(당 태종은 이듬해 2월 장안을 출발). | |
| 645년 | 9월 고구려, 안시성싸움에서 이겨 당 태종을 철수시킴. | 647년, 사라센 군, 동로마 제국의 북아프리카 지역 영토를 공격. |
| 648년 | 1월 고구려, 당 태종의 사위 설만철과 3만 병력이 바닷길로 침공. 4월에는 장군 고신감이 이끄는 당나라 군이 침공. | |
| 650년 | 신라, 당나라 연호를 쓰기 시작함. | 649년, 당 태종 세상을 떠나고 당 고종 즉위. |

# 찾아보기

# HD역사스페셜 2
적자생존, 고대국가 진화의 비밀

**원작**  KBS HD역사스페셜
**해저**  표정훈

2006년 2월 25일 초판 1쇄 발행
2013년 1월 31일 초판 5쇄 발행

**펴낸곳**  효형출판
**펴낸이**  송영만

**등록**  제406-2003-031호 1994년 9월 16일
**주소**  413-756 경기도 파주시 교하읍 문발동 파주출판도시 532-2 | **전화**  031-955-7600
**팩스**  031-955-7610 | **홈페이지**  www.hyohyung.co.kr | **이메일**  booklove@hyohyung.co.kr

ISBN 89-5872-024-7 04910
ISBN 89-5872-019-0 (세트)

값 8,800원